LA CORTE PENAL INTERNACIONAL Y LOS

ACUERDOS DE PAZ

I0479281

JORGE ARTURO ABELLO GUAL

MONOGRAFIA DE GRADO

PROGRAMA DE DERECHO

DERECHO PENAL

BARRANQUILLA

2005

LA CORTE PENAL INTERNACIONAL, Y LOS

ACUERDOS DE PAZ

JORGE ARTURO ABELLO GUAL

MONOGRAFIA DE GRADO

DIRECTOR:

JAIME SANDOVAL FERNANDEZ

PROGRAMA DE DERECHO

DERECHO PENAL

BARRANQUILLA

2005

PAGINADEACEPTACION

NOTA DE ACEPTACIÓN

_____

_____

_____

_____

_____

_____

_____

_____

FIRMA PRESIDENTE

_____

FIRMA JURADO

_____

FIRMA JURADO

DEDICATORIA

Tantos años de lucha y esfuerzos se pueden ver gratificados en parte, al culminar de escribir este trabajo, pero luego de reflexionar sobre todo el esfuerzo individual que he hecho para alcanzar este propósito, siento sin duda que no todo lo hice yo solo, y que detrás de cada letra escrita se encuentran personas que me acompañaron en esta etapa de mi vida, y por eso creo que ese es un premio tan grande que a veces deben pasar tantos años para poderlo valorar y concebirlo como lo más importante entre todas las cosas, y es el premio de no haberse sentido solo.

En medio de esta reflexión sobre el gran premio que he recibido de la vida, es mi menester hacer un pequeño reconocimiento a través de estas palabras que quedarán plasmadas en este trabajo y que van dirigidas a personas que han significado, significan y significarán las razones de mi sentir y de mi pensar a lo largo de mi vida.

A la memoria de mi hermosa abuela Antonia Mozo de Gual, que tanto se regocijaba que en su familia hubiese tantos abogados. Me duele sobremanera que no hayas alcanzado a verme graduado –porque eso bastante lo deseabas-, pero el cariño que me diste y todo lo que me enseñaste en vida dejaron un cartón más valioso en mi corazón, que te mantiene viva en mis recuerdos. "Genio y figura hasta la sepultura." En mi grado del colegio, Dios me dio la gracia de poderte poner mi banda de honor de mejor bachiller para agradecerte en parte que me hallas querido tanto; hoy con llantos en mis ojos, solo puedo dedicarte unas pocas líneas para honrar tu memoria.

A mis padres y a mi hermana, que son parte de mí, y yo soy parte de ellos, un vínculo indisoluble me ata a ustedes por lo que soy. Cariño, sacrificio y esmero, son las bases de mi casa y de mi vivir, son las piedras angulares sobre las cuales se edifica el edificio de mi vida. Gracias papá, gracias mamá y gracias Chechy. Puedo soportar muchas cosas, menos que me dejen de querer.

A mi familia, y en especial a dos integrantes que depositaron tanta confianza en mi: mi tío Álvaro Mozo Gallardo, quien me abrió las puertas de su hogar y me hizo miembro de su familia, sin el cual no hubiese tenido la estabilidad emocional de un hogar en una ciudad extraña. Y mi tío Luis Eduardo Abello Gamez, a quien reconozco como la cabeza de familia de todos los Abello Gamez, a quien expreso un gran cariño y admiración.

AGRADECIMIENTOS

Quiero expresar algunas palabras para agradecer a mi institución la Universidad del Norte por haberme brindado un habitad en el cual pude desarrollarme académicamente.

Igualmente agradezco al cuerpo de profesores que integran el departamento de derecho que dada su dedicación tuve la oportunidad de agradecer el aporte que cada uno hizo a mi formación, de los cuales todos tienen certeza a quien me refiero, porque la vida me dio la oportunidad de poderle expresar a cada uno, en su momento, el agradecimiento debido.

En especial quiero agradecer a mi amigo y maestro Jaime Sandoval Fernández, del cual tengo el honor de que haya sido no solo mi director de tesis, sino de haber sido un maestro como el bien lo dice de "LA VIDA", durante ya tres años.

INDICE GENERAL

INTRODUCCIÓN

La Corte Penal Internacional y el conflicto armado Colombiano es un trabajo que desarrolla varias teorías filosóficas, políticas y jurídicas, con el fin de elaborar una tesis de cómo "la Corte Penal Internacional sería un mecanismo eficaz para proteger los derechos humanos y el Derecho Internacional Humanitario, en el conflicto armado colombiano", sin obstaculizar una posible salida pacífica del conflicto a través de un acuerdo de paz.

Esta investigación se dedica al estudio de la aplicación de la Corte Penal Internacional en la situación colombiana, enmarcada por un conflicto armado de causas diversas y con un desarrollo histórico particular. Así entonces, no se trata simplemente de un análisis legal sobre el Estatuto de Roma.

De esta manera, se estudiará a la Corte Penal Internacional como un órgano que obedece a la filosofía liberal y que existe precisamente para afianzar el pensamiento liberal de un Estado limitado, que garantice y fomente los derechos humanos y que en casos irremediables de guerra los proteja de no padecer sufrimientos injustificados, haciéndose respetar el DIH.

En este trabajo, igualmente se plantearán los caminos que se pueden encontrar para la salida pacífica del conflicto, en el marco de la competencia de CPI.

En la primera parte de esta tesis, se hace un análisis jurídico sobre la protección de los Derechos Humanos y del Derecho Internacional Humanitario, partiendo de las consagraciones constitucionales de la Carta Política de 1991, siguiendo con los demás instrumentos internacionales que a partir del artículo 93 de la misma Carta se incorporan al bloque de constitucionalidad y adquieren pleno carácter vinculante. En este aparte, igualmente se tratan otros mecanismos como la Corte Interamericana de Derechos Humanos y las intervenciones Humanitarias ordenadas por el Consejo de Seguridad de la ONU, que son organismos internacionales encargados igualmente de defender los derechos humanos, y que eran las únicas alternativas, por fuera del Estado, para la protección de los derechos humanos antes de la creación de la CPI.

En la segunda parte de este trabajo, se presenta la estructura de la Corte Penal Internacional en cuanto a los órganos que la componen, las funciones que estos desempeñan, y los principios fundamentales que la rigen, y entre ellos el principio de complementariedad, que es un elemento clave en el funcionamiento y el alcance de la competencia de este órgano internacional. Igualmente, en este aparte se hace un análisis del proceso de incorporación de la Corte Penal Internacional en el ordenamiento jurídico colombiano.

En una tercera parte, se hace un análisis sobre la normatividad aplicable al Conflicto Armado Colombiano y la interpretación de las reglas del DIH, un aspecto crucial en lo referente a la regulación de la crisis humanitaria que presenta Colombia a raíz del conflicto armado.

Existe una cuarta parte en la cual se hace un análisis sobre el problema de la impunidad en Colombia, los problemas que presentan el indulto y la amnistía como fórmulas legales de impunidad, teniendo en cuenta los tratados sobre Derechos Humanos y de DIH, para este efecto. A partir de ello, se plantea la problemática que puede presentarse entre la Corte Penal Internacional con futuros acuerdos de paz en Colombia a raíz del Conflicto armado Colombiano

Y por último en una quinta parte exponemos varios argumentos a favor de la paz de Colombia, desde la perspectiva de un Estado Social de Derecho, teniendo en cuenta los factores sociales, filosóficos y legales, desde los cuales se puede llegar a la conclusión de que el camino del perdón implica alcanzar la justicia al igual que el camino del derecho penal punitivo, y de que ambos caminos se encuentran abiertos en medio de toda la normatividad, muy a pesar de que se busque cerrar filas hacia la punición.

RESUMEN

Este trabajo tiene como fin hacer una ponderación entre el principio que busca combatir la impunidad en el campo de los derechos humanos y el principio de lograr la paz y la seguridad mundial, tomando como objeto de la investigación el conflicto armado colombiano.

Para ello, se hace un análisis sobre el modelo de protección de los derechos humanos establecido en la Constitución, complementado por todos los tratados internacionales suscritos por Colombia para tal efecto. En tal sentido, encontramos una estructura estatal diseñada desde sus fines para proteger los derechos y libertades, y basado en la dignidad humana. De igual manera, encontramos un modelo de Estado Social de Derecho encargado de hacer prevalecer la justicia y la realidad social en todas sus actuaciones, y donde los tratados que versen sobre la protección de los derechos humanos prevalecen sobre el orden interno.

En medio de estas circunstancias encontramos tratados que conciben la creación de Tribunales internacionales como la Corte Interamericana de Derechos Humanos y la Corte Penal Internacional, donde sus interpretaciones y sus competencias –de carácter subsidiario y complementario respectivamente- la ejercen a partir de una cesión de la soberanía nacional a favor de la protección de los derechos humanos.

Sin embargo, esta estructura favorable a los derechos fundamentales de los individuos se opone a la solución política del Conflicto armado colombiano, toda vez que se oponen a cualquier intento de impunidad de crímenes graves contra los Derechos Humanos y contra el Derecho Internacional Humanitario, formulándose así una postura inflexible ante el querer de un pueblo por conseguir la salida política al conflicto, y a la voluntad de los actores armados de reinsertarse a la vida civil.

En este trabajo se han encontrado unas fisuras en la teoría de la lucha en contra de la punibilidad y retaliación, a favor de otra teoría que busca la prevalencia de otros fines fundamentales del Estado establecidos a partir de la teoría Liberal, y de la teoría del constitucionalismo donde en medio de un debate entre ponderación de dos principios que son la protección de los derechos fundamentales y la consecución de un acuerdo de paz, en principio la democracia debe definir este debate que se surte entre la prevención y las garantías.

Por otra parte, se plantea la problemática jurídica en la cual se encuentra por un lado la necesidad de paz, y por el otro el deber del Estado de respetar el derecho de las víctimas de justicia, verdad y reparación, y junto a lo anterior, se suma el deber que le impone la comunidad internacional de sancionar a los autores de graves violaciones contra los Derechos Humanos y contra el DIH. En medio de esta contradicción de principios podemos ver como a partir del instrumento del indulto – que no extingue la acción penal y que se otorga después que el individuo ha sido condenado por un tribunal competente- se pueden salvaguardar los derechos fundamentales de las víctimas, pues se les permite tener un recurso para acceder a un órgano jurisdiccional para hacer respetar sus derechos, e igualmente, se les permite participar en el juicio para conocer la verdad y obtener su reparación. De esta forma, solo quedaría insatisfecho el deber del Estado de penalizar.

A partir de este hecho, fue necesario crear una serie de argumentos para enfrentar ese deber de penalización que tiene el Estado frente a la comunidad internacional, a favor de la consecución de un acuerdo de paz. En primera instancia se planteo que no habría problema frente a las graves violaciones al DIH, pues de acuerdo al caso Tadic[1] ocurrido en la ex Yugoslavia, en Colombia no se pueden producir graves violaciones al DIH, pues éstas no se pueden aplicar a un conflicto de carácter no internacional, debido a que no hay según los Convenios de Ginebra personas protegidas si las víctimas no son de diferente nacionalidad que los victimarios. Por otra parte, a raíz de la reserva que hizo el Gobierno colombiano frente a los crímenes de guerra la CPI, no podría ejercer su competencia sobre casos colombianos.

En lo correspondiente a los crímenes de lesa humanidad si existen problemas pues éstos se aplican indistintamente en situaciones de paz o de guerra. ¿Qué se debe hacer, entonces con los crímenes de lesa humanidad de cara a una negociación? La respuesta en parte la ha dado la Corte Constitucional quien ha adoptado una teoría constitucional, a raíz de la revisión de las reformas constitucionales realizadas por el constituyente derivado, según la cual, la facultad de modificar un artículo de la

---

[1] Uno de los casos más importantes del Tribunal para la Ex Yugoslavia, en el cual se penaban a un grupo paramilitar de Servia, acusado de realizar crímenes de guerra, en contra de la población musulmana. El Jefe del grupo tenía de apellido Tadic.

Constitución, no le puede ser extendida para reformar toda la Constitución, y por tanto el Constituyente derivado estaría extralimitando sus facultades cuando a partir de una reforma constitucional violenta principios constitucionales intangibles derivados del espíritu mismo de la Carta, y que solo pueden ser reformados, reformando toda la Constitución.

A partir de esa teoría, la reforma que incluyo en el ordenamiento jurídico al Estatuto de Roma, no pudo haber derogado el deseo del Constituyente de alcanzar la Paz en Colombia, que se ha consagrado como un modelo de desarrollo del pueblo colombiano ante la realidad de un Conflicto armado que se ha prolongado en el tiempo desde hace más de cuarenta años.

En este orden de ideas, Colombia puede argumentar que no puede aplicar el Estatuto de Roma en caso de una negociación con grupos ilegales, en tanto que no se oponga a la consecución de la paz en el territorio nacional fundamentados en los acuerdos humanitarios que prescribe el artículo 6.5 del protocolo II de los Convenios de Ginebra, pues de oponerse a su consecución, se le estaría vulnerando el principio de pacta sun servanda por imposibilidad moral, por carga excesiva a la Nación Colombiana por parte de la comunidad internacional, de tener que soportar un conflicto armado al imposibilitar una solución pacífica del mismo; y por otro lado también puede argumentar la inaplicación del Estatuto de Roma toda vez que se esta violando una norma de importancia fundamental en el orden interno como es la consecución de la paz, en el territorio nacional (Art. 46 de la convención de Viena).

1. PROTECCION DE LOS DERECHOS HUMANOS EN LA CARTA POLITICA

En la Carta política, el espíritu liberal marcó el énfasis en la protección de los derechos humanos; dicha protección se hace más palpable y no es de ninguna manera inferior a lo exigido por la doctrina liberal, cuya base filosófica se construye a partir de la existencia de un Contrato social en el cual se enumeran un listado de derechos que el soberano no puede desconocer. .

En este sentido la Constitución Nacional de 1991, en su primer artículo que define al Estado Colombiano como una República "fundada en el respeto por la dignidad humana" de tal forma, que del reconocimiento de la dignidad humana, surge la teoría de los derechos humanos, que son las condiciones mínimas para que un ser humano viva dignamente, al respecto ha dicho la Doctora Victoria Ochoa:

"El principio de respeto a la dignidad humana es entonces más que una mera disposición positiva dentro del ordenamiento jurídico interno, es la valoración de un atributo de la personalidad, es la consideración íntima del desarrollo de la persona y por lo tanto su carácter prevalente y superior converge en todos los demás derechos y características de la esencia del ser."[2]

A partir entonces del reconocimiento de la dignidad humana como atributo de la personalidad   de   la   cual   surgen   los   demás   derechos   humanos,   estos

---

[2] OCHOA, Victoria. Delitos contra las personas y bienes protegidos por el derecho internacional humanitario. Leyer. Bogotá. 2001. Pág. 23

independientemente   han adquirido un papel predominante al interior de la Constitución, pues "El constituyente de 1991 le otorgó a los derechos humanos una gran importancia dentro del ordenamiento jurídico, dándole connotación de derechos fundamentales, los cuales se encuentran consagrados en la Constitución en el título II, Capítulo 1, Además de otros consagrados como tales en la misma carta (artículos 44 y 53) y los incorporados al ordenamiento jurídico colombiano, contenidos en tratados y convenios internacionales."[3] Así entonces, sin importar su ubicación es necesario que el intérprete logre identificar que derechos tienen carácter de derecho fundamental. Para ello la Corte Constitucional ha definido unos criterios:

"El primer y más importante criterio para determinar los derechos fundamentales por parte del juez de tutela consiste en establecer si se trata o no de un derecho esencial de la persona humana (...) es a partir del ser humano, su dignidad su personalidad jurídica y su desarrollo (artículos 14 y 16 de la Constitución), que adquieren sentido los derechos, garantías y los deberes, la organización y funcionamiento de las ramas del poder público. Señala la Corte Constitucional[4] que inalienable es "lo que no se puede enajenar, ceder ni transferir", inherente, lo "que un ser es lo que es, lo permanente e invariable de un ser". Así las cosas, un derecho es "fundamental" cuando tiene la calidad de inalienable por ser inherente al hombre en razón de su esencia humana."[5]

Así mismo se debe mencionar que los derechos fundamentales gozan de eficiencia jurídica, ya que cuenta con mecanismos directos para su protección efectiva como la acción de tutela. Esta acción ha sido un mecanismo bastante destacado que conmocionó el mundo jurídico de nuestro país y por ello "las recomendaciones de la

---

[3] Ibíd.
[4] CORTE CONSTITUCIONAL. Sentencia T-002-92, citada por RABAT PATIÑO, Maria Mercedes. Derechos humanos, su protección y eficacia, Revista de derecho 16 edición Uninorte. Quebecor
World Bogotá S.A. Bogotá. 2001. Pág. 18
[5] RABAT PATIÑO, Maria Mercedes. Op. Cit..Pág. 18

Comisión Interamericana de Derechos Humanos a nuestro gobierno nacional de no adoptar normas que de alguna manera restrinjan la acción de tutela."[6]

La acción de tutela "es un mecanismo concebido para la protección inmediata de los derechos fundamentales constitucionales, cuando, en el caso concreto de una persona, la acción u omisión de cualquier autoridad pública o de los particulares, en esta última hipótesis en los casos que determina la ley, tales derechos resultan vulnerados o amenazados sin que exista otro medio de defensa judicial o, aún existiendo, si la tutela es usada como mecanismo transitorio de inmediata aplicación para evitar un perjuicio irremediable."[7]

Por otra parte, en el Art. 93 de la CN se establece que los tratados de derecho internacional sobre los derechos humanos ratificados por el gobierno colombiano prevalecen en el orden interno. Además también se estipula que los derechos y deberes consagrados en la carta se interpretarán de conformidad con los tratados internacionales sobre Derechos Humanos ratificados por Colombia.

"Este principio es considerado por la Carta como un mecanismo de protección de los Derechos Humanos, porque universaliza el tema de los derechos humanos, sacándolo del ámbito de las respectivas circunscripciones nacionales y compromete, en su respeto y vigilancia, no solo a los demás estados sino a los organismos internacionales provistos de alguna capacidad de influencia, dirección o coerción."

---

[6] VELASQUEZ RISO, Ana Maria. Revista de derecho Universidad del Norte No. 15. Los derechos humanos en el contexto político colombiano. Quebecor World. Bogotá. 2001. Pág. 189
[7] RABAT PATIÑO, Maria Mercedes. Op. Cit. Pág. 21

Igualmente, porque, al consagrar este principio la Carta acepta que la naturaleza, contenido y defensa de los derechos humanos, en Colombia, no se limitan ni siquiera a las prescripciones normativas constitucionales, sino que van más allá de ellas y se perfilan e identifican con la concepción que el concurso de naciones explore o haya explorado sobre ellos.

Finalmente, porque la segunda parte de la norma, impone en el análisis de tales derechos, una interpretación igualmente universal, para excluir así toda posibilidad de desviación interpretativa por parte de gobiernos o autoridades de turno."[8]

Aún así, la protección de los derechos humanos se amplia aún más mediante el artículo 94 que dispone: la enunciación de los derechos y garantías contenidos, en la Constitución y en los convenios internacionales vigentes, no debe entenderse como negación de otros que, siendo inherentes a la persona humana, no figuren expresamente en ellos. Esto se hace   ".. para impedir exclusiones arbitrarias, o confusiones en la identificación de los mismos, ..."[9] y que el elemento esencial de las garantías es que sean inherentes de la persona humana. Un aspecto trascendental que obedece al "Pacto de San José de Costa Rica", en el cual dispone que los derechos esenciales del hombre no dependen de la relación entre un estado y su ciudadano en la cual se reconozca un determinado derecho, sino que están fundados en el atributo de la persona humana.

De todas formas el Estado colombiano ha suscrito y ratificado gran parte de los convenios y tratados internacionales relacionados con la protección de los derechos

---

[8] HERRERA LLANOS, Wilson. Titulo II de la Constitución (De los principios protectores de los derechos). Revista de derecho No. 12. Ediciones Uninorte. Gráficas Lourdes Ltda. Colombia. 1999. Pág. 115
[9] Ibíd. Pág. 116

humanos. "Ello implica que el Estado esta llamado a cumplir de buena fe con las obligaciones emanados de los tratados y a acatar las decisiones internacionales de los órganos sobre los cuales ha reconocido su jurisdicción."[10]

Siguiendo con otra forma de protección a los derechos fundamentales, en la Constitución se establecieron límites a los estados de excepción. Se le establecieron límites temporales para evitar que los estados excepcionales, se convirtieran en la regla general y se dispuso además que los derechos humanos y las libertades fundamentales no pudieran ser suspendidos durante los estados de excepción. Igualmente, como otra garantía, se estableció que los decretos legislativos están sometidos al control automático por parte de la Corte Constitucional.

De igual manera, el Estado colombiano, ha incorporado las normas del DIH de manera automática y con carácter supraconstitucional mediante el artículo 214, numeral segundo de la Constitución que dispone: "En los estados de excepción... No podrán suspenderse los derechos humanos ni las libertades fundamentales. En todo caso, se respetarán las reglas del Derecho Internacional Humanitario..."

El DIH es un conjunto de reglas y principios que "... busca garantizar derechos fundamentales de quienes de una u otra manera se encuentren envueltos en la circunstancia especialísima de un conflicto armado, señalando la forma o procedimientos mediante los cuales deben ser desarrolladas las guerras, (métodos y medios de combate) y separando de los directamente involucrados a quienes asiste el deber de atenuar los efectos de la guerra, v.gr. las misiones médicas y sanitarias, y

---

[10] VELASQUEZ RISO, Ana Maria. Op. cit. Pág. 190

quienes en definitiva se constituyen en sujetos pasivos del conflicto como lo es la población civil."[11]

Y por último, el hecho del reconocimiento de la competencia de Cortes Internacionales como la Corte Interamericana de Derechos Humanos y La Corte Penal Internacional en la protección de derechos Humanos, no solamente amplía los mecanismos de protección de los mismos, sino que también amplía aún más el contenido y alcance de los derechos a partir de los fallos en que las Cortes internacionales mencionadas redefinan el contenido de un derecho o amplíen el alcance de su protección. Y esto es así pues siendo los tratados que reconocen la competencia de los tribunales internacionales referentes a la protección de los derechos humanos su prevalencia en el orden interno es inminente, lo cual obliga al juez nacional a apoyarse en los fallos internacionales para definir el sentido y alcance de un derecho fundamental a la luz de los tratados internacionales en los fallos nacionales. Así lo explica el profesor Ramelli:

"Puestas así las cosas, el operador jurídico de la norma penal en Colombia debe tener presente que al momento de investigar, juzgar o defender a una persona por la comisión de un delito relacionado con el conflicto armado ha de tener a la mano no sólo su Código Penal, sino además la Constitución, y en consecuencia, las normas internacionales que se aplican en tales situaciones, amén de las interpretaciones que de

[11] PEÑA, Hilda Maria et al. Derecho internacional humanitario recopilación y comentarios. Pontificia Universidad Javeriana. Bogotá. 1991. pág. 1

las mismas han realizado las instancias internacionales, sean o no órganos jurisdiccionales."[12]

Una de las razones de peso para que los jueces tengan en cuenta el derecho internacional de manera ineludible por la prevalencia de los derechos humanos sobre el orden interno se encuentra en el efecto que produce la relativización del principio del non bis in idem. Según el actual estatuto penal colombiano en su artículo 8, dispone: "Prohibición de doble incriminación. A nadie se le podrá imputar más de una vez la misma conducta punible, cualquiera que sea la denominación jurídica que se le dé o haya dado, salvo lo establecido en los instrumentos internacionales" Pues bien, esta relativización del principio del non bis in idem, avalada por la Corte Constitucional en sentencia del 30 de mayo de 2001, termina siendo una técnica que permite que sentencias proferidas por la Corte Interamericana de Derechos Humanos dejen sin efecto o modifiquen el contenido de los fallos de los tribunales nacionales. Hasta el momento no se conoce ningún caso en el cual se haya dado aplicación al mencionado precepto legal, pero lo cierto es que se cuenta con autorización para hacerla. Con todo, el profesor Ramelli aclara que tiene algunas dudas sobre la constitucionalidad de la disposición legal en mención, en especial la de cara al artículo 29 del texto fundamental según el cual "quien sea sindicado tiene derecho a (…) no ser juzgado dos veces por el mismo hecho", y porque, algunos tratados internacionales que hacen parte del bloque de constitucionalidad prohíben así mismo juzgar a una persona dos veces por los mismos hechos."[13]

---

[12] RAMELLI ARTEAGA, Alejandro. El derecho Internacional Público como fuente del Derecho Penal colombiano. XXI Jornadas Internacionales de derecho penal. Universidad el Externado de Colombia. Bogotá. 2002. Pág. 325
[13] RAMELLI ARTEAGA, Alejandro. Op.cit. Pág. 333 y 334

Así pues, podemos concluir que el Estado colombiano posee desde su texto fundamental numerosos instrumentos para la protección de los derechos humanos, y como ya se dijo en el campo de los derechos humanos existe prevalencia del derecho internacional sobre el nacional, tanto en las disposiciones normativas, como en la interpretación de las mismas. Además se han ratificado numerosos convenios internacionales sobre Derechos Humanos[14]. E incluso se deja abierta la posibilidad para la incorporación de otros derechos que sean de la esencia de la persona humana, eliminando en toda forma la taxatividad en la enumeración de los Derechos Humanos (Art. 94 CN).[15] Por otra parte, los mecanismos como la acción de tutela, la excepción de inconstitucional, la acción de inexequibilidad, son una clara muestra de la eficacia jurídica de los derechos fundamentales en Colombia. Se puede decir pues, que el Estado Colombiano ha cumplido en gran medida con la expedición de leyes orientadas a salvaguardar los derechos humanos.

---

[14] La Declaración Americana de los Derechos y Deberes del Hombre (Bogotá 1948), La Convención Americana sobre Derechos Humanos (Pacto de San José de Costa Rica 1969), La Convención Interamericana sobre los Derechos Políticos de la mujer (Bogotá 1948), Convención para la Prevención y la Sanción del Delito de Genocidio (Nueva York, 1948), Pacto Internacional de Derechos Económicos, Sociales y Culturales (Nueva York, 1966), Protocolo Facultativo del Pacto Internacional de derechos Civiles y Políticos (Nueva York, 1976), Convención Internacional sobre la eliminación de todas las formas de discriminación racial (Nueva York, 1966), Convención Internacional sobre represión y el castigo del crimen del apartheid (Nueva York, 1973), Convención sobre la eliminación de todas las formas de discriminación contra la mujer (Nueva York, 1979), Convención sobre los derechos del Niño (Nueva York, 1989), Convención contra la Tortura y otros tratos o penas crueles, inhumanos o degradantes (Nueva York, 1984), Convención Interamericana sobre la Desaparición Forzada de Personas (Belem do Pará 1994), Convenio para aliviar la suerte que corren los heridos y los enfermos de las fuerzas armadas en campaña (Ginebra 1949), Convenio para aliviar la suerte que corren los heridos, los enfermos y los náufragos de las fuerzas armadas en el mar (Ginebra 1949), Convenio relativo al trato debido a los prisioneros de guerra (Ginebra 1949), Convenio relativo a la protección debida a las personas civiles en tiempo de guerra (Ginebra 1949), Protocolo Adicional a los Convenios de Ginebra del 12 de Agosto de 1949 relativo a la protección de las víctimas de los conflictos armados internacionales (protocolo I) (Ginebra 1977). Protocolo Adicional a los Convenios de Ginebra del 12 de Agosto de 1949 relativo a la protección de las víctimas de los conflictos armados sin carácter internacionales (protocolo II) (Ginebra 1977)

[15] La enunciación de los derechos y garantías contenidos en la Constitución y en los convenios internacionales vigentes, no debe entenderse como negación de otros que, siendo inherentes a la persona humana, no figuren expresamente en ellos.

Sin embargo, también es necesario decir, que el Estado colombiano muy a pesar de tener suficientes instrumentos constitucionales para la protección de los Derecho Humanos sigue en deuda en la eficacia de tal protección.

La Comisión Interamericana de Derechos Humanos expresó en el año 98: "la Alta Comisionada está profundamente preocupada por la gravedad y magnitud de las violaciones de los derechos humanos y las infracciones del Derecho Internacional Humanitario que, según ha podido constatar a través de su oficina en Colombia, se cometen en el País."[16]

Hasta este punto podríamos tomar una conclusión que sacó la doctora Ana María Velásquez, acerca de la protección de los derechos humanos: "... No se trata de un problema de falta de regulación, de normas, como comúnmente suele afirmarse; se trata de una falta de conciencia del hombre de la indolencia, de que pareciera que la muerte de otro ser humano fuera ajena a nuestro dolor pareciera que Hobbes no se hubiera equivocado cuando afirmó: "El hombre es lobo para el hombre""[17]

Pero creemos que además de la falta de conciencia del hombre, existen otros factores culturales en nuestra sociedad, que convierten a la ley en un instrumento de opresión; al gobierno en un aparato que promueve la desigualdad social; y al hombre en un instrumento para conseguir otros fines, diferentes al de promover la prosperidad de la humanidad. Es necesario pensar, que el derecho no es la única solución que requiere nuestra sociedad.

---

[16] RABAT PATIÑO, Op. Cit. Pág. 26
[17] VELASQUEZ RISO, Ana Maria. Op. Cit. Pág. 191

2. PROTECCION DE LOS DERECHOS HUMANOS EN LOS CONFLICTOS ARMADOS, ANTES DE LA CREACION DE LA CPI

En el caso particular del conflicto armado interno en Colombia, antes de la vigencia del Estatuto de Roma existían en principio dos grupos de regulaciones. La primera que trata sobre la protección de los derechos humanos, amparda por la Corte Interamericana de Derechos Humanos. Y la segunda, es la referente al DIH, que según los Convenios de Ginebra en su Art. 8 "... será aplicado con la colaboración y bajo el control de las Potencias protectoras encargadas de salvaguardar los intereses de las Partes en conflicto. Para ello, las Potencias protectoras podrán designar, aparte de su personal diplomático o consular, a delegados de entre los propios súbditos o de entre los de otras Potencias neutrales."

En cuanto a la regulación concerniente a la protección de los derechos humanos, que tiene que ver específicamente con la Corte Interamericana de Derechos Humanos, hay que establecer que su competencia y aplicación en el conflicto armado interno radica en su pertenencia al bloque constitucional, y en segunda instancia porque la misma Constitución establece que, aún en Estados de excepción o emergencia, no podrán suspenderse los derechos humanos ni las libertades fundamentales. Por tanto los derechos fundamentales se hacen inderogables aún en el estado de conmoción interior (Art. 214.2 CN).

De esta forma, la aplicación obligatoria de la Convención Americana de Derechos Humanos, determina que "... aún cuando el Art. 27 de la Convención sea invocado, permitiendo a los Estados suspender temporalmente el libre ejercicio de ciertos derechos durante situaciones de emergencia legítima, incluyendo hostilidades internas, ese mismo artículo también prohíbe absolutamente a los Estados partes en este instrumento suspender ciertas garantías y derechos humanos fundamentales, ..."

De lo anterior, se determina la competencia de la Convención aún en estados de excepción provocados por el conflicto armado. La Comisión se ha pronunciado al respecto diciendo:

"Como ha sido señalado previamente, denuncias que aleguen, por ejemplo, la privación arbitraria del derecho a la vida protegido bajo la Convención Americana, por parte de agentes del Estado, claramente se encuadran dentro de la jurisdicción de la Comisión. En este sentido, tanto el Art. 4 de la Convención Americana como el derecho humanitario aplicable en los conflictos armados internos protegen este derecho esencial y, en consecuencia, prohíben las ejecuciones sumarias en cualquier circunstancia. Sin embargo, cuando tal circunstancia se encuentra conectada a un conflicto armado, la Comisión no siempre puede resolver tal situación haciendo solamente referencia al artículo 4 de la Convención Americana. Esto se debe a que la Convención se encuentra desprovista de reglas que definan o distingan personas civiles de combatientes y otros objetivos militares. La Convención tampoco contempla las circunstancias en las cuales no es ilegal, en el contexto del conflicto armado, atacar a una persona civil o cuándo daños a civiles infringidos en operaciones militares no implican una violación del derecho internacional. Por lo tanto, la Comisión debe necesariamente observar y aplicar estándares de definición y reglas relevantes de derecho internacional humanitario como fuentes autorizadas de guía para resolver éstas y otras supuestas violaciones de la Convención Americana en situaciones de combate."[18]

Por otra parte, cabe aclarar que la Comisión y Corte Interamericana, solo tienen competencia en situaciones en las que la responsabilidad de un Estado miembro se encuentre comprometida. Lo anterior significa que solo podrá recibir denuncias sobre acciones u omisiones de los agentes y órganos del Estado que presumiblemente violen los derechos humanos garantizados en la Convención. Pero, la competencia se amplia también en los casos en que las violaciones sean realizadas por personas o grupos privados que de hecho sean agentes del Estados, o cuando las transgresiones a los derechos realizadas por actores privados se realicen con la aquiescencia, tolerancia o autorización del Estado. Pero, la Comisión no tendrá competencia para investigar o recibir denuncias individuales relacionadas con actos ilícitos de personas o grupos privados por los cuales el Estado no es responsable internacionalmente. De tal forma, que las normas de derechos humanos generalmente solo se aplican a una de las partes del conflicto: El Estado y sus agentes.

De esta forma, la Convención Americana se encuentra limitada en primera instancia en cuanto a los sujetos responsables, y además dentro de ese margen, la Convención limita la competencia de la Corte y la Comisión Interamericana solo a la responsabilidad de los Estados, o de las personas jurídicas de derecho internacional que hayan suscrito la convención, por tanto, la convención no tiene competencia para juzgar a personas naturales por su responsabilidad individual. Así se ha pronunciado la Comisión al respecto:

---

[18] COMISION INTERNACIONAL DE DERECHOS HUMANOS. Los derechos Humanos y el Conflicto Interno Colombiano. Página Web www.cidh.org.

"(...) la jurisprudencia interamericana mantiene el respeto por las decisiones judiciales adoptadas conforme al ordenamiento jurídico interno de cada Estado, y que, en virtud de su carácter eminentemente subsidiario, y debido a su carácter de ser juez de estados y no de particulares, no es competente para pronunciarse sobre la culpabilidad o responsabilidad de un individuo en particular, sino únicamente respecto de la responsabilidad internacional de un Estado por la violación de la Convención Americana de Derechos Humanos respecto de individuos."[19]

En lo que tiene que ver, con el Derecho Internacional Humanitario, hasta la creación de la Corte Penal Internacional, no se tenía un organismo jurisdiccional que dotara de juridicidad al contenido de los tratados, y su cumplimiento dependía del compromiso de los Estados de cumplir de buena fe, y su juridicidad dependía en gran parte de lo dispuesto en el Art. 8 de los Convenios de Ginebra: "... será aplicado con la colaboración y bajo el control de las Potencias protectoras encargadas de salvaguardar los intereses de las Partes en conflicto. Para ello, las Potencias protectoras podrán designar, aparte de su personal diplomático o consular, a delegados de entre los propios súbditos o de entre los de otras Potencias neutrales."

Pero muy a pesar de su falta de juridicidad, los Convenios de Ginebra han tenido un papel muy importante en los últimos años pues sirvieron de base a las jurisdicciones Internacionales permanentes y a varios Tribunales internacionales ad hoc (en especial al de la antigua Yugoslavia), para determinar la responsabilidad internacional de Estados, de jefes de Estados y de agentes de Estados por la comisión

---

[19]   DE LOS REYES ARAGON, Wilson; BOTERO NAVARRO, Alvaro. El caso de las Palmeras. Análisis de la sentencia de excepciones preliminares y su incidencia en el sistema interamericano de protección a los derechos humanos. Revista de Derecho No.20. Quebecor World Bogotá. S.A. Bogotá. 2003. Pág. 337

de crímenes de guerra y crímenes de lesa humanidad. E incluso servían de criterio para interpretar la violación de derechos humanos en medio de un conflicto armado interno, por cuanto los convenios de Ginebra contienen normas que definen quién es una persona protegida, a fin de determinar a partir de ese conflicto a que personas incluso dentro de un combate armado no se le puede cercenar el derecho a la vida.[20]

En virtud de la falta de un órgano jurisdiccional permanente, los conflictos armados eran propensos a salirse de los límites del DIH, ante la aplicación de la ley según la cual "en la guerra, como en el amor, todo se vale", aseverándose las crisis humanitarias de los civiles y los combatientes ante las políticas de los jefes de contienda "de ganar la guerra a toda costa" y de "exterminar a nuestro enemigo, para evitar una posible venganza en el mañana."

Ante la agravación de los conflictos y la existencia de verdaderas crisis humanitarias, las intervenciones de las potencias internacionales en varios conflictos como en los casos de Irak y Yugoslavia, se han visto obligados después del sometimiento a la fuerza de las partes o del Régimen opresor, a establecer su posterior juzgamiento por la comisión de los crímenes de guerra, de lesa humanidad y de genocidio cometidos en desarrollo del conflicto, en el cual debían garantizar conforme lo demanda los mismos Derechos Humanos, el derecho a un juicio justo y con todas las garantías del derecho penal y del procedimiento penal. Sin embargo, su carácter de vencedores de la contienda hace muy difícil que se pueda hablar de un juicio imparcial.

---

[20] Ver COMISION INTERNACIONAL DE DERCHOS HUMANOS. Op. Cit.

3. LA INTERVENCION DE LA COMUNIDAD INTERNACIONAL COMO FORMA DE PROTECCION DE LOS DERECHOS HUMANOS

En un debate abierto donde Amnistía Internacional expone su posición al respecto de estar o no de acuerdo, con las intervenciones extranjeras en las crisis humanitarias desatadas por conflictos armados, en su mayoría internos, como fueron los casos de Yugoslavia, de Ruanda, de Kosovo, o Chechenia, se planteó a su vez los pro y los contra de la actitud intervencionista, y de la actitud pasiva de la comunidad internacional frente a las crisis humanitarias.

Amnistía Internacional comenzó planteando su visión sobre la situación al respecto:

"Amnistía Internacional no se opone al uso de la fuerza: las leyes deben hacerse cumplir. Cuando la organización pide a los gobiernos que protejan a la gente de las violaciones de derechos humanos y lleven a los perpetradores ante los tribunales, entiende que esto puede requerir el uso de la fuerza, incluso el uso de medios letales. Cuando nos dirigimos a aquellos que han recurrido a la lucha armada para conseguir sus objetivos, no les pedimos que depongan las armas sino que respeten los derechos básicos de los civiles y de sus oponentes. No nos oponemos a que se use la fuerza con el fin de obtener justicia. Lo que cuestionamos es si la justicia es la fuerza motriz en la toma de decisiones de la comunidad internacional."[21]

Partiendo de esta posición bastante ecléctica, un poco inclinada hacia el lado de la intervención, por estar conciente que para que una ley se cumpla es necesario que aquella este dotada de juridicidad o poder de coerción –elemento consustancial a la

---

[21] AMNISTIA INTERNACIONAL. Informe Anual de Amnistía Internacional 2000. Soldados en nombre de los derechos humanos. http://amnistiainternacional.org/infoanu/2000/info00prologo.htm

norma- para que la sociedad tenga conciencia de que "la norma o se cumple o se hace cumplir". Amnistía Internacional comenzó a citar los argumentos de los partidarios de la intervención:

"Los gobiernos que apoyan la intervención extranjera argumentan en términos de moralidad y de valores universales. Bill Clinton, presidente de Estados Unidos, justificó el bombardeo de Belgrado por parte de la OTAN argumentando que cerrar los ojos ante la limpieza étnica constituiría un «desastre moral y estratégico». Tony Blair, primer ministro del Reino Unido, afirmó: «Ésta es una guerra justa, basada no en ambiciones territoriales sino en valores». El presidente francés Jacques Chirac calificó la intervención de «batalla en defensa del imperio de la ley y la dignidad humana», y dijo: «Lo que está en juego hoy es la paz en nuestro suelo, la paz en Europa...».

Los partidarios de la intervención externa también citan el desarrollo del derecho internacional para respaldar sus argumentos. Aluden a la Carta de la onu, que permite al Consejo de Seguridad adoptar medidas coercitivas, incluida la acción militar, si determina que existe una amenaza para «la paz y la seguridad internacionales»."[22]

Por otro lado, los argumentos de los partidarios a la no intervención son los siguientes:

"Los gobiernos que se oponen a la intervención extranjera basan su postura en los principios de soberanía nacional y no injerencia en los asuntos internos de un Estado. La propia Carta de la onu dice: «Ninguna disposición de esta Carta autorizará a las

---

[22] Ibíd.

Naciones Unidas a intervenir en los asuntos que son esencialmente de la jurisdicción interna de los Estados...».

China sostiene desde hace largo tiempo que los derechos humanos no deben estar sometidos al escrutinio internacional. «Nos oponemos categóricamente a cualquier acto de injerencia en los asuntos internos de otro país bajo el pretexto de la defensa de los derechos humanos», ha afirmado un portavoz del gobierno chino en respuesta a las críticas al historial de derechos humanos de China. Rusia afirma que el bombardeo de civiles en Chechenia es un asunto interno.

El presidente de Argelia y presidente de la Organización de la Unidad Africana, Abdelaziz Buteflika, ha argumentado de forma similar. Comparó la intervención internacional con la irrupción en la casa de un vecino porque un niño ha sido supuestamente golpeado por sus padres. ,"[23]

Sin embargo, a pesar de los argumentos políticos de parte y parte, sus acciones no están tan acordes con aquellas posiciones. Por una parte los gobiernos que están de acuerdo con la intervención, son muy selectivos en formar parte en dichas intervenciones, de lo cual se presume que la regla de intervención en las crisis humanitarias no es una regla general que ellos aplican, y que existen ciertas preferencias políticas que distorsionan su posición al respecto. Además, en ciertas ocasiones el apoyo político a determinado gobierno proveniente de los partidarios a la intervención, los hacen a veces muy flexibles en exigir el cumplimiento de las obligaciones de respeto por los derechos humanos. A continuación varios ejemplos citados por Amnistía internacional en el mismo debate:

---

[23] Op.cit

"Si la motivación de los gobiernos es la protección de los valores universales, ¿por qué es la comunidad internacional tan selectiva en sus acciones? La imposición de sanciones por parte de la onu a Libia e Irak, por ejemplo, contrasta absolutamente con la no imposición de sanciones a Israel por negarse a cumplir las resoluciones del Consejo de Seguridad. Las intervenciones en Kosovo y Timor Oriental invitan a la comparación con la inacción en relación con Chechenia o Ruanda. "[24]

En el mismo sentido, esta dado que las intervenciones armadas también dependen en alto grado de la posibilidad de un posible triunfo militar. De esta manera, se descartan las intervenciones militares de países con alto potencial militar como China o Rusia, en donde también han surgido crisis humanitarias, o en casos como intervenciones que no gozan del apoyo necesario y no obstante se hacen, como fue la campaña militar en Irak.

Así mismo, Amnistía Internacional también ha criticado la fundamentación de los países partidarios a la no intervención de la siguiente manera:

"La motivación de los gobiernos que se oponen a la intervención es igualmente discutible. Se oponen al uso de la fuerza para combatir los abusos masivos en otros países, pero no dudan en usar ilegítimamente la fuerza contra sus propios ciudadanos. La soberanía nacional no es una licencia para torturar, encarcelar y matar. La soberanía nacional fue conquistada por personas que lucharon por la libertad y la liberación nacional, personas que no se sacrificaron para después sucumbir a la opresión y la violencia a manos de sus propios gobernantes.

---

[24]Op.cit.

Estos gobiernos argumentan que la intervención extranjera no es legítima, pero qué legitimidad tiene un gobierno cuyas credenciales democráticas no aprueban el examen del artículo 21 de la Declaración Universal de Derechos Humanos: «La voluntad del pueblo es la base de la autoridad del poder público; esta voluntad se expresará mediante elecciones auténticas que habrán de celebrarse periódicamente...».

Estos gobiernos citan el derecho internacional para respaldar su postura, pero muchos de ellos infringen las normas internacionales de derechos humanos abusando de su poder y cometiendo violaciones de derechos humanos. Usan la carta de la onu para justificar sus argumentos, pero se resisten al escrutinio de los órganos internacionales creados por la onu para promover y proteger los derechos humanos."[25]

Por fuera, de la incoherencia que guardan los gobiernos entre sus posiciones políticas y sus actuaciones, se encuentran los pro y los contra que han tenido los resultados de las intervenciones militares en diferentes crisis humanitarias. A menudo se ha argumentado muy bien la necesidad de intervenir en la crisis humanitaria en determinado país que sufre un conflicto armado, y una vez terminada la campaña militar, los resultados obtenidos no son muy favorables aquí hay varios ejemplos de lo anterior:

"En Kosovo, seis meses después de las incursiones aéreas de la otan se cometían a diario actos violentos contra serbios, romaníes y activistas albaneses moderados. En diciembre de 1999, se recibieron informes de asesinatos, secuestros, ataques violentos, intimidación e incendios de viviendas en un número casi tan elevado como en junio, cuando las tropas de la Fuerza Internacional de Seguridad en Kosovo (kfor) fueron desplegadas por primera vez. Unos 200.000 serbios de Kosovo habían sido expulsados

---

[25] Op.cit.

de sus hogares. Casi todos los serbios y romaníes estaban viviendo en enclaves protegidos por las tropas de la kfor, y los serbios de Pristina y de otras comunidades mixtas necesitaban una escolta militar para salir de sus casas y llevar a cabo tareas diarias como comprar alimentos.

Siete años después de la intervención militar de la onu, Somalia no tiene gobierno ni poder judicial operativos. Los continuos combates, especialmente en el sur del país, pusieron en peligro la vida de cientos de miles de personas que ya estaban expuestas a morir de hambre. Las propias fuerzas de la onu enviadas para proteger los convoyes de ayuda humanitaria en un país asolado por la guerra civil y el hambre han cometido graves abusos contra los derechos humanos. Sus fracasados intentos de detener al general Aideed, líder de uno de los clanes, las desvió del aparente propósito de su misión, y mataron y detuvieron arbitrariamente a centenares de civiles somalíes, incluidos niños.

Angola, donde la onu intervino en la década de los noventa, está de nuevo dominada por un conflicto armado a gran escala que se está cobrando la vida de civiles indefensos. Algunos son víctimas de homicidios deliberados y arbitrarios como consecuencia de bombardeos indiscriminados de ciudades. Otros, debido a la enfermedad y al hambre. Según informes, al año pasado en las ciudades sitiadas la gente comía semillas, raíces, gatos y perros con el fin de sobrevivir.

Es evidente que la comunidad internacional no tiene la voluntad política de intervenir militarmente en todos los países en los que se están cometiendo abusos masivos contra los derechos humanos. Ha retirado sus tropas de Somalia y Angola, y, como muestra este informe, hay decenas de países más donde hacen estragos los conflictos armados o donde se cometen abusos contra los derechos humanos a escala masiva."[26]

Otro gran ejemplo de la inconveniencia de las intervenciones militares internacionales es lo ocurrido en Irak, sobre los casos de torturas y tratos inhumanos a los prisioneros iraquíes tanto en cárceles de ese país, como en la prisión de alta seguridad en Guantánamo (Cuba). Al respecto el periódico el tiempo reseñó en su editorial del 5 de Mayo de 2004 de la siguiente manera:

"Hace un año, el primero de mayo, desde el portaviones 'Abraham Lincoln', el presidente de Estados Unidos, George W. Bush, anunciaba el victorioso final de la mayor parte de las acciones militares en Irak. Y para dentro de menos de dos meses, el 30 de junio, se anuncia la transferencia del poder a un gobierno iraquí de soberanía limitada. Los hechos de las últimas semanas han matados tanta gloria y lo que ahora prevalece es un profundo escepticismo en torno al desenlace de la aventura militar que tenía en sus planes la Casa Blanca. Todo indica que Irak se ha convertido en una trampa de la que Bush difícilmente saldrá y el fantasma de Vietnam se siente más cercano.

Un notable grupo de 58 ex diplomáticos, que han servido en gobiernos tanto demócratas como republicanos, le envió una carta a Bush para cuestionar su política hacia el Medio Oriente. (Algo semejante ocurrió en Gran Bretaña) En el Congreso se planean debates sobre las evidencias que demuestran la práctica de torturas de ciudadanos iraquíes en varias cárceles, en especial en al de Abu Ghraib, entre octubre y diciembre del año pasado. El respaldo a la guerra va en picada. En el plano internacional, la Organización Mundial contra la Tortura se manifestó ayer contra los

---

[26] Op. Cit.

maltratos recientemente revelados, la Comisión de Derecho Humanos de la ONU expresó inquietudes semejantes, y el Comité Internacional de la Cruz Roja exigió castigos penales contra los autores."[27]

En lo correspondiente a Guantánamo el periodista Daniel Santos expresó:

"Considerados combatientes ilegales, están sometidos a reglamentos castrenses arbitrarios que contemplan la posibilidad teórica de torturar al preso (o, en la práctica, enviarlo a un país amigo donde lo torturen), carecen de recursos jurídicos distintos a los que ofrece la rama militar (ya podrán imaginar cómo serán) y no cuentan ni con el habeas corpus, aquel conjunto de normas que regula la privación de libertad. En efecto, pueden estar detenidos sin cargos concretos cuanto tiempo quieran los coroneles, se les procesa lejos de la jurisdicción civil (aunque ya la Corte Suprema de Justicia empieza a mosquearse, tardía y tímidamente) y sus abogados sufren diversas y esenciales restricciones. Por ejemplo, los militares graban las conversaciones entre clientes y apoderados, relación cuya confidencialidad es sagrada en cualquier país medianamente democrático. Tampoco tienen opción de pedir la comparecencia de determinados testigos, ni cuentan con plazos y protocolos estables, todo detenido que desee un defensor distinto al militar que le asignan debe primero declararse culpable, con lo cual se amarra al cuello la horca. Lord Steyn, respetado jurista británico, denunció en Londres lo que calificó como monstruosa falla de la justicia y dijo que las disposiciones presidenciales despojan a estos individuos de absolutamente todos sus derechos."[28]

A pesar de los fallidos efectos de varias intervenciones militares, también se pueden encontrar argumentos para la intervención, que radican en evitar que nuestros

---

[27] ELTIEMPO. Editorial. Miércoles 5 de Mayo de 2004. Pág. 1.12
[28] SANTOS PIZANO, Daniel. El Tiempo. Guantánamo el GULAG de Bush. 9 de diciembre de 2003

similares se conviertan en víctimas de horrendos crímenes, cuando la institucionalidad de su gobierno entra en crisis para protegerlos de tales desmanes, o cuando los mismos gobiernos apoyan y realizan todo tipo de atrocidades en contra de sus opositores o en contra de ciertas etnias raciales a las cuales esta dispuesto a exterminar. Al respecto Amnistía Internacional expreso lo siguiente:

"Si Hitler se hubiese limitado a exterminar a los comunistas, los gitanos y los judíos dentro de Alemania y no hubiese invadido países vecinos, es muy poco probable que las potencias aliadas hubiesen reaccionado. De forma similar, la comunidad internacional cerró los ojos ante el trato dado por Irak a sus propios ciudadanos hasta que Irak invadió Kuwait.

Otro contundente argumento en apoyo de la intervención humanitaria es el asalto a nuestra propia humanidad. ¿Pueden los gobiernos esperar realmente que nos crucemos de brazos ante situaciones de indescriptible sufrimiento? Todos nosotros, como seres humanos, compartimos una responsabilidad por la suerte que puedan correr otros seres humanos, dondequiera que éstos vivan.

El riesgo para la paz y la seguridad regionales se usa también como argumento para justificar la intervención armada extranjera. Ésa es también una consideración válida. La tragedia de Ruanda radica no sólo en la muerte de las personas exterminadas en el genocidio, sino también en la pervivencia del conflicto en la zona de los Grandes Lagos de África central, donde las matanzas continúan hasta el momento."[29]

---

[29] AMNISTIA INTERNACIONAL. Op. Cit

Ahora, ¿Qué plantea Amnistía Internacional frente a este debate? Amnistía Internacional, no toma partida en uno u otra posición de las anteriormente planteadas. Esa institución hace un llamado sobre lo que en realidad debe hacerse y la forma como debe hacerse una intervención militar.

En primera instancia hace un gran énfasis sobre los criterios que se deben tener en cuenta para iniciar una intervención militar en un Estado:

"En la onu el debate sobre la intervención humanitaria avanzó cuando el secretario general, Kofi Annan, bosquejó algunos de los criterios que podrían guiar al Consejo de Seguridad a la hora de autorizar las intervenciones, por parte de la onu o de una organización regional o multinacional. Estos criterios incluyen:

• La escala y naturaleza de las violaciones de las normas de derechos humanos y del derecho internacional humanitario;

• La incapacidad de las autoridades locales para mantener el orden, o su complicidad en las violaciones de derechos humanos;

• Agotar los medios pacíficos para abordar la situación;

• La capacidad del Consejo de Seguridad de la onu para supervisar la operación; y

• El uso limitado y proporcionado de la fuerza, prestando atención a las repercusiones sobre las poblaciones civiles y el medio."[30]

El segundo punto en que se hizo énfasis, trataba sobre la crítica a la forma en que se deciden las intervenciones militares. Para Amnistía Internacional, es preocupante que tales decisiones se sigan tomando basándose en razón al interés de las potencias que

---

[30] Ibíd

tienen a su cargo el Consejo de Seguridad de las Naciones Unidas. Por tal razón, no puede apoyar absolutamente a las intervenciones armadas internacionales.

"Las intervenciones militares de la onu o regionales inevitablemente reflejan los intereses de Estados poderosos política y militarmente. De forma inversa, los Estados más débiles desde el punto de vista económico y militar son los más vulnerables a la intervención y los menos capaces de resistir. Si Amnistía Internacional apoyase intervenciones militares concretas, movida por el sufrimiento de las víctimas, podría a la larga llegar a la conclusión de que, involuntariamente, había apoyado una concentración global o regional de poder y que a corto plazo había respaldado una acción que en sí misma contribuía a la comisión de abusos contra los derechos humanos. En Somalia las tropas de la onu perpetraron graves abusos; en Bosnia presenciaron sin intervenir la devastación de localidades declaradas «zonas de seguridad» por el Consejo de Seguridad de la onu; en Kosovo, las incursiones aéreas de la otan violaron las normas internacionalmente acordadas sobre el desarrollo de hostilidades.[31]

De esta forma, Amnistía Internacional hace un llamado, para que la decisión de intervenir en un conflicto armado o en una crisis humanitaria, debe ser fundamentada no por intereses militares de las potencias que tienen a cargo el cumplimiento de la norma internacional, la paz y la tranquilidad mundial, sino por los criterios de intervención y por lo que realmente necesitan las víctimas de crímenes atroces. "La postura de Amnistía Internacional en este debate es clara. Nuestro punto de partida es siempre preguntar qué es lo mejor para las víctimas. Y para las víctimas lo mejor es que se prevengan las violaciones masivas de derechos humanos."[32]

---

[31] Op. Cit.
[32] Op. Cit.

Es sin duda el trabajo de prevención, el más importante y el más difícil. Importante porque a partir de éste se podría evitar las graves violaciones a derechos humanos, y la degradación de un conflicto armado hasta llegar a la intervención militar internacional. Y el más difícil, pues, no es fácil definir estrategias efectivas para la prevención de un conflicto; como tampoco es fácil conseguir ayuda para evitar una calamidad, sino hasta que ésta se ha producido. Para Amnistía Internacional la prevención significa lo siguiente:

"El trabajo de prevención puede tener menor interés periodístico y ser más difícil de justificar ante la opinión pública que la intervención en tiempos de crisis. Requiere la inversión sostenida de recursos importantes sin las imágenes emotivas de penurias y sufrimiento que difunden los medios. Significa prestar atención al trabajo diario de protección de los derechos humanos. Significa utilizar medidas diplomáticas y otros medios de presión para convencer a los gobiernos de que ratifiquen los tratados de derechos humanos, modifiquen su legislación para adaptarla a esos tratados y cumplan y hagan cumplir sus disposiciones. Significa garantizar que no hay impunidad para los abusos contra los derechos humanos, y que cada vez que se violan los derechos de una persona se investiga el caso, se establece la verdad y se procesa a los responsables. Significa ratificar y establecer con celeridad la Corte Penal Internacional. Significa acabar con la discriminación y trabajar para garantizar la promesa de la Declaración Universal de Derechos Humanos: que los gobiernos trabajarán por la construcción de un mundo en el que no existan la crueldad ni la injusticia, el hambre ni la ignorancia.

El trabajo de prevención exige que los gobiernos condenen las violaciones de derechos humanos cometidas por sus aliados así como por sus enemigos. Significa que debe ponerse fin a la venta de armas a los autores de violaciones de derechos humanos.

Significa garantizar que las sanciones económicas no llevan a violaciones de los derechos socioeconómicos.

En Irak, tras años de sanciones draconianas, el índice de mortalidad infantil en 1999 fue el más alto del mundo. Los derechos de los niños iraquíes privados de alimentos y de la asistencia médica básica no parecen ocupar un lugar muy importante en la agenda de la comunidad internacional. El trabajo de prevención exige un compromiso serio para proteger los derechos humanos de todos, vivan donde vivan y sean quienes sean."[33]

De igual manera, Amnistía Internacional explica que las intervenciones militares internacionales deben realizarse en los casos necesarios y bajo el total respeto de la normatividad internacional, para que no se convierta el ideal de la protección a los derechos humanos en un argumento para violarlos en una intervención desmedida. Igualmente se ha dicho que "Tanto la intervención como la inacción representan el fracaso de la comunidad internacional."[34] Por tanto, ninguna de las dos posiciones debe ser adoptada radicalmente. Es necesario intervenir garantizando los derechos fundamentales de las víctimas, de los combatientes y de la población civil, respetando las normas del DIH, y garantizando un regreso al gobierno institucionalizado, de lo contrario, se incurriría en la antítesis de buscar proteger los derechos humanos a partir de campañas militares que los agraden sistemáticamente. Pero igualmente, esa intervención debe estar respaldada necesariamente por los organismos internacionales en los cuales la comunidad internacional delegó el principio de la democracia; sin el respaldo de los organismos internacionales, se estaría violando tajantemente el acuerdo al que llegaron todos los Estados que

---

[33] Op. Cit.
[34] Op.Cit.

suscribieron la Carta de Naciones Unidas, que desde su preámbulo comenta:
"Nosotros, los pueblos de las Naciones Unidas, resueltos: a preservar a las
generaciones venideras del flagelo de la guerra (…); a reafirmar la fe en los derechos
fundamentales del hombre, en la dignidad y el valor de la persona humana, en la
igualdad de los derechos de hombres y mujeres de las naciones grandes y pequeñas"
y que posteriormente en el mismo preámbulo afirma la finalidad de "crear
condiciones bajo las cuales puedan mantenerse la justicia y el respeto a las
obligaciones emanadas de los tratados y de otras fuentes del derecho internacional;"
principios y propósitos que son bien afirmados en el Artículo 1 de la misma Carta
que consagra como propósitos de las naciones unidas:

1. Mantener la paz y la seguridad internacionales, y con tal fin: tomar medidas
colectivas eficaces para prevenir y eliminar amenazas a la paz, y para suprimir actos
de agresión u otros quebrantamientos de la paz; y lograr por medios pacíficos, y de
conformidad con los principios de la justicia y del derecho internacional, el ajuste o
arreglo de controversias o situaciones internacionales susceptibles de conducir a
quebrantamiento de la paz;

2. fomentar entre las naciones relaciones de amistad basadas en el respeto al
principio de la igualdad de derechos y al de la libre determinación de los pueblos, y
tomar otras medidas adecuadas para fortalecer la paz universal;

(…)

Así entonces, la única vía legal para efectuar una intervención internacional en otro
Estado, es a partir del aval del Consejo de Seguridad, que es el órgano legitimado por
el acuerdo que se llegó en la Carta de Naciones Unidas, con el fin de mantener la paz

y la seguridad internacionales[35]; de tal forma, que cualquier intervención que se realice sin el aval del Consejo de Seguridad de las Naciones Unidas, está, sin lugar a dudas violando los principios de no agresión, de autodeterminación de las Naciones, de no interferir en los asuntos internos de otro Estado y de igualdad entre los Estados, que se deducen de los parágrafos anteriormente citados.

Por estás razones, se debe condenar los hechos que antecedieron y sucedieron en la intervención en Irak en el año 2003, pues no es admisible la declaración del Presidente George W. Bush, en la cual desafió al mundo entero con su poder militar, haciendo caso omiso a los procedimientos y decisiones del Consejo de Seguridad de las Naciones Unidas. En un artículo de Matthew Tempest y Noam Chomsky se registró de la siguiente manera la declaración de Bush:

"Bush y su administración dijeron ya en noviembre al consejo de seguridad abierta y directamente que la ONU será "relevante" si nos otorga la autoridad para hacer lo que queramos, para usar la fuerza si queremos, y si la ONU no lo hace será irrelevante. No podía ser más claro.

Dijeron que ya tenemos la autoridad para hacer lo que queramos, o venís a respaldar esa autorización o sois irrelevantes. No podía haber una forma más clara y explícita de informar al mundo de que no nos importa lo que piense, haremos lo que queramos. Esta es una de las principales razones por las que la autoridad de los líderes estadounidenses se ha hundido según la encuesta del Foro Económico Mundial."[36]

---

[35] Artículo 24 de la Carta de las Naciones Unidas
[36] TEMPEST, Matthew; CHOMSKY Noam. CHOMSKY, SOBRE EL MOVIMIENTO CONTRA LA GUERRA. 4 de febrero de 2003.
http://www.fmmeducacion.com.ar/Historia/Irak2003/irakmovimientochomsky.htm

Estas afirmaciones son inconcebibles en medio de una organización internacional que debe fundamentarse en la igualdad de todos los Estados, y que no debe permitir excesos en el abuso del poder, y sobre todo en asuntos tan delicados como lo son las intervenciones armadas en otros países sin ningún control, pues estaríamos frente en a la violación tajante de los principios de la Carta de Naciones Unidas, lo que crea una gran deslegitimación de la ONU en el ejercicio de sus funciones, y en segundo termino, se estaría avalando la violación de los derechos humanos por medio de una intervención armada sin ninguna justificación contenida en las normas internacionales. Según los señores Matthew Tempest y Noam Chomsky, las políticas intervencionistas de Estados Unidos y Gran Bretaña en Irak, hacen parte de una política institucional entre los primeros en el mundo, y así lo describen estos dos autores:

"Cuando cualquier administración toma posesión lo primero que hace es llevar a cabo una valoración de la situación a nivel mundial - "¿Cual es el estado del mundo?"- por parte de los servicios de inteligencia. Esta información es secreta y sale a la luz unos 30 ó 40 años más tarde cuando es desclasificada. Pero cuando llegó la primera administración Bush en 1989, partes de su informe de inteligencia fueron filtradas, y son muy reveladoras sobre lo que ocurrió precisamente respecto a estas cuestiones en los 10 años siguientes.

Las partes que fueron filtradas hablaban de enfrentamientos militares con enemigos mucho más débiles, reconociendo que éstos eran los únicos a los que estábamos dispuestos a enfrentarnos, los únicos que queríamos que existieran. De tal modo que en enfrentamientos con enemigos mucho más débiles Estados Unidos debe ganar "con decisión y rapidez" porque de otro modo el apoyo popular se erosionará, ya que se considera que este es muy frágil. No es como en los años sesenta, cuando el gobierno podía librar una guerra larga y brutal durante años y años destruyendo prácticamente un país sin protesta alguna. Ahora no, ahora tienen que ganar. Tienen que aterrorizar a la población para que sientan que hay una gran amenaza para su existencia y llevar a cabo una victoria milagrosa, contundente y rápida sobre el enorme enemigo y después pasar al siguiente."[37]

Y esto definitivamente no tiene presentación. Y mucho menos tiene presentación lo que ocurrió durante la guerra, que fue descrito por el periodista Abel Montero de la siguiente manera:

"Lo que estamos viendo no es una guerra: es una masacre. ¡Con qué impunidad los aviones americanos bombardean Bagdad una y otra vez! ¿Dónde están las mortíferas armas de destrucción masiva, las bombas nucleares que Bush ponía como pretexto para invadir y desarmar a Irak? Lo que vemos en nuestras pantallas caseras son soldados mal pertrechados, casi hambrientos, enfrentando aviones, helicópteros y tanques de alta tecnología, contra los que el pueblo iraquí no puede hacer nada más que llenarse de ira y dejarse matar. ¿Saben ustedes cuántas vidas iraquíes cegó la pasada "Tormenta del Desierto", de Bush padre? Más de cien mil. ¿Saben cuántos americanos murieron en aquella masacre? ¡DOCE! La mayoría de ellos en accidentes. ¿Cuántos muertos habrá ahora que los Estados Unidos atacan ciudades y planean tomar Bagdad?"[38]

---

[37] Ibíd.
[38] MONTERO, Abel. Estados Unidos contra el Mundo. 23 de Marzo de 2003. http://www.fmmeducacion.com.ar/Historia/Irak2003/irakeeuucontramontero.htm

Igualmente, la idea de una intervención sin la vigilancia y control de la comunidad internacional, pone en tela de juicio no solo la institucionalidad de los organismos internacionales sino también, el valor esencial y el fundamento de tales intervenciones como lo es, el respeto por la dignidad del ser humano, y así lo describe igualmente el periodista Abel Montero:

"Nuestras mujeres tienen miedo. Nuestros niños presencian escenas bélicas que no les hacen ningún bien. Se teme que esta invasión abusiva empeore la crisis económica mundial que ya lleva varios años. La guerra está costando ¡cien mil millones de dólares, solo durante el primer mes! Eso constituye un derroche de fondos que, necesariamente, desbalanceará aún más las finanzas estadounidenses. Con ese dinero se podría alimentar durante muchísimos años a todos los niños hambrientos del mundo."[39]

De igual manera, estas intervenciones hacen tambalear los fines para las cuales se suponen que fueron iniciadas (que es el reestablecimiento de la democracia), pues sin controles eficaces, las intervenciones hacen revivir la justicia de los vencedores sobre los vencidos, que no genera otra cosa que injusticia, y así lo revela el siguiente artículo de la Enciclopedia Libre Universal en Español:

"La credibilidad del operativo imperialista está dañada en todo el mundo. La difusión de los maltratos en la prisión de Abu Ghraib ha conmocionado a grandes segmentos de la población norteamericana. Se ha vuelto muy difícil explicar porqué los "liberadores" torturan a los prisioneros con los mismos métodos de Sadam. Las sádicas fotografías que recorrieron el planeta ilustran el grado de impunidad

---

[39] Ibíd.

descontrolada que acompaña la terciarización de la guerra y todavía se desconoce lo que ocurre en Guantánamo o en las cárceles secretas que maneja la CIA en varios países."[40]

4. LA CORTE PENAL INTERNACIONAL

4.1. ANTECEDENTES

El Estatuto de Roma es un tratado internacional suscrito el 17 de Junio de 1998. Fue el resultado de una negociación de casi 9 años, que comenzó con la propuesta de la delegación de Trinidad y Tobago en 1989 a la Asamblea general de Naciones Unidas, de crear un tribunal internacional que se encargara de juzgar los crímenes más atroces contra la humanidad. A partir de ese momento le fue encomendada a la Comisión de Derecho Internacional, la misión de crear un proyecto del estatuto del mencionado tribunal.[41]

Los trabajos realizados por la Comisión de Derecho Internacional basados en los principios creados a partir de los tribunales de Nuremberg y Tokio, sirvieron posteriormente para la creación de los tribunales ad hoc de la ex Yugoslavia y de Ruanda.

---

[40] ENCICLOPEDIA LIBRE UNIVERSAL EN ESPAÑOL. Guerra en Irak 2003. http://enciclopedia.us.es/index.php/Invasi%F3n_de_Irak_de_2003
[41] Ver SOLERA, Oscar. Jurisdicción complementaria y justicia penal internacional. Revista de la cruz roja internacional. 31 de Marzo de 2002. www.icrc.org/icrc/spa

El Estatuto de Roma se creó con el fin de garantizar el principio de legalidad, en el sentido que nadie podrá ser juzgado sino conforme a las leyes preexistentes. Buscando evitar de esta manera que los juicios internacionales se conviertan en un juicio del vencedor contra el vencido, y esto es algo en que la comunidad internacional debe avanzar, pues no es posible que en los diferentes tratados de derechos humanos[42] establezcan garantías y un trato humano para los penados, pero que en virtud del término de las guerras, los vencidos tengan que sufrir graves atentados contra su dignidad como ocurre en Irak, donde "La opinión pública estadounidense conoce de casos en que las fuerzas de la Coalición torturan a prisioneros iraquíes. Aunque los gobiernos hacen lo posible por presentar esos hechos repugnantes como errores, han sido realizados bajo la autoridad directa del comandante del Centro de Interrogatorio Interarmas en el marco de una estrategia planificada por el estado mayor con el objetivo de aterrorizar a la población. Lejos de ser acontecimientos aislados, constituyen en realidad las premisas de la campaña de contrainsurgencia que, a partir de julio, dirigirá John Negroponte, utilizando a los torturadores del régimen de Sadam Husein cuya rehabilitación ya anunció."[43] Igualmente se han hecho públicos varios informes[44] sobre el estado de los reclusos

---

[42] La declaración de los derechos Humanos de 1948, artículo 5 "nadie será sometido a torturas ni a penas o tratos crueles, inhumanos o degradantes"; La Convención Europea de derechos Humanos de 1950, artículo 3: "nadie podrá ser sometido a tortura ni a penas o tratamientos inhumanos o degradantes"; El Pacto internacional de Derechos Civiles y Políticos de 1966, artículo 7 "nadie será sometido a torturas ni a penas o tratos crueles, inhumanos o degradantes. En particular nadie será sometido sin su libre consentimiento a experimentos científicos o médicos"; La Convención Americana de Derechos Humanos de 1969, artículo 5.6: "Las penas privativas de la libertad tendrán como finalidad esencial la reforma y la readaptación social de los condenados."

[43] RED VOLTAIRE. Invasión de Irak: la Coalición del deshonor, La sucia guerra contra los iraquíes. http://www.redvoltaire.net/article5580.html

[44] "En octubre y diciembre de 2003, el mayor general Antonio M. Taguba efectuó una inspección en los centros penitenciarios iraquíes administrados por el Ejército estadounidense, así como en las bases norteamericanas que también cuentan con prisiones. Su informe, de 53 páginas, fue clasificado como confidencial, pero varios periodistas tuvieron acceso a él.

Hace referencia a abusos sexuales y torturas que van hasta la muerte, en especial en la cárcel de Abu Gharib. Los actos de violencia serían obra de miembros de la 800a Brigada y de «contratados civiles»

en las cárceles que administran las tropas estadounidenses que reafirman la grave situación de éstos. Esto definitivamente no puede ocurrir en una comunidad internacional creada precisamente para la protección de los derechos humanos, y por esta razón, la CPI, debe convertirse en un organismo que garantice los derechos fundamentales de los vencidos, y no servir de instrumento de represión hacia ellos.

4.2. CARACTERISTICAS DE LA INCORPORACION DE LA CPI EN EL ORDENAMIENTO JURIDICO COLOMBIANO

El Estatuto de Roma fue aprobado por la ley 742 de 5 de Junio de 2002, y fue revisado por la Corte Constitucional mediante sentencia C- 578-2002, y ratificado mediante instrumento del 2 de Agosto de 2002, por el Ex presidente Andrés Pastrana.

---

a las órdenes de agentes del Servicio de Información del Ejército de tierra y de la CIA, encargados de humillar a los detenidos para debilitarlos psicológicamente y prepararlos para los interrogatorios.

El general de Brigada Janis Karpinski, única mujer con rango de oficial superior destinada en Irak, alertada ya en numerosas ocasiones en este sentido, no habría tomado, sin embargo, ninguna medida para poner fin a tales actos. Por el contrario, habría firmado varios informes falsos para archivar las reclamaciones.

Los testimonios y fotografías publicados por el Daily Mirror han sido cuestionados. Son brutalidades cometidas por soldados del Queen's Lancashire Regiment en la zona de ocupación británica.

Los comentaristas que se declaran sorprendidos por estos hechos dan prueba de una muy extraña ingenuidad. Semejantes horrores no son raros en tiempos de guerra y hace meses que se conocen las quejas de los iraquíes mientras que los prisioneros mueren en las cárceles. Más que comentar estos casos desde un punto de vista moral, forzosamente hipócrita en esas circunstancias, es preferible analizarlos con un enfoque político y sacar de ellos conclusiones que son inevitablemente desagradables." RED VOLTAIRE. Invasión de Irak: la Coalición del deshonor, La sucia guerra contra los iraquíes. http://www.redvoltaire.net/article5580.html

La incorporación del Estatuto de Roma (ER), en el ordenamiento jurídico colombiano, se hizo a través de un acto legislativo que adicionó un aparte especial al art. 93 de la Constitución Nacional. Así explicó la Corte Constitucional el hecho de la incorporación de Estatuto de Roma al ordenamiento interno: "En Colombia, el constituyente escogió un camino semejante al de Francia, con la diferencia de que la reforma a la Constitución colombiana es más amplia y se hizo antes de la aprobación del Estatuto y de su revisión por esta Corte."[45]

El hecho de la incorporación del Estatuto de Roma, se presento en el congreso como un asunto de vital importancia. "La Corte Penal Internacional fue concebida como un instrumento para combatir la impunidad y lograr el respeto y la efectividad de los derechos humanos básicos, de las leyes de la guerra y del derecho internacional humanitario, incluso dentro de las fronteras de un Estado. Complementa los sistemas penales nacionales en la sanción de los responsables, en la reparación a las víctimas y en el restablecimiento de los derechos, al buscar que quienes sean responsables de cometer genocidio, crímenes de lesa humanidad, crímenes de guerra o el crimen de agresión y no hayan sido o no hayan podido ser juzgados en el ámbito nacional, sean juzgados por una Corte Penal Internacional con vocación de universalidad."[46] Por lo cual, también se tomó como un instrumento acorde con los fines del Estado colombiano, y con el propósito de lograr un acuerdo de paz, la ponencia fue la siguiente:

---

[45] CORTE CONSTITUCIONAL. Sentencia C-578 de Julio 30 de 2002. Magistrado ponente José Cepeda Espinosa.
[46] Ibíd.

"En el informe de ponencia para primer debate, el 9 de abril de 2001, se alude, entre otros asuntos, a la importancia de la ratificación del Estatuto para avanzar en el proceso de paz en Colombia Dice la ponencia: "(...) es claro que un proceso de negociación sólo es viable, si se incorpora como elemento esencial el respeto al Derecho Internacional Humanitario. Por consiguiente, no puede ser incompatible con el mismo, reforzar este respeto (...)."**La política de negociación, como cualquier otra, debe basarse en la realización de los derechos humanos, no aceptar el mandato de la Corte Penal Internacional, o sólo parcialmente, significaría darle al Derecho Internacional Humanitario un valor retórico y, de alguna manera, ser tolerante con los delitos de lesa humanidad.**"El Estatuto de la Corte Penal Internacional constituye, igualmente, el umbral de lo que es absolutamente condenable para todos, de esta manera, descarga a los negociadores de la responsabilidad de definir estos parámetros y descongestiona la agenda de negociación. En otras palabras, el Estatuto de Roma es el marco normativo básico y una garantía para todos. (Gaceta del Congreso 114, abril 9 de 2001, Informe de Ponencia Primer Debate Proyecto Acto Legislativo 014 de 2001 Senado, por medio del cual se incorpora a la Constitución Colombiana el Estatuto de Roma de la Corte Penal Internacional)."[47] (las negrillas son mías)

De esta forma, se impulsó la reforma constitucional en el Congreso de la República que tuvo el siguiente contenido, y las siguientes consecuencias:

"Artículo 1º. Adiciónese el artículo 93 de la Constitución Política con el siguiente texto:

---

[47] Op. Cit.

"El Estado Colombiano puede reconocer la jurisdicción de la Corte Penal Internacional en los términos previstos en el Estatuto de Roma adoptado el 17 de julio de 1998 por la Conferencia de Plenipotenciarios de las Naciones Unidas y, consecuentemente, ratificar este tratado de conformidad con el procedimiento establecido en esta Constitución.

La admisión de un tratamiento diferente en materias sustanciales por parte del Estatuto de Roma con respecto a las garantías contenidas en la Constitución tendrá efectos exclusivamente dentro del ámbito de la materia regulada en él".

Artículo 2º. El presente acto legislativo rige a partir de su promulgación."

Esta reforma constitucional –que entró en vigor el 27 de diciembre de 2001– contiene cuatro decisiones fundamentales del constituyente derivado. Las dos primeras son de orden competencial. La primera consiste en una autorización al "Estado colombiano" para "reconocer la jurisdicción de la Corte Penal Internacional" y para hacerlo exactamente en los "términos previstos en el Estatuto de Roma". La segunda es una facultad al Estado para "ratificar este tratado de conformidad con el procedimiento establecido en esta Constitución". Las otras dos son de naturaleza material. La primera permite "la admisión de un tratamiento diferente en materias sustanciales por parte del Estatuto de Roma con respecto a las garantías contenidas en la Constitución". La segunda limita los alcances de dicho tratamiento diferente, al señalar que éste "tendrá efectos exclusivamente dentro del ámbito de la materia regulada" en el Estatuto de Roma. Es decir, que en caso de diferencias sustanciales como el caso de la imprescriptibilidad de las penas de los crímenes de competencia de la CPI, se aplicará el ER, y no el artículo 28 de la Constitución (que prohíbe las penas imprescriptibles), pero eso sí únicamente tales diferencias sustanciales solo se permitirán dentro del marco a que se limita la competencia de la CPI (en cuanto a cuales personas pueden ser juzgadas, en cuanto a los crímenes de su competencia, en cuanto al territorio en donde puede ejercer la misma, y en cuanto a los procedimientos que se requieren para hacer funcionar a la CPI, que más adelante se van a tratar).

Además, la ubicación del contenido del Acto Legislativo en el artículo 93 significa que las decisiones mencionadas, en especial las sustantivas, tienen carácter permanente y vocación de continuidad, ya que no se encuentran en la parte de disposiciones transitorias de la Constitución.[48]

4.3. LA LABOR DE LA CORTE CONSTITUCIONAL EN LA INCORPORACION DEL ER, EN EL ORDENAMIENTO JURIDICO COLOMBIANO

Si bien el Art. 241 de la Constitución colombiana, faculta a la Corte Constitucional para decidir definitivamente sobre la exequibilidad de los tratados internacionales y de las leyes que los aprueben, en el caso de la incorporación del ER en el ordenamiento jurídico colombiano, la Corte vio limitada su facultad de analizar la coherencia de las cuestiones de forma y de fondo de un tratado con la Constitución Nacional, pues previo análisis, el Congreso de la República reformó la Constitución para hacer compatible con la Carta, todas las materias sustanciales establecidas en el ER.

"Por lo tanto, la competencia de la Corte en relación con el control de constitucionalidad comprende resolver si: a) el procedimiento de celebración del

---

[48] Op. Cit

tratado y b) el procedimiento legislativo mediante el cual se expidió la ley aprobatoria se ajustaron a la Constitución.."[49]

Y en cuanto al límite material señaló la Corte Constitucional lo siguiente:

"De tal manera que el análisis constitucional de dicho Estatuto y de la ley aprobatoria se distingue de los demás ejercidos por esta Corte en cuanto existe un referente constitucional especial que tiene las características y los alcances jurídicos mencionados. Por ejemplo, la admisión de un "tratamiento diferente" para efectos de la aplicación del Estatuto, señala que la Corte debe proceder a constatar si existe alguna diferencia entre el Estatuto y la Constitución Nacional, pero, en caso de que ésta exista y se trate de una materia sustancial dentro del ámbito de la materia regulada por el Estatuto, no tendrá que declarar su inexequibilidad ya que el propósito del acto legislativo citado fue el de permitir, precisamente, "un tratamiento diferente" siempre que este opere exclusivamente dentro del ámbito de aplicación del Estatuto de Roma. Por ello, la Corte en caso de que encuentre tratamientos diferentes entre el Estatuto y la Constitución delimitará sus contornos y precisará su ámbito de aplicación y, además, declarará que ellos han sido autorizados especialmente por el constituyente derivado en el año 2001."[50]

---

[49] Op. Cit.
[50] Op. Cit.

4.4. IMPORTANCIA DE LA CPI SEGÚN LA CORTE CONSTITUCIONAL

Según la Corte Constitucional, si existen razones importantes por las cuales se ha debido firmar el ER, razones que se trascribirán a continuación:

"A pesar de que algunos promotores de la creación de una Corte Penal Internacional y varios expertos en derecho penal internacional han manifestado que se hubiera podido avanzar más y que en las negociaciones diplomáticas en Roma se efectuaron concesiones contrarias a la filosofía que inspira su creación, existe un consenso acerca de que el llamado Estatuto de Roma representa un gran paso hacia la protección efectiva de la dignidad del ser humano mediante instrumentos jurídicos internacionales, por numerosas razones de las cuales esta Corte destaca las siguientes.

Primero, por una razón histórica. La creación de una Corte Penal Internacional con jurisdicción permanente marca un hito en la construcción de instituciones internacionales para proteger de manera efectiva el núcleo de derechos mínimos, mediante juicios de responsabilidad penal individual, por una Corte que no es creada ad hoc, ni es el resultado del triunfo de unos estados sobre otros al final de una guerra, ni es la imposición de las reglas de unos estados poderoso a los habitantes de otro, como sucedió con los Tribunales Militares de Nuremberg, de Tokio, o más recientemente, en los Tribunales de Ruanda y Yugoslavia, creados mediante resolución del Consejo de Seguridad. A diferencia de sus antecesores, la Corte Penal Internacional surgió del consenso de la comunidad internacional relativo a la creación de una instancia internacional, independiente y de carácter permanente, para el eventual juzgamiento de responsables de graves crímenes internacionales.

Segundo, por una razón ética. Las conductas punibles de competencia de la Corte Penal Internacional comprenden las violaciones a los parámetros fundamentales de respeto por el ser humano que no pueden ser desconocidos, ni aun en situaciones de conflicto armado internacional o interno, los cuales han sido gradualmente identificados y definidos por la comunidad internacional a lo largo de varios siglos con el fin de superar la barbarie.

Tercero, por una razón política. El poder de quienes en el pasado han ordenado, promovido, coadyuvado, planeado, permitido u ocultado las conductas punibles de competencia de la Corte Penal Internacional, también les sirvió para impedir que se supiera la verdad o que se hiciera justicia. La Corte Penal Internacional ha sido creada por un estatuto que cuenta dentro de sus propósitos medulares evitar la impunidad de los detentadores transitorios de poder o de los protegidos por ellos, hasta la más alta jerarquía, y garantizar la efectividad de los derechos de las víctimas y perjudicados a conocer la verdad, a obtener justicia y a recibir una reparación justa por los daños que dichas conductas les han ocasionado, a fin de que dichas conductas no se repitan en el futuro.

Cuarto, por una razón jurídica. El Estatuto de Roma representa la cristalización de un proceso de reflexión, a cargo de juristas de diversas tradiciones, perspectivas y orígenes, encaminado a ampliar el ámbito del derecho internacional con la edificación de un régimen de responsabilidad penal individual internacional respaldado por una estructura orgánica institucionalmente capaz de administrar justicia a nivel mundial, respetando la dignidad de cada nación pero sin depender de autorizaciones políticas previas y actuando bajo la égida del principio de imparcialidad."[51]

---

[51] Op. cit.

4.5. ORGANIZACIÓN DE LA CORTE PENAL INTERNACIONAL

La Corte Penal Internacional (CPI) según el mismo Estatuto de Roma en su art. 1, es una institución permanente, que se desempeñará como un órgano jurisdiccional encargado de investigar y perseguir a personas que se presuman haber cometido los crímenes más graves de trascendencia internacional regulados en el Estatuto de Roma que son el genocidio, los crímenes de guerra, los crímenes de lesa humanidad y el crimen de agresión.

La CPI es un ente internacional, que está dotado de personería jurídica, lo cual la hace un sujeto de derecho internacional capaz de celebrar tratados y acuerdos y manejar sus propios recursos, dándole así independencia y autonomía en el ejercicio de sus funciones. Sin embargo, hay que mencionar que la CPI guarda una relación estrecha con la ONU, regida por un acuerdo entre estos entes (Art. 2 ER) de carácter internacional.

La creación de la CPI, según lo ha dicho la Corte Constitucional "… es el resultado de un prolongado proceso de construcción de consensos en el seno de la comunidad internacional en torno a la necesidad de garantizar la protección efectiva de la dignidad humana frente a los actos de barbarie y de proscribir los más graves crímenes internacionales. Su establecimiento constituye un avance para la protección efectiva de los derechos humanos y el respeto al derecho internacional humanitario."[52]

Según el Estatuto de Roma (ER) la CPI esta conformada por cuatro órganos:

- La presidencia.

- Las secciones judiciales: Salas de Apelación, de Primera Instancia y Cuestiones Preliminares.

- La Fiscalía.

- La Secretaría.

El tema sobre la conformación de éstos órganos es bien tratado por el profesor Kai Ambos, del cual tomamos los apartes más importantes de una de sus obras de acuerdo con el objeto de esta investigación, que no es centrarse en la parte orgánica de la CPI, sino en la parte filosófica y política que fundamenta la creación de esta institución. En forma resumida el profesor Kai Ambos desarrolla el tema de la siguiente manera:

"La CPI en total estará formada por dieciocho Magistrados de carrera para nueve años, en votación secreta, por la Asamblea de los Estados Partes, sobre la base de dos listas de candidatos. No es posible reelección.

De una lista A deben elegirse en primer lugar nueve Magistrados con reconocida experiencia teórica y práctica en el ámbito jurídico-penal, y de la lista B cinco Magistrados con reconocida experiencia teórica y práctica en el ámbito del derecho internacional. Los candidatos pueden ser propuestos por cada Estado Parte y deberán

---

[52] Op. Cit.

poseer, al menos, la nacionalidad de un Estado Parte, con lo cual no es posible elegir dos Magistrados de la misma nacionalidad. (…) En la primera votación no deben elegirse todos los Magistrados en el mismo acto para nueve años, sino un tercio para tres años, un segundo para seis y sólo el último tercio para nueve años. El primer grupo puede ser reelegido después (arts. 35 y 36).

La Sala de Apelaciones debe componerse del Presidente y cuatro Magistrados, la Sala de Primera Instancia, de no menos de seis Magistrados, y la Sala de Cuestiones Preliminares en todo caso, de no menos de seis Magistrados. Las Salas de Primera Instancia y de Cuestiones Preliminares deben integrarse en su mayoría por Magistrados con experiencia jurídico-penal (Art. 39). La independencia de los Magistrados deberá garantizarse en especial a través de la dedicación exclusiva en la CPI (art. 40). La falta de imparcialidad puede conducir a mociones de recusación que deberán ser dirimidas por los Magistrados por la mayoría absoluta (art. 41).

La Fiscalía es un órgano independiente de la Corte. El Fiscal General (The Prosecutor) dirige y actúa con total autonomía y es auxiliado además por uno o varios fiscales adjuntos (Deputy Prosecutors). El Fiscal y sus fiscales adjuntos son elegidos por mayoría absoluta de la Asamblea de los Estados Partes para un período de nueve años y no son reelegibles. El Fiscal General puede nombrar con independencia a su personal; debe nombrar asesores jurídicos especialistas en determinados temas, como por ejemplo, violencia sexual contra niños (arts. 42 y 44).

La Secretaría es competente para la Administración y Prestación de Servicios de la Corte. El Secretario de carrera será elegido por un período de cinco años y podrá ser reelegido una sola vez. También el puede elegir con independencia a sus colaboradores (arts. 43 y 44).

(…)

Idiomas de trabajo de la Corte son el inglés y el francés; los idiomas oficiales serán el árabe, el chino, el ruso y el español (por tanto, todos los idiomas ONU). Sin embargo, sólo deberán traducirse en todos estos idiomas las decisiones de capital significación (art. 50).

(…)

La Asamblea de Estados Partes (Assembly of Status Parties, art. 112) se compone de los Estados Partes y únicamente de los Estados observadores que hayan firmado el Estatuto o el Acta Final (Final Act). Cada Estado tiene un voto. Un Estado que durante dos años se encuentre en mora en el pago y no pueda invocar causas de fuerza mayor pierde su derecho de voto. La Asamblea debe reunirse, de ordinario, cada año y también, excepcionalmente, por motivos especiales. Las decisiones deben adoptarse, en principio por consenso."[53]

Con respecto a la Asamblea de los Estados Partes cabe decir que tiene competencia para aprobar las reglas de funcionamiento interno de la Corte y las reglas de procedimiento y prueba. En las votaciones sobre los temas anteriormente mencionados siempre se buscará un consenso para la aprobación de un reforma, exceptuando las materias de fondo y de procedimiento en donde se requerirá el voto de la mayoría de dos tercios y simple, respectivamente (art. 112.7 a y 112.7 b ER).

---

[53] AMBOS, Kai. Sobre el fundamento jurídico de la Corte Penal Internacional. Un análisis del Estatuto de Roma. AMBOS, Kai; GUERRERO, Oscar Julián. El Estatuto de Roma de la Corte Penal Internacional. Universidad el Externado de Colombia. 1999. Reimpresión 2003. Bogotá. Págs. 104, 105 y 106

4.6. CÓMO SE INICIA EL PROCESO ANTE LA CPI

En el ER se han establecido los procedimientos de como puede la CPI, iniciar una investigación y un juicio penal contra un presunto autor de alguno de los crímenes de su competencia, para concluir en una sentencia condenatoria o absolutoria.

Los procedimientos establecidos para el inicio del funcionamiento de la CPI, no son otra cosa que las formas como debe llegar la información sobre los crímenes que se han realizado; es por decirlo así, cómo debe llegar la noticia del crimen a la CPI, para que ésta inicie sus actuaciones correspondientes para procesar y sancionar al autor de algún crimen de su competencia.

Según el ER, la CPI entrará en funcionamiento de varias formas:

- Por la denuncia de un Estado Parte ante la Fiscalía, sobre la comisión de crímenes en otro Estado miembro del tratado o cuyo autor sea nacional de un Estado Parte. (art. 13.a y 14 ER)
- Por la facultad de la propia Fiscalía de investigar de oficio la comisión de crímenes en el territorio de un Estado Parte, o cometidas por un ciudadano nacional de un Estado Parte o que haya aceptado la competencia de la CPI, en un territorio de otro Estado. (art. 15.1 ER)
- Por la remisión del Concejo de Seguridad de las Naciones Unidas a la CPI, sobre un caso de comisión de los crímenes de su competencia, en razón de preservar la paz y la seguridad mundial. (art. 13b ER)

- O por la petición de un Estado que no haga parte del Tratado, de someter a la jurisdicción de la CPI un caso en particular, que no se encuentre en capacidad de juzgar. (art. 12.3 ER)

Podríamos decir que éstos son las formas de denuncia que se pueden dar ante la CPI, es decir las clases de noticia criminis. Sin embargo, a pesar que se hayan dado las anteriores circunstancias, no significa que se inicie inmediatamente la actividad de la CPI, porque una vez se presenta una información o una denuncia formal ante la Fiscalía, ésta tendrá que evaluar si en realidad la información suministrada y que fundamenta los hechos, es suficiente para abrir una investigación (art. 15.2 ER). Si el Fiscal considera que la información es suficiente, deberá hacer una petición de autorización para iniciar una investigación sobre los hechos, justificada junto con toda la información que haya reunido, dirigiéndola a la Sala de Cuestiones Preliminares, quién será en últimas quien autorizará que se abra la investigación. Si la Sala de Cuestiones Preliminares considera que la información no es suficiente, rechazará la petición, sin embargo el Fiscal podrá presentar una nueva, fundamentada con nuevos hechos y nuevas pruebas. Si esta es nuevamente rechazada el Fiscal tendrá que informar lo ocurrido a quienes presentaron la petición ante él. Esto no impide que el Fiscal examine a la luz de nuevos hechos o pruebas, otra información que reciba sobre la misma situación (art. 15.6 ER).

En este apartado llama la atención, que no se les dé el derecho expreso a las víctimas de dirigirse a la CPI y exponer su caso para su efectiva protección, pues si partimos de la circunstancia en la cual el Estado en que se encuentra no puede o no quiere iniciar una investigación o no quiere sancionar a los autores de crímenes atroces, se entiende de ante mano que la víctima se encuentra en un estado de indefensión frente a la incapacidad manifiesta del Estado. Frente a esta situación, una víctima deberá huir y protegerse por sí misma hasta que otro Estado parte exponga el caso ante la CPI, o hasta que el mismo Estado recapacite y decida afrontar la culpa. Se podría sobrentender que en la facultad oficiosa del fiscal de iniciar la investigación, podrían las víctimas o personas en peligro de algún crimen atroz formular una denuncia, que el mismo fiscal deberá impulsar, porque de no ser así, estaríamos desprotegiendo al ser humano amenazado o que haya sido víctima de algún crimen de competencia de la CPI.

4.7. DETERMINACION DE LA COMPETENCIA DE LA CPI

Pero ahora, es bueno aclarar que el análisis que debe realizar tanto el Fiscal como la Sala de Cuestiones Preliminares, para determinar si el asunto o el hecho denunciado amerita abrir una investigación en la CPI, es necesario determinar si el mismo, se encuentra dentro de la competencia de la Corte. Como sabemos, la competencia es uno de los principios liberales que determina que ningún funcionario puede ejercer funciones que no le estén asignadas por la ley, siendo lo contrario a esto, la arbitrariedad y la extralimitación al poder.

Desde este nuevo punto de partida encontramos reglas en el ER que delimitan la competencia de la CPI. Existe una limitación temporal llamada también ratione temporis, una limitación en cuento a la materia que puede conocer (ratione materiae); otra limitación que tiene que ver con ciertos hechos o circunstancias de los cuales depende que la Corte pueda ejercer su competencia (ratione loci); y por último una limitación que se refiere a la nacionalidad de las personas que define sobre quién puede la Corte ejercer su competencia (ratione personae).

La competencia temporal implica que la Corte puede conocer de todo crimen establecido en su Estatuto, cometido a partir de su entrada en vigencia, es decir, desde el 1 de Julio de 2002 (art. 11). Ahora, un aspecto importante dentro de este límite es el hecho que en los casos en los cuales un Estado acepte la competencia de la CPI como tribunal ad hoc para cierto hecho en particular o desde ese momento para todos los casos, es que la fecha desde la cual se incluirán los crímenes, será la de la entrada en vigencia del Estatuto (1 de Julio de 2002) y no la fecha en que fue aceptada la competencia. Así pues el derecho internacional cumple con el principio de legalidad, estableciendo la irretroactividad del ER, pero la manera política como se soluciona el hecho de la irretroactividad en los casos en que se acepta la competencia de la CPI posteriormente a su vigencia o en la aceptación de competencia para casos particulares, sobrepasa el modelo dogmático del principio de la "ley previa" (la ley debe ser anterior al hecho que se le imputa).

Al respecto queda mencionar algunas reglas de derecho internacional establecidas en Nuremberg. "Una rápida visión sobre este punto nos informa que por ejemplo, los supuestos del conocimiento del acto o del designio criminal fueron asumidos por la jurisprudencia en el sentido de valoración normal de cualquier persona respecto de cualquier acto criminal, teniendo en cuenta el tipo de crímenes, esto es, crímenes de guerra y crímenes contra la humanidad limitando en forma sustancial la teoría del error. Al respecto, las famosas decisiones Von Weizsacker y Von Leeb: "El que conociendo se ligó o implementó, ayudó, colaboró (…) no puede decir que no conocía que los actos en cuestión eran criminales. Medidas que tienen como resultado la muerte, el maltrato, la esclavitud son actos que repugnan a la conciencia de cualquier hombre decente. Ellos son criminales per se.""[54] Así entonces, son estos principios creados en Nuremberg, los que sustentan la violación al principio de "la ley previa" a favor de la justicia, sin embargo, hay que recordar que el honorable tribunal de Nuremberg, no dejó de ser un juicio de vencedores hacia los vencidos.

El limite que tiene que ver con la materia que puede ser conocida por la CPI, esta establecido en el art. 5 del ER, en el cual se enumeran los crímenes de los cuales será competente la CPI que son clasificados en cuatro categorías: el genocidio, los crímenes de lesa humanidad, los crímenes de guerra y los crímenes de agresión. Estos crímenes surgieron de un consenso mundial como los más atroces que amenazan a la raza humana, y cuyos autores no deben quedar impunes. A tal fin, la CPI deberá delimitar su competencia distinguiendo entre un delito común que son competencia exclusiva de las jurisdicciones nacionales y un crimen universal de su competencia; así pues, los funcionarios de la CPI deberán delimitar en cada caso las fronteras entre un homicidio, un asesinato o un homicidio a persona protegida; o determinar la diferencia existente entre una tortura y una tortura como crimen de lesa humanidad que requiere como elemento previo que se cometa como parte de un ataque generalizado o sistemático contra una población civil y con conocimiento de dicho ataque (art. 7 ER).

---

[54] GERRERO, Oscar Julian. Justicia Penal y Paz Hacia el derecho penal Internacional. AMBOS, Kai; GUERRERO, Oscar Julián. Op. cit. Pág. 56

En cuanto al límite de los hechos o circunstancias de que depende que la CPI ejerza su competencia se encuentran específicamente las circunstancias que determinan el principio de complementariedad, base fundamental de la CPI para respetar la soberanía de los Estados y el principio de no interferencia en asuntos internos de otros Estados. El principio de complementariedad define las circunstancias o los hechos de los cuales depende que la Corte sea competente o no, están definidas en los arts. 17 y 20 del ER. En estos artículos se establece hasta que punto la CPI respetará la soberanía de los Estados. Así pues, el Estatuto define que la CPI no ejercerá competencia sobre hechos que estando dentro de su competencia, se estén investigando o juzgando por el Estado donde se cometió tal hecho salvo que dicho Estado no este dispuesto o no pueda hacerlo, y respetará el valor jurídico de toda providencia o decisión nacional siempre y cuando ésta no tenga como fin, sustraer al criminal de su responsabilidad penal por los crímenes de competencia de la CPI. Además la Corte examinará la viabilidad de su competencia en aquellos casos en que considere que un Estado es incapaz de investigar o enjuiciar un asunto determinado, por un colapso absoluto o sustancial en su administración nacional de justicia o cuando careciere de ella para garantizar la justicia debida.

En cuanto al último límite, que tiene que ver con la nacionalidad de quien realizó una conducta de competencia de la CPI, es necesario precisar que surge una especie de casuística con el límite del territorio de un Estado Parte, en la cual se ha definido de la siguiente manera:

"La CPI no ejercerá su competencia a menos que el Estado de nacionalidad del acusado o el Estado en cuyo territorio ocurrió el presunto crimen sean Partes del Estatuto (párrafo 2 del artículo 12). Si ninguno de los Estados ha ratificado el Estatuto, la Corte no tendrá jurisdicción, excepto en dos situaciones. Primero, el Estatuto dispone que la Corte puede ejercer su competencia si el Estado en cuyo territorio ocurrió el crimen o el Estado de nacionalidad del acusado, aunque no sean Partes, consienten en la competencia de la Corte sobre una causa dada. En segundo lugar, el Consejo de Seguridad actuando de conformidad con el Capitulo VII de la Carta de Naciones Unidas puede remitir una situación que implique a un Estado que no es Parte a la Corte, caso en el cual la CPI actuaría como un tribunal ad hoc como aquellos establecidos para Yugoslavia y Ruanda.

El territorio y la nacionalidad son los dos motivos más firmemente asentados en el derecho penal. Al vincular el ejercicio de competencia de la Corte con estas circunstancias el Estatuto, en efecto, caracteriza a la Corte como una extensión de la competencia penal nacional de sus Estados Partes."[55]

De esta manera definida la competencia, deberá la Corte determinar en cada caso en particular si es competente o no para conocerlo. En principio el análisis de competencia es realizado por el Fiscal en el momento de recibir la información. Posteriormente lo hace la Sala de Cuestiones Preliminares en el momento en que el Fiscal le pone el caso a su consideración y hace la petición para iniciar la investigación. También se vuelve a revisar la competencia de la CPI, cuando el acusado, el Estado que se encuentre investigando o enjuiciando, o ya enjuició al presunto autor, o el Estado cuya aceptación se requiera para que se inicie la competencia de la CPI, impugnan ante la Sala de Cuestiones Preliminares (art. 19 ER). Y por último, la Sala de Primera Instancia y la Sala de Apelaciones vuelven a analizar su competencia al fundamentar sus decisiones.

---

[55] BASSIOUNI, M. Cherif; BROOMHAL, Bruce y CAMARGO, Pedro Pablo. La corte penal internacional. 2ª Edición. Leyer. Bogotá. 2002. Pág. 120

4.8. PRINCIPIOS ESENCIALES DE LA CPI

4.8.1. Principio de complementariedad

Es uno de los principios fundamentales y la base esencial de la aplicación del Estatuto. Uno de los grandes temores de los Estados durante las jornadas de negociación para la creación de una Corte Penal Internacional de carácter permanente fue el precisar hasta que punto un organismo jurisdiccional internacional podía reemplazar la autonomía soberana de los Estados de juzgar a sus nacionales por la comisión de crímenes en contra de la humanidad.

Desde el punto de vista político, la definición de este principio de manera adecuada significaba la aceptación o la negación mundial de la competencia de la CPI. Una redacción inapropiada en la cual se vulnere de manera desproporcionada la soberanía de los Estados significaría la caída del proyecto que se estaba negociando. Por otro lado, una protección exagerada del principio de soberanía implicaría la inoperatividad de la CPI, o la reducción máxima de sus competencias, haciéndola casi inútil ante las necesidades del mundo en cuanto a la protección de los derechos humanos.

El principio de complementariedad se ha convertido en la máxima protección de la soberanía estatal, y en un gran medio de interpretación por medio del cual, la misma CPI es la encargada de definir cuales son las circunstancias en las cuales es necesaria para un Estado y para todo el mundo su competencia, sobre determinado hecho.

El principio de complementariedad determina que la Corte podrá conocer de aquellos casos en los cuales se hayan cometido los crímenes de su competencia como son los crímenes de guerra, los crímenes de lesa humanidad, genocidios o crímenes de agresión – si éste último es aprobado-, siempre y cuando la justicia nacional no pueda o no demuestre intención de investigar, juzgar y castigar seriamente a los autores de dichos crímenes. Según el profesor M. Cherif Bassiouni:

"La jurisdicción penal nacional tiene siempre prioridad sobre la CPI y ésta solo puede ejercer su competencia en dos situaciones (artículo 17) a saber: a) cuando el sistema jurídico nacional se ha desplomado; o b) si un sistema jurídico nacional rechaza o incumple sus obligaciones de investigar, perseguir o enjuiciar a personas que se sospecha han cometidos los tres crímenes sobre los que la CPI es actualmente competente, o de castigar a los que hayan sido declarados culpables."[56]

Como se dijo anteriormente, las circunstancias que definen la competencia de la Corte se encuentran en los artículos 17 y 20 del ER.

Artículo 17

Cuestiones de admisibilidad

1. La Corte teniendo en cuenta el décimo párrafo del preámbulo y el artículo 1, resolverá la inadmisibilidad de un asunto cuando:

---

[56] Ibíd. Pág. 17

a) El asunto sea objeto de una investigación o enjuiciamiento en el Estado que tiene jurisdicción sobre él salvo que éste no esté dispuesto a llevar a cabo la investigación o el enjuiciamiento o no pueda realmente hacerlo;

b) El asunto haya sido objeto de investigación por el Estado que tenga jurisdicción sobre él y éste haya decidido no incoar acción penal contra la persona de que se trate, salvo que la decisión haya obedecido a que no esté dispuesto a llevar a cabo el enjuiciamiento o no pueda realmente hacerlo;

c) La persona de que se trate haya sido ya enjuiciada por la conducta a que se refiere la denuncia, y la Corte no pueda incoar el juicio con arreglo a lo dispuesto en el párrafo 3 del artículo 20;

d) El asunto no sea de gravedad suficiente para justificar la adopción de otras medidas por la Corte.

2. A fin de determinar si hay o no disposición a actuar en un asunto determinado, la Corte examinará, teniendo en cuenta los principios de un proceso con las debidas garantías reconocidos por el derecho internacional, si se da una o varias de las siguientes circunstancias, según el caso:

a) Que el juicio ya haya estado o esté en marcha o que la decisión nacional haya sido adoptada con el propósito de sustraer a la persona de que se trate de su responsabilidad penal por crímenes de la competencia de la Corte, según lo dispuesto en el artículo 5;

b) Que haya habido una demora injustificada en el juicio que, dadas las circunstancias, sea incompatible con la intención de hacer comparecer a la persona de que se trate ante la justicia;

c) Que el proceso no haya sido o no esté siendo sustanciado de manera independiente o imparcial y haya sido o esté siendo sustanciado de forma en que, dadas las circunstancias, sea incompatible con la intención de hacer comparecer a la persona de que se trate ante la justicia.

3. A fin de determinar la incapacidad para investigar o enjuiciar en un asunto determinado, la Corte examinará si el Estado, debido al colapso total o sustancial de su administración nacional de justicia o al hecho de que carece de ella, no puede hacer comparecer al acusado, no dispone de las pruebas y los testimonios necesarios o no está por otras razones en condiciones de llevar a cabo el juicio.

Artículo 20

Cosa juzgada

1. Salvo que en el presente Estatuto se disponga otra cosa, nadie será procesado por la Corte en razón de conductas constitutivas de crímenes por los cuales ya hubiere sido condenado o absuelto por la Corte.

2. Nadie será procesado por otro tribunal en razón de uno de los crímenes mencionados en el artículo 5 por el cual la Corte ya le hubiere condenado o absuelto.

3. La Corte no procesará a nadie que haya sido procesado por otro tribunal en razón de hechos también prohibidos en virtud de los artículos 6, 7 u 8 a menos que el proceso en el otro tribunal:

a) Obedeciera al propósito de sustraer al acusado de su responsabilidad penal por crímenes de la competencia de la Corte; o

b) No hubiere sido instruida en forma independiente o imparcial de conformidad con las debidas garantías procesales reconocidas por el derecho internacional o lo hubiere sido de alguna manera que, en las circunstancias del caso, fuere incompatible con la intención de someter a la persona a la acción de la justicia.

Otra forma de enmarcar el principio de complementariedad se da de la siguiente manera según Oscar Solera:

"Para que un caso sea declarado admisible, han de cumplirse cuatro condiciones, a saber:

1) Que ningún Estado que tenga jurisdicción esté investigando o enjuiciando a la persona en cuestión por los mismos actos que constituyen el crimen internacional;

2) Que ningún Estado que tenga jurisdicción haya decidido, tras haber investigado el asunto, incoar acciones penales;

3) Que el inculpado no haya sido enjuiciado previamente por la conducta a que se refiere la denuncia;

4) Que el caso sea de suficiente gravedad como para justificar la adopción de otras medidas por la Corte.

Estas condiciones deberían interpretarse en forma acumulativa, es decir, que han de cumplirse todas para que la Corte pueda intervenir. La primera condición se refiere a la situación en la que la Corte cede su jurisdicción a favor de los tribunales nacionales. La segunda tiene elementos de la primera, primacía de los tribunales nacionales, y de la tercera, que se refiere al principio non bis in idem. La excepción que se incluye en el párrafo 17.1 c) también está comprendida en el párrafo 17.2 a). La cuarta condición se refiere a una intervención calificada de la Corte para evitar que se la considere un sustituto de los tribunales internacionales."[57]

En un contexto jurídico-político al que se refiere el profesor Solera, se tienen en cuenta los principios de soberanía de los Estados, para que no se extraigan absolutamente sus competencias; de otro lado se muestra un respeto al principio básico del derecho penal y de los derechos humanos, de no ser juzgado dos veces por la misma causa; de igual forma, hace referencia a los casos de impunidad y a la

---

[57] SOLERA, Oscar. Op.cit.

gravedad de los hechos como criterios orientadores de la necesidad de la actuación de la CPI. Pero la definición del principio no esta completa, puesto que de acuerdo con el artículo 20 del ER, la Corte también tendrá competencia en los casos en los cuales el Estado competente profiere una resolución judicial o política con el objeto de extraer al autor de los crímenes internacionales, de su responsabilidad penal, o que tal decisión se tome con el propósito diferente a el de someter al delincuente a la justicia.

En este último punto, se esta tocando una cesión de la soberanía y una excepción al non bis in idem, a través de una fórmula político-jurídica que tiene su fundamento en la ampliación a la protección de los derechos humanos, a fin de prevenir la comisión futura de crímenes atroces, al reducir el ambiente impune en el que se mueven tales criminales. De forma similar ha opinado Amnistía Internacional al respecto: "Cualquiera que sea la causa, la impunidad significa en última instancia la negación de la justicia para las víctimas y crea un clima en el que los individuos pueden seguir cometiendo violaciones sin temor a ser arrestados, a ser procesados, a ser castigados."

A pesar de ello, la fórmula de la complementariedad sigue presentando una vaguedad sustancial, puesto que el criterio en últimas de conveniencia de la aplicación del ER a un determinado asunto, lo define la CPI, quien tendrá a disposición para su fundamento, toda la normatividad internacional para derivar criterios para una intervención de la CPI, en la soberanía de un determinado Estado. Sin embargo, son sabios los criterios que se han esbozado por el Secretario General de las Naciones

Unidas, Kofi Annan, según los cuales se debe dirigir la intervención armada a determinado país debido a la ocurrencia de una crisis humanitaria:

• La escala y naturaleza de las violaciones de las normas de derechos humanos y del derecho internacional humanitario;

• La incapacidad de las autoridades locales para mantener el orden, o su complicidad en las violaciones de derechos humanos;

• Agotar los medios pacíficos para abordar la situación;

• La capacidad del Consejo de Seguridad de la onu para supervisar la operación; y

• El uso limitado y proporcionado de la fuerza, prestando atención a las repercusiones sobre las poblaciones civiles y el medio.

Si bien, se puede decir, que nos encontramos ante dos cosas diferentes en cuanto a que una tiene que ver con la competencia de la CPI para conocer y juzgar un determinado caso, y la otra tiene que ver con las competencias del Consejo de Seguridad de la ONU para intervenir militarmente en un Estado para el mantenimiento de la paz y la tranquilidad mundial. Sin embargo, ambos aspectos tienen muchas similitudes: La primera, en que de tales decisiones depende el respeto por la soberanía de un Estado y del principio de la no intervención en asuntos internos de un Estado. Ambas son decisiones juridico-políticas, puesto que tienen que ver con la conveniencia de la decisión para la estabilidad mundial, al mismo tiempo que tiene que ver con la aplicación de normas internacionales –verbigracia la Carta de las Naciones Unidas, y el Estatuto de Roma. Y ambas tienen que ver, con el tratamiento y solución de crisis humanitarias. Por lo tanto, esos criterios podrían ser tenidos en cuenta por la CPI, en el momento de analizar su competencia sobre determinado caso, debido a la congruencia de fines.

Al respecto del principio de complementariedad de la CPI, ha analizado la Corte Constitucional lo siguiente:

"En estos eventos, la Corte Penal Internacional examinará si existe o no disposición para actuar o capacidad por parte del Estado para investigar enjuiciar y sancionar al responsable. El alcance de estos dos criterios ha sido definido expresamente en el Estatuto.

La "falta de disposición" la define el artículo 17.2. En líneas generales significa que el Estado ha ejercido o dejado de ejercer su competencia para juzgar con la intención de sustraer de la justicia a la persona implicada, con lo cual se ha producido impunidad frente a los hechos que configuran alguno de los crímenes señalados en el artículo 5. Por su parte, el artículo 17.3, define que un Estado es "incapaz" de juzgar a la persona de que se trate cuando existe un colapso total o sustancial de la administración nacional de justicia del Estado, que tiene el efecto de que no puede hacer comparecer al acusado, o no dispone de las pruebas y testimonios necesarios o no está por otras razones en condiciones de llevar a cabo un juicio. Las expresiones "total" o "sustancial", cualifican la dimensión del colapso que justifica que la Corte pueda complementar al Estado en el ejercicio de su jurisdicción. Así, incapacidades que no sean, a lo menos, sustanciales impiden la aplicación del principio de complementariedad. El propio Estatuto indica los criterios para medir la gravedad del colapso al enumerar los efectos que este debe tener, dentro del cual se destaca la incapacidad para hacer comparecer al acusado.

No obstante, el párrafo 3 del artículo 17 sólo menciona dos situaciones indicativas del colapso total o sustancial de la justicia nacional y, agrega, que puede haber "otras razones" que muestren que un Estado no está "en condiciones de llevar a cabo el juicio".

La Corte encuentra que esta expresión es demasiado indeterminada: carece de referentes objetivos, de criterios para evaluar si una situación impide llevar a cabo el juicio, de elementos temporales acerca del surgimiento, permanencia e irreversibilidad de dicha situación, así como de parámetros para corroborar su existencia.

La Corte también entiende que es difícil anticipar todas las razones indicativas del colapso total o sustancial de la administración de justicia de un Estado.

Aprecia que los eventos expresamente mencionados son fácilmente verificables por ser evidentes, refieren a condiciones objetivas y versan sobre requisitos sin los cuales no es posible llevar a cabo el juicio.

Entonces, la Corte estima procedente que estas mismas características sirvan en el caso de Colombia para determinar si existen "otras razones" por las cuales el Estado no puede investigar o enjuiciar a una persona. De tal manera que en relación con el artículo 17, párrafo 3, del Estatuto de Roma, las "otras razones" a fin de determinar la incapacidad del Estado para investigar o enjuiciar un asunto se refieren a la ausencia evidente de condiciones objetivas necesarias para llevar a cabo el juicio.

Por su parte, el artículo 19 del Estatuto, reitera el respeto de los sistemas nacionales en el juzgamiento de las conductas enumeradas en su artículo 5, mediante el establecimiento de un procedimiento a través del cual un Estado pueda impugnar la competencia de la Corte Penal Internacional para iniciar la investigación, cuando el Estado ha ejercido de buena fe su jurisdicción o se encuentra ejerciéndola. Estas dos disposiciones reiteran el carácter complementario de la jurisdicción de la Corte y establecen mecanismos de control para evitar la primacía de la jurisdicción internacional sobre la nacional.

Esta modalidad de competencia complementaria de la Corte Penal Internacional permite que las autoridades colombianas ejerzan plenamente sus competencias para el juzgamiento de tales conductas en el territorio, pero acepta, mediante la ratificación del Estatuto de Roma, que en los eventos extraordinarios enunciados en el artículo 17, sea la Corte Penal Internacional quien ejerza su jurisdicción, pudiendo en todo caso impugnarse la decisión de la Corte Penal Internacional, de conformidad con el artículo 19. Anota esta Corporación que los eventos de indisposición suponen una situación muy grave de afectación de sus instituciones para administrar justicia, lo que representaría una circunstancia contraria a lo dispuesto por nuestro ordenamiento fundamental. En efecto, una actuación dirigida a sustraer de la justicia a un responsable de crímenes atroces, o la incapacidad del Estado para administrar justicia, sería contraria a nuestra Carta Política y los compromisos internacionales de Colombia que exigen el cumplimiento de buena fe de las obligaciones de investigación y juzgamiento de graves violaciones a los derechos humanos y al derecho internacional humanitario.

Por las razones expuestas, encuentra la Corte que el principio de complementariedad consagrado en el artículo 1 del Estatuto y desarrollado en los artículos analizados del mismo, asegura, dentro del ámbito regulado por el Estatuto, los fines constitucionales de garantía a la efectividad de los derechos, de acceso a la justicia y de lucha contra la impunidad que orientan nuestro ordenamiento constitucional."[58] (las negrillas son mías)

En el anterior análisis, llama la atención la manera como la Corte Constitucional, establece que la expresión "otras razones", es muy indeterminada y establece según su criterio, que tal expresión debe ser consecuente con las razones objetivas mencionadas en todo el artículo del ER. Tal interpretación no tiene criterio vinculante, debido a que la Corte Constitucional esta limitada en su competencia de interpretar el tratado a la luz de la Constitución, pues el ER fue incluido en la Constitución con una reforma constitucional que permite la aplicación exclusiva del ER en las materias bajo su competencia, sin tener en consideración las disposiciones constitucionales. De esta manera, la interpretación que hace la Corte Constitucional es válida al interior del Estatuto de Roma, pero como tercera fuente del derecho

---

[58] CORTE CONSTITUCIONAL. Sentencia C-578. 2003 Op. Cit.

después del Estatuto, y después de las normas, tratados y principios del derecho internacional. Así pues, otras interpretaciones estarán por encima de la que hizo la Corte Constitucional, debido a la jerarquía de las normas al interior del ER. Sin embargo, cabe aclarar que según el texto del instrumento de ratificación se acogió la sugerencia de la Corte Constitucional al manifestar en el artículo 3:

"Colombia respecto del artículo 17. parrafo 3, declara que las .otras razones. a que se refiere el citado articulo a fin de determinar la incapacidad del estado para investigar o enjuiciar un asunto, se refieren a la ausencia evidente de condiciones objetivas necesarias para llevar a cabo el juicio."[59]

4.8.2. Principio de legalidad en la CPI

El principio de legalidad en el CPI, se encuentra consagrado desde el artículo 21 hasta el artículo 24. Este principio establece, cuales son las normas en las cuales la CPI va a fundamentar su decisión (art. 21), establece los principios de nullun crimen sine lege, y nulla poena sine lege (art. 22 y 23), establece así mismo el principio de irretroactividad (art. 24), igualmente establece la exclusión de la analogía y el principio indubio pro reo (art. 21), que están redactados en el Estatuto de Roma de la siguiente manera:

Artículo 21

Derecho aplicable

---

[59] MINISTERIO DE RELACIONES EXTERIORES. Declaraciones realizadas por el Estado Colombiano al momento del depósito de instrumentos de ratificación del Estatuto de Roma. 2 de Agosto de 2002. Bogotá

1. La Corte aplicará:

a) En primer lugar, el presente Estatuto, los Elementos del Crimen y sus Reglas de Procedimiento y Prueba;

b) En segundo lugar, cuando proceda, los tratados y los principios y normas de derecho internacional aplicables, incluidos los principios establecidos del derecho internacional de los conflictos armados;

c) En su defecto, los principios generales del derecho que derive la Corte del derecho interno de los sistemas jurídicos del mundo, incluido, cuando proceda, el derecho interno de los Estados que normalmente ejercerían jurisdicción sobre el crimen, siempre que esos principios no sean incompatibles con el presente Estatuto ni con el derecho internacional ni las normas y principios internacionalmente reconocidos.

2. La Corte podrá aplicar principios y normas de derecho respecto de los cuales hubiere hecho una interpretación en decisiones anteriores.

3. La aplicación e interpretación del derecho de conformidad con el presente artículo deberá ser compatible con los derechos humanos internacionalmente reconocidos, sin distinción alguna basada en motivos como el género, definido en el párrafo 3 del artículo 7, la edad, la raza, el color, la religión o el credo, la opinión política o de otra índole, el origen nacional, étnico o social, la posición económica, el nacimiento u otra condición.

PARTE III. DE LOS PRINCIPIOS GENERALES DE DERECHO PENAL

Artículo 22

Nullum crimen sine lege

1. Nadie será penalmente responsable de conformidad con el presente Estatuto a menos que la conducta de que se trate constituya, en el momento en que tiene lugar, un crimen de la competencia de la Corte.

2. La definición de crimen será interpretada estrictamente y no se hará extensiva por analogía. En caso de ambigüedad, será interpretada en favor de la persona objeto de investigación, enjuiciamiento o condena.

3. Nada de lo dispuesto en el presente artículo afectará a la tipificación de una conducta como crimen de derecho internacional independientemente del presente Estatuto.

Artículo 23

Nulla poena sine lege

Quien sea declarado culpable por la Corte únicamente podrá ser penado de conformidad con el presente Estatuto.

Artículo 24

Irretroactividad ratione personae

1. Nadie será penalmente responsable de conformidad con el presente Estatuto por una conducta anterior a su entrada en vigor.

2. De modificarse el derecho aplicable a una causa antes de que se dicte la sentencia definitiva, se aplicarán las disposiciones más favorables a la persona objeto de la investigación, el enjuiciamiento o la condena.

De esta manera, el ER consagra las garantías por las que tanto se han luchado en el pensamiento liberal con respecto al principio de legalidad, según el cual la ley penal debe ser escrita, estricta, cierta y previa. Deber ser escrita, para eliminar la posibilidad de crear tipos penales a partir de la costumbre. Debe ser estricta, oponiéndose a la aplicación analógica. De esta forma, no le es posible al juez sancionar a una persona, con fundamento en un análisis mental en donde cree una norma nueva, pues estaría creando tipos penales nuevos, aspecto que en una democracia liberal esta sometido exclusivamente al poder legislativo. Debe ser cierta, puesto que todo lo establecido en la ley debe ser comprensible para cualquier ciudadano, de tal manera, que pueda diferenciar lo lícito de lo ilícito; de esta manera surge el principio del indubio pro reo en cuanto toda duda será resuelta a favor del reo, ya sea por la confusión de los hechos que no lleguen al plano de la certeza, o ya sea que la misma ley carezca de determinación. Y por último, la ley debe ser previa, en cuanto la conducta debe existir tipificada en la ley, en el momento en que se cometa el hecho, garantizando así también que la persona pudiera conocer sobre ilicitud de su hecho en el momento en que lo cometió, presumiéndose a partir de la existencia previa de la ley.

La problemática que surge a raíz del Estatuto de Roma sobre el principio de legalidad tiene que ver más con el principio de taxatividad, que tiene que ver con que la ley sea cierta. La descripción que hacen los artículos 6, 7 y 8 del Estatuto de Roma descripciones de conductas bastante abiertas, es decir, no desarrollan todos los elementos de la conducta ilícita, por ejemplo, en el genocidio (art. 6 ER) cuando dicen: c) Sometimiento intencional del grupo a condiciones de existencia que hayan de acarrear su destrucción física, total o parcial; o d) Medidas destinadas a impedir nacimientos en el seno del grupo; cuando dicen condiciones de existencia que hayan de acarrear la destrucción, la evaluación de tales condiciones quedarán sujetas a las circunstancias objetivas de cada caso, mientras tanto, podrán ser cualquier tipo de condiciones que se pueda creer destinadas a tal fin. Lo mismo pasa con las medidas destinadas a impedir nacimientos, que también se sujetarán a las apreciaciones objetivas en cada caso, pero se entiende que puede ser cualquier medida hasta que el juez decida.

Sin embargo, en los casos anteriores las circunstancias objetivas sirven como un criterio orientador de delimitación de la conducta, pero en otras expresiones encontradas en los crímenes de lesa humanidad y en los crímenes de guerra, se refleja un alto grado de indeterminación donde no existe la presencia de circunstancias objetivas que sirvan de límite de lo prohibido. Son expresiones como:

h) Persecución de un grupo o colectividad con identidad propia fundada en motivos políticos, raciales, nacionales, étnicos, culturales, religiosos, de género definido en el párrafo 3, u otros motivos universalmente reconocidos como inaceptables con arreglo al derecho internacional, en conexión con cualquier acto mencionado en el presente párrafo o con cualquier crimen de la competencia de la Corte;

k)) Otros actos inhumanos de carácter similar que causen intencionalmente grandes sufrimientos o atenten gravemente contra la integridad física o la salud mental o física.

xxi) Cometer ultrajes contra la dignidad de la persona, en particular tratos humillantes y degradantes;

xxii) Cometer actos de violación, esclavitud sexual, prostitución forzada, embarazo forzado, definido en el apartado f) del párrafo 2 del artículo 7, esterilización forzada y cualquier otra forma de violencia sexual que constituya una violación grave de los Convenios de Ginebra;

Por su parte La Corte Constitucional ha dicho sobre la indeterminación de las conductas lo siguiente:

4.1.4.2. La indeterminación de la definición de ciertas conductas y el principio de legalidad

"encuentra la Corte que algunas de las conductas descritas en los artículos 6, 7 y 8, tienen un grado de imprecisión que parece sugerir que éstas responden a un estándar diferente del principio de legalidad que orienta el derecho penal tanto en el ámbito nacional como en el contexto internacional Tal imprecisión se detecta en las expresiones "otros motivos universalmente reconocidos como inaceptables con arreglo al derecho internacional" (artículo 6.1. literal h), ER), y "o cualquier otra forma de violencia sexual de gravedad comparable" (artículo 6.1. literal g), ER), así como los literales b) ordinal xxii) y e) ordinal vi) del artículo 8.2., por el empleo de la expresiones "o cualquier otra forma de violencia sexual que constituya una infracción grave de los Convenios de Ginebra".

Si bien el principio de legalidad en el derecho penal internacional se ha expresado de manera menos rigurosa que en los órdenes nacionales, según el término nullum crimen sine iure en lugar de sine lege, esta Corte constata que en el Estatuto de Roma se ha buscado avanzar en la determinación de las conductas punibles acudiendo al derecho positivo escrito, por contraposición a la confianza en la certeza del derecho penal internacional consuetudinario.

Sin embargo, las expresiones "otros motivos universalmente reconocidos como inaceptables con arreglo al derecho internacional" (artículo 6.1. literal h), ER), y "o cualquier otra forma de violencia sexual de gravedad comparable" (artículo 6.1. literal g), ER), siguen siendo demasiado amplias y ambiguas.

Si bien constitucionalmente es necesario que las conductas punibles sean definidas con precisión, en derecho penal internacional se ha admitido un grado de precisión menor en la descripción de las conductas que constituyen crímenes internacionales, básicamente por razones históricas y dada la gravedad de los hechos enjuiciados utilizando estas cuatro categorías.

Sin embargo, como quiera que el Acto Legislativo No. 02 de 2001 admitió la constitucionalidad de un tratamiento diferente para aquellos asuntos que sean de competencia de la Corte Penal Internacional, aplicable única y exclusivamente cuando se trate del cumplimiento de las obligaciones derivadas del Estatuto de Roma, la Corte se limitará a constatar la existencia de esa diferencia. Subraya la Corte que los Estados reunidos en Roma postergaron el desarrollo de los elementos de cada crimen para su incorporación a un instrumento denominado "Elementos del Crimen" (artículo 9, ER), aspecto al cual se hará referencia en el apartado 4.17.

(…)"[60] (Las negrillas son mías)

Las expresiones que se encuentran subrayadas en la cita del Estatuto de Roma, demuestran un grado de indeterminación alto, pues no se puede determinar que son esas otras conductas que se encuentran prohibidas. De esta manera, se puede pensar que la determinación de tales conductas irá apareciendo a medida en que la CPI vaya estableciendo criterios delimitadores de cada una de esas expresiones. A pesar de ello, esta posibilidad debe ser rebatida a la luz del pensamiento liberal.

Por otro lado, en la dogmática penal, se ha tratado al principio de taxatividad de la siguiente manera:

El principio de legalidad es uno de los pilares esenciales del derecho penal a partir de la Revolución francesa, consagrándose como uno de los derechos fundamentales del hombre y del ciudadano. El principio de nulla poena sine lege, es la garantía que tiene todo ser humano de no ser privado de la libertad o de ser objeto de alguna sanción gubernamental sin una ley que haya establecido la pena, y la circunstancia que le da origen a la sanción.

Con respecto al principio de taxatividad ha dicho por parte de los profesores Cobo del Rosal y Vives Antón:

---

[60] Ibíd.

"El problema crucial de la formulación típica no radica en la naturaleza de sus términos como en la precisión y claridad con que pueda delimitarse su contenido…"[61]

"Las exigencias de taxatividad en la determinación del ámbito de lo punible, dimanantes del significado esencial del principio de legalidad, requieren que la formulación de los tipos se lleve a cabo mediante términos rígidos, en los que la discrecionalidad del intérprete quede reducida al mínimo. El injusto penal es un injusto tipificado. Y no cabe hablar de tipicidad allí donde una defectuosa técnica legislativa o una manipulación más o menos enmascarada dejan al arbitrio del intérprete y, en su caso, del juzgador, la determinación del contenido de las posiciones legales."[62]

Por otro lado, hay teorías que consideran que la precisión esta íntimamente ligada con la gravedad de la sanción de una disposición, y que la concreción de determinado precepto legal oscuro puede recaer sobre la jurisprudencia. Para Roxin tales afirmaciones no son convincentes en el sentido que "… el principio de legalidad rige por igual para todas las normas penales y no autoriza ciertas indulgencias en caso de delitos leves; y, por otra parte, si se encomienda a los tribunales la producción de la necesaria precisión, de ese modo precisamente se está renunciando a la división de poderes…."[63]

[61] COBO DEL ROSAL, Manuel; VIVES ANTON, Tomás S. Derecho penal parte general. Quinta edición. Tirant lo blanch. Valencia. 1999. Pág 334-335.
[62] Ibíd. Pág.335
[63] ROXIN, Claus. Derecho penal Parte general. Tomo I. Segunda edición. Traducción Diego Manuel Luzón Peña. Civitas S.A.. Reimpresión Madrid. 2001. Pág. 171

Con respecto a la utilización del Derecho Cosuetudinario opina Roxin: "Del tenor literal y del sentido del principio de legalidad se sigue necesariamente que en Derecho penal esta prohibida la aplicación del derecho consuetudinario en perjuicio del reo:"[64]

"Lo único que es cierto es que a menudo el legislador ha dejado abiertos amplios campos de las teorías generales del Derecho penal y los ha encomendado a la decisión de la jurisprudencia.; en parte por las dificultades que en muchos casos se oponen a una codificación de tales materias, y en parte por los loables deseos de no bloquear la evolución científica mediante la fijación escrita de un estadio del conocimiento que después va a quedar superado. Pero lo que los tribunales deciden en esos campos y en otros similares, siempre y sólo es un resultado de la interpretación y no tiene nunca – aunque haya una jurisprudencia constante- el carácter normativo vinculante del derecho consuetudinario.

(…) Pues aunque es verdad que en la praxis algunos resultados de la interpretación se aplican "como si fueran leyes" lo cierto es que siempre se diferencian de ellas en que los tribunales no están vinculados a los mismos como a las leyes, sino que en todo momento pueden discrepar de esos resultados y acoger una opinión mejor fundada."[65]

De esta manera, queda demostrado que tal grado de indeterminación en el Estatuto de Roma es muy peligroso, por lo que deja en el limbo moral el límite entre lo prohibido y lo permitido. Además, tal circunstancia no puede estar presente en un derecho penal fundamentado en el pensamiento liberal. La garantía del principio de legalidad consiste en poder establecer previamente a la realización del hecho que se

---

[64] Op. Cit. Pág. 159
[65] Op. Cit.. Pág. 160

encuentra prohibido y que no, para que todo individuo pueda determinarse conforme a las prescripciones legales para no ser sancionado, es decir, para que exista culpabilidad es necesario que el individuo pueda comprender su ilícito, pero para que exista algo ilícito debe ser establecido como tal primero en la ley.

Así pues, se ha avanzado mucho en la determinación de las conductas que constituyen crímenes en contra de la humanidad, pero al mismo tiempo se han dejado ventanas abiertas para la arbitrariedad. No se le puede pedir a un ser humano que comprenda la ilicitud de su hecho en el momento de su juicio, ni tampoco se le puede decir, que debido a la fluidez de la retórica de la justicia, y basándose en la argumentación lógica del fiscal es que será sentenciado. No, tales casos son inadmisibles para una Corte Internacional de Justicia, y sobre todo para una Corte Penal, para las cuales la mejor salida doctrinal que tienen es la aplicación del principio indubio pro reo, so pena de proferir una sentencia arbitraria o injusta que socavaría su legitimidad. La idea, es un avanzar en el principio de determinación, que es lo que se esta buscando con el proyecto de los elementos de los crímenes, para abandonar el carácter descriptivo que presentan los crímenes del Estatuto de Roma.

De igual forma, hay que mirar con cuidado las fuentes de derecho que puede usar la CPI, que además de los crímenes tipificados en el Estatuto, se puedan utilizar principios, normas y tratados aplicables, debido a que esta aplicación ampliaría aún más los elementos típicos, así que pueden ser utilizados tanto para ampliar la competencia, como para disminuirla. Las normas internacionales que tienen que ver con derechos humanos son tan amplias para su protección, que pueden ser utilizadas de forma peligrosa, de ahí que sea necesario acudir al pensamiento liberal, para limitar el ius puniendi y preservar la efectividad de los derechos humanos tanto para las víctimas como para los procesados.

Esta prevención tiene que ver con el antecedente de Nüremberg, según el cual, el postulado de nullum crime sine lege, fue restringido en dos premisas:

La primera consistente en la limitación al error a través del concepto de Weizsacker y Von Leeb: "El que conociendo se ligó o implementó, ayudó, colaboró (...) no puede decir que no conocía que los actos en cuestión eran criminales. Medidas que tienen como resultado la muerte, el maltrato, la esclavitud son actos que repugnan a la conciencia de cualquier hombre decente. Ellos son criminales per se."[66]

Y la segunda premisa, consistía en lo siguiente: "No obstante, el derecho no legislado podía convertirse en presupuesto de normas penales, siempre y cuando desde allí se desprendieran en forma determinada posibilidades de intervención penal en la esfera individual."[67]

Lo anterior se puede corroborar en los arts. 32 y 3 del ER, donde se dice que el error en cuanto a la intencionalidad se excluye de los casos de genocidio y crímenes de lesa humanidad, puesto que se asume que desde el inicio de la ejecución de la conducta, la persona tiene capacidad para entender la bajeza del acto que va a realizar, o en palabras del ER, "cometer genocidio o crímenes de lesa humanidad son manifiestamente ilícitas.

---

[66] GERRERO, Oscar Julian. Op. Cit. Pág. 56
[67] Ibíd. Pág. 59

4.8.3 La responsabilidad penal individual en la CPI

La responsabilidad individual en el derecho internacional fue principio que se creó por primera vez en el juicio de Nüremberg. En tal evento trascendental, se definió por primera vez, la responsabilidad de un individuo representante de un Estado por crímenes cometidos, en ocasión y en desempeño de sus funciones.

Así pues, se definió que "Los crímenes contra el derecho internacional son cometidos por hombres, no por entidades abstractas, y solamente castigando los individuos que cometen tales crímenes es que las disposiciones del derecho internacional pueden tener vigencia."[68] Así pues a partir del juicio de Nuremberg se sembraron los principios según los cuales, no le era dado a un individuo escudarse bajo la personalidad del Estado, cuando "si el Estado autoriza la acción fuera de su competencia contraviniendo la ley internacional."[69]

La Corte Constitucional ha dicho sobre el principio de responsabilidad individual lo siguiente:

---

[68] Nuremberg Judment. Nazi Conspiracy: Opinión and Judgment. Gov Printing Office. 1947. Citado por GERRERO, Oscar Julian.. Op. Cit. Pág. 53
[69] GERRERO, Oscar Julian. Op. Cit. Pág. 54

"El artículo 25 del Estatuto consagra el principio de responsabilidad penal individual sobre personas naturales por los delitos de competencia de la Corte Penal Internacional. La responsabilidad penal de personas jurídicas fue expresamente rechazada en las discusiones previas a la aprobación del Estatuto. Las razones para ello, entre otras, fue la necesidad de evitar a la Corte problemas de prueba insalvables, además de que la responsabilidad de las personas jurídicas ni se reconoce universalmente ni existen reglas de imputación consensuadas. Se excluye del Estatuto de Roma toda responsabilidad penal de personas jurídicas como potenciales responsables penales por las conductas proscritas en el Estatuto, ya que los crímenes contra el derecho internacional no son cometidos por entidades abstractas sino por individuos. Al margen de la responsabilidad de los Estados según el derecho internacional, la Corte Penal Internacional juzga y castiga a individuos, no a sus Estados de origen. Este principio tiene especial significación, ya que en él no se diferencia entre personas naturales particulares o servidores públicos. No sólo los funcionarios públicos sino también los particulares, especialmente los miembros de grupos al margen de la ley, pueden ser responsables individualmente por violación de los derechos humanos protegidos, por vía de la penalización de gravísimas conductas como las consignadas en el Estatuto de Roma. Así, toda persona que cometa un crimen de los descritos en el Estatuto en el territorio de un Estado Parte, o todo nacional de un Estado no Parte que cometa tales crímenes y que acepte la competencia de la Corte mediante un acuerdo especial, es pasible de la competencia de la Corte Penal Internacional. Ello asegura que, por lo menos, respecto de delitos más graves exista un mecanismo adicional para impedir que queden impunes, tal como se analizó en la sección 4.3.2.1. de esta sentencia . En este sentido la Corte Penal Internacional, al igual que los Tribunales de Nuremberg, Tokio, para la ex Yugoslavia y para Ruanda que le antecedieron, busca responsabilizar penalmente a los mayores criminales, responsables de atrocidades a gran escala "[70]

---

[70] CORTE CONSTITUCIONAL. Sentencia C-578. 2003 Op. Cit.

Sin embargo, cabe señalar que si bien la CPI no analizará la responsabilidad penal de las personas jurídicas, adoptando la teoría clásica romana según la cual las personas jurídicas no delinquen, el Fiscal de la CPI, deberá investigar necesariamente las actividades de personas jurídicas que se tenga sospecha de haber sido utilizadas como medio o instrumento para cometer los delitos de su competencia, pues de las operaciones registradas al interior de las personas jurídicas se pueden derivar responsabilidad penal de personas naturales, que de acuerdo a una superestructura del crimen organizado utilicen a personas jurídicas como medio o instrumento para financiar, planificar, proveer y servir de medio de lavado de activos, de crímenes de lesa humanidad, pues de lo contrario, la investigación no lograría el esclarecimiento de la verdad, si solo se basa en las actuaciones de las personas naturales, obviando las nuevas estrategias del crimen organizado, cuyo capital se oculta tras el velo corporativo de las personas jurídicas.

Al respecto, el Estatuto de Roma ha dispuesto las categorías de responsabilidad individual de la siguiente manera:

Artículo 25

Responsabilidad penal individual

1. De conformidad con el presente Estatuto, la Corte tendrá competencia respecto de las personas naturales.

1. Quien cometa un crimen de la competencia de la Corte será responsable individualmente y podrá ser penado de conformidad con el presente Estatuto.

3. De conformidad con el presente Estatuto, será penalmente responsable y podrá ser penado por la comisión de un crimen de la competencia de la Corte quien:

a) Cometa ese crimen por sí solo, con otro o por conducto de otro, sea éste o no penalmente responsable;

b) Ordene, proponga o induzca la comisión de ese crimen, ya sea consumado o en grado de tentativa;

c) Con el propósito de facilitar la comisión de ese crimen, sea cómplice o encubridor o colabore de algún modo en la comisión o la tentativa de comisión del crimen, incluso suministrando los medios para su comisión;

d) Contribuya de algún otro modo en la comisión o tentativa de comisión del crimen por un grupo de personas que tengan una finalidad común. La contribución deberá ser intencional y se hará:

i) Con el propósito de llevar a cabo la actividad o propósito delictivo del grupo, cuando una u otro entrañe la comisión de un crimen de la competencia de la Corte; o

ii) A sabiendas de que el grupo tiene la intención de cometer el crimen;

e) Respecto del crimen de genocidio, haga una instigación directa y pública a que se cometa;

f) Intente cometer ese crimen mediante actos que supongan un paso importante para su ejecución, aunque el crimen no se consume debido a circunstancias ajenas a su voluntad. Sin embargo, quien desista de la comisión del crimen o impida de otra forma que se consuma no podrá ser penado de conformidad con el presente Estatuto por la tentativa si renunciare íntegra y voluntariamente al propósito delictivo.

4. Nada de lo dispuesto en el presente Estatuto respecto de la responsabilidad penal de las personas naturales afectará a la responsabilidad del Estado conforme al derecho internacional.

En el ámbito de la responsabilidad individual, hay que decir, que la Corte tendrá en cuenta la responsabilidad de los individuos que participen como autores directos, coautores, y autores mediatos. Por otra parte se harán igualmente responsables a los instigadores, los cómplices a partir de la tentativa. Y se tendrá también en cuenta la tentativa, excluyendo de responsabilidad el desistimiento. Por otro lado, se tendrá en cuenta la apología del genocidio según el literal e del artículo 25 como una instigación directa y pública para cometer el crimen de genocidio.

Así mismo, hay que aclarar, que se excluyen de la responsabilidad individual a los menores de 18, debido a que en el Estatuto de Roma se les dio la prerrogativa de seguir siendo inimputables. De esta manera, son de competencia exclusiva de la jurisdicción interna los casos de menores que cometan crímenes internacionales. Y por último, además de que se excluye de forma tajante la responsabilidad de personas jurídicas, se hace hincapié en la responsabilidad del Estado, siempre que esta se pruebe.

4.9. CRIMENES DE COMPETENCIA DE LA CPI

4.9.1. Genocidio

El crimen del genocidio fue definido en el estatuto de Roma de la siguiente manera:

Genocidio

A los efectos del presente Estatuto, se entenderá por "genocidio" cualquiera de los actos mencionados a continuación, perpetrados con la intención de destruir total o parcialmente a un grupo nacional, étnico, racial o religioso como tal:

a) Matanza de miembros del grupo;

b) Lesión grave a la integridad física o mental de los miembros del grupo;

c) Sometimiento intencional del grupo a condiciones de existencia que hayan de acarrear su destrucción física, total o parcial;

d) Medidas destinadas a impedir nacimientos en el seno del grupo;

e) Traslado por la fuerza de niños del grupo a otro grupo.

En este crimen deben tenerse en cuenta varios aspectos relevantes. En principio el Estatuto al referirse a los grupos, quiso diferenciar entre los grupos estables y los grupos movibles, con el objeto de restringir la protección a los grupos estables, esto es "aquellos constituidos de una manera permanente y con una pertenencia constante, determinadas por el nacimiento; (…) los miembros de los grupos no cuestionan normalmente su pertenencia a los mismos, pues son parte de ellos automáticamente por nacimiento de forma continua y a menudo irremediable."[71] Mientras que los grupos movibles son aquellos en que "las personas se adhieren a los mismos mediante un compromiso individual voluntario, como los grupos políticos y económicos.[72]

Por otro lado, el factor del dolo especial es decir, la intención del autor de acabar total o parcialmente a determinado grupo, la forma de determinar el grupo a exterminar esta dado por una teoría subjetiva según la cual, la existencia del grupo no debe ser determinada por factores puramente objetivos, sino por la delimitación y determinación que subjetivamente haga el autor del crimen.

---

[71] Prosecutor vs. Akayesu, Judgment of 2 September 1998 (ICTR) citado por AMBOS, Kai. Los crímenes del Nuevo derecho penal internacional. Editorial Ediciones jurídicas Gustavo Ibañez. Colección autores extranjeros. Bogotá. 2004. Págs. 21-22
[72] Ibíd. Pág.
21

"Dado que sería un ejercicio arriesgado delimitar un grupo con criterios puramente objetivos y científicamente irreprochables, es "más apropiado" evaluar su estatus desde la perspectiva de las personas "que desean distinguir a ese grupo del resto de la comunidad, esto es para los supuestos autores del crimen."[73]

En la parte de la intención, "no es necesario que el autor destruya objetivamente un grupo de forma"total o parcial, sino que solo se proponga hacerlo."[74] ; es decir, se esta adoptando una teoría subjetiva en la cual, lo que más importa es que el autor se represente que con su acto logra la destrucción de un grupo determinado de personas; por esta razón en esta teoría no importa tanto, si objetivamente se pueda determinar que si existe un grupo étnico, religioso, sino que el auto se represente que existe un grupo y que por este motivo lo quiere destruir. Lo que ocurre es, según el profesor Kai Ambos, en la doctrina internacional se ha venido imponiendo una teoría donde prevalece la intención del autor, por encima de las circunstancias objetivas del acto, en la determinación del grupo humano al cual el autor se dirige a destruir total o parcialmente.

Por otra parte, el "propósito del autor debe estar dirigido a la destrucción de un grupo. Puesto que éstos constan de individuos, la acción destructiva debe en última instancia dirigirse en contra de individuos. Sin embargo, estos últimos no son importantes per se, sino únicamente como miembros del grupo.[75] Y esto se debe a que "mientras el derecho penal común protege los derechos e intereses jurídicos de los individuos, como su derecho a la vida, a la integridad física, a la propiedad, etcétera, el crimen de genocidio protege el derecho de ciertos grupos a existir."[76] Así

---

[73] AMBOS, Kai. Op. cid. Pág. 22
[74] Op. Cid. Pág. 50
[75] Prosecutor vs. Akayesu. Supra. Pág. 50
[76] AMBOS, Kai. Supra. Pág. 50

entonces, debe diferenciarse en ámbito de protección del crimen del genocidio de cualquier disposición del derecho penal común.

4.9.2. Crímenes de lesa humanidad.

Los crímenes de lesa humanidad se encuentran consagrados en el Art. 6 del Estatuto de Roma de la siguiente manera:

Artículo 7

Crímenes de lesa humanidad

1. A los efectos del presente Estatuto, se entenderá por "crimen de lesa humanidad" cualquiera de los actos siguientes cuando se cometa como parte de un ataque generalizado o sistemático contra una población civil y con conocimiento de dicho ataque:

a) Asesinato;

b) Exterminio;

c) Esclavitud;

d) Deportación o traslado forzoso de población;

e) Encarcelación u otra privación grave de la libertad física en violación de normas fundamentales de derecho internacional;

f) Tortura;

g) Violación, esclavitud sexual, prostitución forzada, embarazo forzado, esterilización forzada u otros abusos sexuales de gravedad comparable;

h) Persecución de un grupo o colectividad con identidad propia fundada en motivos políticos, raciales, nacionales, étnicos, culturales, religiosos, de género definido en el párrafo 3, u otros motivos universalmente reconocidos como inaceptables con arreglo al derecho internacional, en conexión con cualquier acto mencionado en el presente párrafo o con cualquier crimen de la competencia de la Corte;

i) Desaparición forzada de personas;

j) El crimen de apartheid;

k) Otros actos inhumanos de carácter similar que causen intencionalmente grandes sufrimientos o atenten gravemente contra la integridad física o la salud mental o física.

2. A los efectos del párrafo 1:

a) Por "ataque contra una población civil" se entenderá una línea de conducta que implique la comisión múltiple de actos mencionados en el párrafo 1 contra una población civil, de conformidad con la política de un Estado o de una organización de cometer esos actos o para promover esa política;

b) El "exterminio" comprenderá la imposición intencional de condiciones de vida, la privación del acceso a alimentos o medicinas entre otras, encaminadas a causar la destrucción de parte de una población;

c) Por "esclavitud" se entenderá el ejercicio de los atributos del derecho de propiedad sobre una persona, o de algunos de ellos, incluido el ejercicio de esos atributos en el tráfico de personas, en particular mujeres y niños;

d) Por "deportación o traslado forzoso de población" se entenderá el desplazamiento de las personas afectadas, por expulsión u otros actos coactivos, de la zona en que estén legítimamente presentes, sin motivos autorizados por el derecho internacional;

e) Por "tortura" se entenderá causar intencionalmente dolor o sufrimientos graves, ya sean físicos o mentales, a una persona que el acusado tenga bajo su custodia o control; sin embargo, no se entenderá por tortura el dolor o los sufrimientos que se deriven únicamente de sanciones lícitas o que sean consecuencia normal o fortuita de ellas;

f) Por "embarazo forzado" se entenderá el confinamiento ilícito de una mujer a la que se ha dejado embarazada por la fuerza, con la intención de modificar la composición étnica de una población o de cometer otras violaciones graves del derecho internacional. En modo alguno se entenderá que esta definición afecta a las normas de derecho interno relativas al embarazo;

g) Por "persecución" se entenderá la privación intencional y grave de derechos fundamentales en contravención del derecho internacional en razón de la identidad del grupo o de la colectividad;

h) Por "el crimen de apartheid" se entenderán los actos inhumanos de carácter similar a los mencionados en el párrafo 1 cometidos en el contexto de un régimen institucionalizado de opresión y dominación sistemáticas de un grupo racial sobre uno o más grupos raciales y con la intención de mantener ese régimen;

i) Por "desaparición forzada de personas" se entenderá la aprehensión, la detención o el secuestro de personas por un Estado o una organización política, o con su autorización, apoyo o aquiescencia, seguido de la negativa a informar sobre la privación de libertad o dar información sobre la suerte o el paradero de esas personas, con la intención de dejarlas fuera del amparo de la ley por un período prolongado.

3. A los efectos del presente Estatuto se entenderá que el término "género" se refiere a los dos sexos, masculino y femenino, en el contexto de la sociedad. El término "género" no tendrá más acepción que la que antecede.

Los crímenes de lesa humanidad se encuentran contemplados en el artículo 7 del Estatuto de Roma, "comprenden cualesquiera de las once acciones listadas perpetradas como parte de un ataque más amplio o sistemático (lo que supone una línea de conducta y no sólo un incidente aislado) dirigido contra la población civil. El ataque debe "cometerse de conformidad con o para promover una política de un Estado o de una organización.""[77]

De la anterior definición se pueden deducir varios elementos que distinguen los crímenes de lesa humanidad de cualquier otro crimen común. En primera instancia "el factor político solo exige que se excluyan los actos casuales de los individuos que actúan solos, aisladamente y sin que nadie los coordine.[78] Tales hechos delictivos comunes, aun si se cometen a una escala generalizada, no constituyan crímenes contra la humanidad, si no son tolerados, por lo menos por algún Estado o una organización.[79]

El segundo elemento, tiene que ver con el concepto de "generalizado", que implica que debe existir una cantidad de víctimas. Sin embargo, el profesor Kai Ambos, dice que este elemento no debe ser fundamental ni aún diferenciador con un delito común, puesto que el aspecto fundamental se encuentra en el hecho en que "los crímenes cometidos de forma generalizada deben estar vinculados de una u otra forma a una autoridad estatal u organizativa: deben ser por lo menos tolerados por ésta."[80]

---

[77] BASSIOUNI, M. Cherif; BROOMHAL, Bruce y CAMARGO, Pedro Pablo. Op. Cit. Pág. 113
[78] DIXON citado por AMBOS, Kai. Los crímenes del Nuevo derecho penal internacional. Editorial Op. Cit. Pág. 54
[79] CASSESE, citado por AMBOS, Kai. Op. cid. Pág. 54
[80] AMBOS, Kai. Op. Cit. Pág. 54

Por otra parte, se ha dicho que la política que tolere los crímenes de lesa humanidad, pueden ser activa o pasiva, de tal forma, se ha dicho que "no es necesario que haya más que una tolerancia o aprobación implícita.[81] Así pues, este crimen "no exige una política activa por parte del Estado o de alguna organización para fomentar y/o estimular los crímenes, sino que sea suficiente que los tolere, al menos en la opción generalizada.[82]

De otra forma, se hace mención que el ataque debe ser perpetrado contra la población civil, esto determina una diferencia importante pues los crímenes de lesa humanidad pueden realizarse tanto en tiempos de guerra como en tiempos de paz. Así entonces, habrá que diferenciar que se entiende por población civil en tiempos de guerra y que se entiende por población civil en tiempos de paz. En tiempos de guerra el Art. 3 común de los Convenios de Ginebra define a los no combatientes, pero de otra manera la jurisprudencia internacional en la Sala de Primera Instancia Blaskic, definió que un civil "es cualquier persona que ya no sea un combatiente en la situación específica del momento en que se comete el crimen."[83] Lo cual comprende a los ex combatientes y ex miembros de los movimientos de resistencia que ya no toman parte en las hostilidades."[84] E incluso, argumenta el profesor Kai Ambos, que la fuerza de policía también debe tenerse como población civil pues solo estan a cargo del orden civil, y como tales no son combatientes.[85] Por otra parte, debe tenerse en cuenta las precisiones adicionales que ha hecho la jurisprudencia

---

[81] Prosecutor vs. Kupreskic Judgemente of 24 January 2000. citado por AMBOS Kai. Op. cid. Págs 55-56
[82] AMBOS Kai. Op. cid. Pág. 56
[83] Prosecutor vs. Blaskic. Citado por AMBOS Kai. Op. Cid. Pág. 57
[84] Ibíd. Pág. 57
[85] AMBOS Kai. Op. Cid. Pág. 57

internacional en tal sentido "que el carácter de una población predominantemente civil no se ve alterado por "la presencia de algunos no civiles en ella."[86]

Sin embargo, otra interpretación adicional referente a la protección de los civiles dentro de un conflicto armado es la que hizo el ex presidente Alfonso López Michelsen respecto de los civiles y soldados secuestrados por las guerrillas puesto que "Es necesario entender que por el solo hecho de su captura, el ciudadano privado de la libertad adquiere un estatus frente al Estado, que le garantiza su vida y su seguridad con el carácter de un derecho exigible, que comporta responsabilidad, por acción y por omisión, por parte del Estado frente a la Comunidad Internacional."[87] A partir de este concepto, se cita al DIH como marco legal que regula la obligación del Estado como Parte Contratante, con el ciudadano retenido, según López:

"Para el Gobierno, desde el punto de vista del derecho interno, la prioridad absoluta está reconocida tanto por lo internacional como por lo humanitario, como lo reconoce la propia Corte, y para los no firmantes, es jus congens obligatorio, ya sean países, grupos políticos armados, o simplemente organismos. Y, con respecto al rescate de "retenidos", también existen limitaciones, así:

Artículo 13 del Protocolo II: "La población civil y las personas civiles gozarán de protección general contra los peligros procedentes de las operaciones militares" Aún cuando se refiere a conflictos internacionales, este espíritu está expresado en todo su sentido en el artículo 57 del protocolo I, que dice: "Precauciones en el ataque 2 a) ii) tomar todas las precauciones factibles en la elección de los medios y métodos de

[86] Ibíd. Pág. 57.
[87] LOPEZ MICHELSEN, Alfonso. El Tiempo. El Estatus del retenido. Domingo 23 de Noviembre de 2003. pág. 1-23

ataque para evitar o, al menos, reducir todo lo posible el número de muertos y heridos que pudieran causar incidentalmente entre la población civil... 2 a) iii) abstenerse de decidir un ataque cuando sea de prever que causará accidentalmente muertos o heridos entre la población civil... que serían excesivos en relación con la ventaja militar concreta y directa prevista. "[88]

Así entonces, surge la obligación del Estado de garantizar ciertos derechos al ciudadano, combatiente o no combatiente, que pierde su libertad en un conflicto armando.

Pero en tiempos de paz, el trato debe ser diferente pues no se debe aplicar el Derecho Internacional Humanitario que es el que hace diferencia entre combatientes y no combatientes. Por tanto, el ámbito de protección de la norma se amplia al tener que considerar civiles a todos.[89] Aquí es importante reseñar la trascendencia que tendría en la aplicación de este crimen, la intención del Gobierno colombiano de turno de querer distorsionar la existencia del conflicto armado por una amenaza terrorista a las instituciones democráticas, pues de no haber conflicto toda persona sería un civil y cualquier hecho que se constituya como un ataque sistemático y generalizado sería en contra de la población civil, lo cual se encuentra desfasado de la realidad, debido a que en Colombia existen varios grupos armados que se enfrentan entre sí, y que se enfrentan a las fuerzas militares gubernamentales, con una organización jerárquica y con capacidad de desarrollar operaciones militares en diversas zonas del país, y que controlan territorios donde el gobierno institucionalizado no se ha hecho sentir, ni tampoco es posible suponer que esos enfrentamientos que son constantes e intensos

---

[88] Op. Cit.
[89] AMBOS, Kai Op. Cit. Pág. 57

desde hace ya más de cinco décadas sean simples perturbaciones o disturbios internos temporales y pasajeros.

Por último, respecto del crimen de lesa humanidad deben tenerse en cuenta un factor objetivo que es que el hecho punible debe hacer parte de un ataque sistemático y generalizado, y un factor subjetivo que es que el autor debe ser conciente que su acto punible hace parte de un ataque sistemático y generalizado. En cuanto al primer elemento cabe decir que debe existir un nexo entre la conducta y la política donde "una prueba adecuada para determinar si cierto acto fue parte del ataque es preguntar si aquél habría sido menos peligroso para la víctima si no hubiesen existido tanto el ataque como la política."[90] Y en cuanto al elemento subjetivo, cabría mencionar que "el conocimiento, como elemento mental general, debe entenderse siempre en el sentido de una conciencia del riesgo de la propia conducta."[91]

4.9.3. Crímenes de guerra

En el artículo 8 del Estatuto de Roma, incorpora una tipificación que contiene las graves infracciones contra el DIH, las infracciones al artículo 3 común de los Convenios de Ginebra que trata sobre conflictos de carácter no internacional, las graves violaciones a los protocolos I y II de Ginebra y las prohibiciones al uso de ciertas armas en la guerra, que se regulan en las leyes de la Guerra de La Haya.

---

[90] Op. Cit. Pág. 60
[91] Op. cid. Pág. 63

Como dijimos anteriormente el DIH es el conjunto de reglas y principios que "... busca garantizar derechos fundamentales de quienes de una u otra manera se encuentren envueltos en la circunstancia espacialísima de un conflicto armado, señalando la forma o procedimientos mediante los cuales deben ser desarrolladas las guerras, (métodos y medios de combate) y separando de los directamente involucrados a quienes asiste el deber de atenuar los efectos de la guerra, v.gr. las misiones médicas y sanitarias, y quienes en definitiva se constituyen en sujetos pasivos del conflicto como lo es la población civil."[92]

Así entonces, podemos determinar para la materia del DIH, así como lo dijo el profesor M. Cherif Bassiouni: "la CPI no crea un nuevo derecho penal internacional; más bien, incorpora el derecho penal internacional preexistente."[93] Así entonces las conductas que constituyen crímenes de guerra, están dirigidas en principio a mantener a salvo de las operaciones bélicas a la población civil, a las construcciones u objetos que no constituyen objetivo militar y a permitir las operaciones del personal sanitario como la Cruz roja; además por otra parte, en lo relacionado con el derecho de La Haya (derecho a la guerra), a proscribir prácticas contrarias a los usos de la guerra, prohibiendo el uso de armas que causan sufrimientos innecesarios y al establecimiento de guerras sin cuartel.

Pero por otra parte, cabe hacer dos precisiones referentes a este crimen; en primera instancia, "las disposiciones relacionadas con los conflictos armados internos no se aplican para disturbios internos y tensiones internas tales como motines, actos

---

[92] PEÑA, Hilda Maria et al. Op. Cit. pág. 1
[93] BASSIOUNI, M. Cherif; BROOMHAL, Bruce y CAMARGO, Pedro Pablo. Op. Cit. 2002. Pág. 24-25

aislados y esporádicos. Tampoco afectan la responsabilidad del gobierno de restablecer el orden público y de defender la unidad e integridad territorial del Estado por cualquier medio legítimo (esto es, por todos los medios permitidos por el derecho internacional."[94] Y la segunda tiene que ver con el hecho que los crímenes de guerra "no necesariamente requieren de un plan o política estatal o de una organización. Sin embargo, sea que el conflicto internacional o interno, la Corte tendrá competencia sobre los crímenes de guerra "en particular cuando se cometan como parte de un plan o política o como Parte de la comisión a gran escala de tales crímenes (párrafo 1 del artículo 8). La presencia de tal plan o política o una acción a gran escala, será indudablemente examinada por la Corte para determinar si el crimen en cuestión es suficientemente grave como para ser admisible."[95]

Con respecto a esta clase de crímenes, cabe anotar que el Gobierno colombiano declaró en el instrumento de ratificación, en el artículo 5 lo siguiente:

"El gobierno de Colombia haciendo uso de la facultad consagrada en el articulo 124 del estatuto y sujeto a las condiciones establecidas en el mismo, declara que no acepta la competencia de la corte sobre la categoría de crímenes a que se hace referencia en el articulo 8 cuando se denuncie la comisión de uno de esos crímenes por nacionales colombianos o en territorio colombiano."[96]

De esta manera, el Estado colombiano declaró no aceptar la competencia de la CPI por un periodo de 7 años, a partir del año en que el Estatuto entre en vigor. Sin

---

[94] Ibíd. Pág. 115
[95] Op. cid. Pág. 115
[96] MINISTERIO DE RELACIONES EXTERIORES. Declaraciones realizadas por el Estado Colombiano al momento del depósito de instrumentos de ratificación del Estatuto de Roma. 2 de Agosto de 2002. Bogotá.

embargo, los crímenes de lesa humanidad están vigentes, y la CPI puede entrar a conocer de casos en que se cometan esta clase de crímenes aún cometidos en tiempos de guerra y durante el combate.

5. ENCUANDRAMIENTO JURIDICO EN LAS NORMAS INTERNACIONALES DEL CONFLICTO ARMADO COLOMBIANO

5.1. TIPOS DE CONFLICTO SEGÚN EL DIH

El primer tipo de conflicto se define como tensión interna. En una situación de tensión interna "se vive bajo un clima de anormalidad, de inseguridad, en donde la legitimidad de las instituciones estatales se encuentra seriamente comprometida. La violencia, por lo general, desborda los índices considerados como "normales" en el seno de la sociedad civil, y son comunes los casos de desapariciones forzadas, torturas y detenciones ilegales."[97]

El segundo tipo de conflicto se denomina disturbio interno, en tales circunstancias se presenta una ruptura profunda del tejido social. Su duración es mayor y puede ser de semanas o de meses, en este tipo de conflicto se presentan fuertes enfrentamientos entre los diversos grupos contrapuestos. Sus causas oscilan desde golpes de estado, fanatismos religiosos o el descontento generalizado de la población hacia las autoridades. Según el profesor Ramelli "por regla general, llevan consigo brotes de

---

[97] RAMELLI, Alejandro. La Constitución colombiana y el derecho internacional humanitario. Segunda Edición. Universidad Externado de Colombia. Bogotá. 2003. Pág. 50

vandalismo callejero, ataques a edificios públicos, quema de vehículos y en no pocas ocasiones, casos de terrorismo."[98] Y para hacer frente a estas situaciones los gobiernos por lo general acuden a los estados de excepción.

Las anteriores situaciones, se diferencian en su intensidad, pero ambas se consideran que se encuentran excluidas de las reglas del DIH, por lo cual en tales situaciones los gobiernos solo tendrán que aplicar la Constitución y las leyes, así como los tratados internacionales que versen sobre los derechos humanos y que el respectivo Estado haya ratificado.

El tercer tipo de conflicto se define como conflicto armado de carácter no internacional, que a diferencia del disturbio interno, tiene como característica central el ser eminentemente armado, es decir que sostenga un enfrentamiento armado con otros grupos similares o contra la fuerza pública del mismo Estado, situación que se enmarca dentro del Artículo 3 común de los Convenios de Ginebra que circunscribe su aplicación "en caso de conflicto armado sin carácter internacional y que surja en el territorio de una de las altas partes contratantes...", de esta manera esta norma se crea como "el mínimo de protección humanitaria garantizada para quienes no participan directamente en las hostilidades o se encuentran fuera de combate por cualquier causa."[99] Igualmente, para este tipo de conflictos se crea la normatividad del Protocolo II, que complementa el Artículo 3, y que dispone como parte las "fuerzas armadas disidentes o grupos armados organizados, que bajo la dirección de un mando responsable, ejercen sobre una parte del territorio un control tal que les permita realizar operaciones militares sostenidas y concertadas..." con capacidad

---

[98] Ibíd. Págs. 52-53
[99] Op. cid. Pág. 56

para cumplir el Protocolo II. Por otra parte, la doctrina también ha definido que dentro de los conflictos internos se puede dar casos en que se aplicarán conjuntamente tanto el Protocolo II de los Convenios de Ginebra como el Artículo 3 común a los cuatro Convenios de Ginebra. En tales casos, deberán determinarse en que casos de violencia se cumplen con los requisitos objetivos del artículo II, en cuanto a los caracteres de las partes en combate. Al respecto de estos requisitos, en lo que tiene que ver con el control de una parte del territorio, este concepto se ha relativizado y se ha dicho que lo importante es que se tenga la capacidad para realizar operaciones militares de manera permanente y no esporádicas, para lograr diferenciar esta situación de la de un disturbio interno.

Al respecto, se debatió en la conferencia diplomática, la posibilidad de aplicarle el Convenio de Ginebra a un grupo insurgente cuando ellos mismos no lo hubiesen firmado, porque en el caso del Gobierno al hacer parte del Convenio estaría obligado como parte contratante, además por mera legalidad, estaría obligado a ejercer su soberanía de manera óptima, según la cual debería respetar a la población que no haga parte del conflicto.

El Comité de la Cruz Roja comento al respecto:

"Si un partido rebelde aplica el artículo 3, tanto mejor para las víctimas del conflicto. Nadie se quejará de ello. Si no lo aplica, dará la razón a quienes consideran su acción como un simple acto de anarquía o bandidaje. En cuanto al Gobierno legal, el hecho de aplicar el artículo 3 no puede tener ningún efecto perjudicial para él. No cabe duda de que no existe ningún Estado cuya autoridad gubernamental reclame el derecho de utilizar la tortura o los demás actos contrarios a la humanidad prohibidos por el Convenio como armas contra sus enemigos."[100]

Debe aclararse que la aplicación del artículo 3 común de los Convenios de Ginebra y el Protocolo II no limita la facultad del Estado para perseguir, reprender y enjuiciar a los rebeldes, ni tampoco, restringe la competencia funcional y transitoria de los rebeldes en el orden internacional.

Y el último tipo de conflicto se ha denominado Conflicto Armado de carácter Internacional, cuyos requisitos se encuentran en el artículo 2 de los Convenios de Ginebra, que establece "el presente Convenio se aplicará en caso de guerra declarada o de cualquier otro conflicto armado que surja entre dos o varias Altas Partes Contratantes, aunque una de ellas no haya reconocido el Estado de Guerra." De esta manera, los conflictos internacionales se configuran solo entre Estados, pero excepcionalmente se da en los casos de declaración de Beligerante, que es realizada por el Estado que enfrenta una guerra civil, o por Estados fronterizos, en cuanto se vea que "un grupo Controla un determinado territorio y ejerce potestades propias de un Gobierno,..."[101]. El estado de beligerante se entiende como "una capacidad jurídica limitada en razón a que los beligerantes son destinatarios de los derechos y obligaciones que aparecen recogidos en las normas convencionales y consuetudinarias del Derecho Internacional Humanitario que regula los conflictos

---

[100] COMITÉ INTERNACIONAL DE LA CRUZ ROJA. Comentario del Protocolo del 8 de Junio de 1977 adicional a los convenios de Ginebra del 12 de Agosto de 1949. P y J editores. Colombia.1998. Pág.339

[101] RAMELLI, Alejandro. Derecho internacional humanitario y estado de beligerancia. Universidad Externado de Colombia. 2001. Pág. 23

armados internacionales, esto es los cuatro Convenios de Ginebra y su Protocolo Adicional I."[102] Y se mantiene mientras que la situación objetiva continúe.

Sin embargo, dada la circunstancias especiales del conflicto armado colombiano se escapa a la normatividad del Protocolo II de los Convenios de Ginebra, la situación en que dos grupos armados no gubernamentales sean las que se enfrenten, como es el caso que se presenta en Colombia con el enfrentamiento de las guerrillas con los grupos paramilitares. A pesar de ello, la doctrina ha dicho que en estos casos, las partes tendrán la obligación de respetar lo establecido en el artículo 3 común a los cuatro Convenios de Ginebra. "Tal aseveración parece encontrar así mismo un pilar de apoyo en la sentencia del 2 de octubre de 1995, proferida por la Sala de Apelaciones del Tribunal Penal Internacional para la Antigua Yugoslavia con ocasión del asunto Tadic, fallo en el que esta instancia internacional estimó que "existe un conflicto armado cada vez que se recurre a la fuerza armada entre Estados o entre autoridades gubernamentales y grupos armados organizados o entre grupos dentro de un Estado""[103]

5.2. CASO COLOMBIANO

La normatividad aplicable para el conflicto armado Colombiano esta conformado principalmente por "los Convenios de Ginebra de 1949, en concreto al Artículo 3 Común, que trata sobre los enfrentamientos armados entre fuerzas o grupos armados

---

[102] Ibíd. Págs. 23-24
[103] Op. Cid. Pág. 71

relativamente organizados que se producen exclusivamente dentro del territorio de un Estado determinado; el Protocolo II adicional a los Convenios de Ginebra, aplicado a los conflictos armados sin carácter internacional en los que las fuerzas insurgentes están altamente organizadas y destinado a la protección de civiles y combatientes capturados; y al derecho internacional consuetudinario, resultado de una práctica general y coherente de los Estados marcada por un sentido de obligación jurídica."[104] Sin embargo, "a pesar de que el Protocolo I se aplica únicamente a los conflictos armados internacionales, muchas de sus normas han adquirido el estatus de derecho internacional consuetudinario."[105]

Así entonces podemos encontrar en Colombia desde hace tantos años la existencia de un conflicto armado, que se viene rigiendo por el DIH, sin que por esto se haya logrado efectivamente que los actores del conflicto lo respeten, así lo afirma Human Right Wacth:

"Muy pocos ponen seriamente en entredicho que la guerra colombiana cumple las condiciones necesarias para la aplicación del derecho internacional humanitario. Durante las entrevistas con Human Rights Watch, todas las partes en conflicto coincidieron en principio que el derecho internacional humanitario debía ser acatado en Colombia.

Sin embargo, la distancia entre las palabras y los hechos es enorme. Todas las partes manipulan activamente el concepto de derecho internacional humanitario con fines claramente políticos o estratégicos. Existe también un profundo desacuerdo sobre los

[104] HUMAN RIGHT WATCH. Guerra sin Cuartel Colombia y el derecho internacional humanitario. New York: Human Rights Watch, 1998. www.hrw.org/spanish/justicia2.html
[105] Ibíd.

términos utilizados en el derecho internacional humanitario para definir a los que no participan directamente en las hostilidades y los llamados objetivos militares. Aunque parte de ese desacuerdo puede ser motivo de un legítimo debate, la resistencia a acatar los principios del derecho internacional humanitario en Colombia refleja la intención de justificar las violaciones constantes, deliberadas y atroces a las normas mínimas necesarias para la protección de la vida humana."[106]

El principal problema que se presenta en el conflicto armado Colombiano respecto al respeto por el DIH, es que las partes en conflicto no quieren diferenciar entre que es un civil y que es un combatiente, y entre un objetivo militar y un bien civil. Al respecto de esto Human Right Wacth dice:

"Cualquier informe sobre las violaciones del derecho internacional humanitario debe contar en primer lugar con los hechos necesarios para distinguir a los civiles y combatientes fuera de combate de los que participan activamente en las hostilidades. Esta tarea puede ser difícil, aunque no imposible, en Colombia.

Todas las partes en conflicto persiguen abierta y agresivamente objetivos civiles, aunque alegan que las víctimas civiles son en realidad combatientes disfrazados. Todos los bandos intentan involucrar a los civiles para que participen directamente en la guerra. El gobierno logró este objetivo organizando a los civiles en grupos paramilitares en los ochentas y en las CONVIVIR en los noventas. La guerrilla creó milicias, cuya estrategia de reclutar a la fuerza a menores se expone más adelante en el informe. Los paramilitares califican habitualmente a los civiles de combatientes simplemente por cruzarse en el camino con guerrilleros, compartir un trago de agua o presenciar el paso de una unidad armada.

---

[106] Op. Cit.

Asimismo, todos los bandos atacan habitualmente a civiles y objetivos sin carácter militar, en clara violación del derecho internacional humanitario. Sin embargo, muy pocas veces se hacen responsables de los errores; en cambio, los combatientes encuentran maneras aún más cínicas de justificar o desmentir categóricamente los ataques que merecen la condena internacional.[107]

En medio de la problemática de la distinción entre combatientes y no combatientes al interior del DIH, Human Rigth Wacth hizo recomendaciones específicas y estableció los criterios según los cuales las partes deben diferenciar en cada situación particular entre combatientes y no combatientes y entre un objetivo militar y otro que no lo es:

"el comentario autorizado sobre el derecho internacional humanitario, se define a un civil como una persona que no participa activamente en las hostilidades con la intención de causar daño físico al personal o los objetos enemigos.

Es fundamental señalar que el simple hecho de alimentar a un combatiente, suministrar información fuera del área inmediata de combate, divulgar propaganda o participar en actividades políticas en apoyo a un grupo armado no convierten a un civil en combatiente. Tienen que existir tanto la participación directa como la intención de causar daño físico a un combatiente para que un civil pierda su estatuto protegido.

El tema de la reunión de información de inteligencia es especialmente importante. Mientras se estaba negociando el Protocolo II, los participantes en las conferencia acordaron que los residentes de los territorios donde existe presencia de combatientes se encuentran con información de utilidad para las partes en conflicto y es posible que,

---

[107] Op. cit.

voluntaria o involuntariamente, la transmitan, un hecho habitual en Colombia. Sin embargo, esto no les convierte en combatientes. En la definición de combatiente que ejerce de espía o agente de inteligencia es esencial que esa persona emplee un disfraz para hacerse pasar por otra para obtener acceso a información, la adquiera por medios falsos o actos deliberadamente clandestinos o suministre información a sabiendas de su utilización directa o inmediata para el lanzamiento de un ataque.

"En el manual se hace hincapié en que, en cada ataque, los oficiales al mando "tomarán todas las precauciones posibles al elegir la manera y el método de ataque con vistas a evitar, y en cualquier caso minimizar, la pérdida incidental de vidas civiles, herir a civiles y dañar objetos civiles." Si es imposible minimizar el daño a civiles, "el ataque debe ser cancelado o suspendido.

Sin embargo, incluso cuando un objetivo es claramente militar, las partes en conflicto no tienen licencia ilimitada para atacar. En el artículo 51 (5) (b) del Protocolo I se consideran ataques indiscriminados o desproporcionados los realizados "cuando sea de prever que causarán incidentalmente muertos y heridos entre la población civil, o daños a bienes de carácter civil, o ambas cosas, que serían excesivos en relación con la ventaja militar concreta y directa prevista."

Entre otros casos, el principio de proporcionalidad se aplica a los ataques de la guerrilla a pueblos donde se producen considerables víctimas civiles y daños a objetos civiles, como tiendas, casas e iglesias. En muchos casos, quedó claro que la guerrilla había tomado muy pocas precauciones, si alguna, para minimizar el daño excesivo a los civiles y que con frecuencia había atacado cuando existía muy poca ventaja militar, si es que la había. Está claro que el trabajo de inteligencia deficiente y las circunstancias imprevistas pueden provocar daños no planeados. Sin embargo, los combatientes no pueden alegar que han cometido un error si existen pruebas de que no han tomado en cuenta los riesgos evidentes para los civiles o no han hecho una evaluación razonable de los posibles daños.

Sin embargo, cabe destacar que el principio de proporcionalidad no justifica de ningún modo o ignora las víctimas civiles que puedan resultar de un ataque. Si una fuerza sospecha que un ataque puede provocar sufrimiento a civiles, el ataque debe ser suspendido o cancelado hasta que los mandos puedan tomar medidas específicas para evitar o minimizar víctimas civiles.[108]

Así entonces, podemos decir que la problemática del conflicto armado en Colombia se circunscribe, en gran parte, por el irrespeto por la población civil, y por el irrespeto a objetivos civiles, puesto que las partes en sus actuaciones tienden a distorsionar a su conveniencia las normas del DIH, como viene ocurriendo con el Gobierno Nacional que representado por el Presidente Álvaro Uribe Vélez ha dicho que en Colombia no nos encontramos en una guerra, que no existe un conflicto armado, sino una amenaza terrorista en contra de las instituciones democráticas. Sin embargo, las consecuencias de una interpretación de tal envergadura tienen los inconvenientes que ha resumido el ex presidente López Michelsen diciendo que el hecho ponerles el rótulo de terroristas a los grupos armados ilegales lo que hace es que los despoja de su carácter de ejército regular, provocándose así "la imposibilidad de invocar el Derecho Internacional Humanitario, celebrar armisticios y, en último término, pactar la paz."[109]

Esos efectos en la definición de la problemática de la situación social colombiana, viene enfrentando a una cantidad de personalidades, como el ex presidente Alfonso

---

[108] Op. Cit.
[109] LOPEZ MICHELSEN, Alfonso. El Tiempo. ¿Hay o no conflicto armado en Colombia? Domingo 13 de Febrero de 2005. pág. 1-23

Lopez, el profesor Eduardo Pizarro Leóngomez[110], Juan Pedro Schaerer[111], delegado en Colombia del Comité Internacional de la Cruz Roja, Makarim Wibisono[112], presidente de la Comisión de Derechos Humanos de la ONU, y Michael Frühling[113], de la ONU para los Derechos Humanos, quienes opinan que en Colombia si existe un conflicto armado, con el Presidente de la República Álvaro Uribe Velez, al Comisionado para la Paz Luis Carlos Restrepo y a José Obdulio Gaviria, asesor presidencial y autor de Sofismas del Terrorismo en Colombia, quienes consideran que en Colombia no existe una guerra sino una amenaza terrorista.

En lo que respecta a la doctrina que sostiene el Gobierno de Uribe, cuyo principal ideólogo es José Obdulio Gaviria, se sostienen dos argumentos para negar la existencia de un conflicto en Colombia. "El primero es que no existe un conflicto porque Colombia es una democracia legítima y no una dictadura ni un régimen opresivo. Por lo tanto no hay justificación para que un puñado de violentos continúen en armas. Segundo, porque después de la caída del muro de Berlín la guerrillas colombianas ya no luchan por un ideal político sino que actúan como mafias

---

[110] Quien ha dicho: "el justo rechazo a la noción de guerra civil no implica negar que haya un conflicto armado que produce cada año alrededor de tres mil víctimas."[110] PIZARRO LEONGOMEZ, Eduardo. El Tiempo. ¿Conflicto armado o amenaza terrorista? Abril 25 de 2005. Pág. 1-17

[111] Quien opinó sobre la situación colombiana lo siguiente: "Se trata de un conflicto armado de carácter interno, en el cual son aplicables el artículo 3 común a los cuatro Convenios de Ginebra y el Protocolo adicional II", según concepto que le llegó desde Ginebra al pedir recalificar a Colombia. Autor/fuente: REVISTA SEMANA, Sí hay guerra, señor presidente. Febrero 6 de 2005.
http://www.mediosparalapaz.org/?idcategoria=1981

[112] Quien dijo con respecto a Colombia: "La Comisión reitera su apoyo al Gobierno de Colombia en la búsqueda de una solución negociada al conflicto armado interno (...) con los grupos armados al margen de la ley que cesen todas las hostilidades", en su declaración del 21 de abril pasado. Semana. Op. Cit.

[113] Quien dijo sobre Colombia: "La nueva caracterización de la problemática existente puede prestarse a confusiones y problemas desde los datos estadísticos hasta las políticas públicas", en su más reciente
informe. MERCADO RIVERA, Bibiana. 'En Colombia sí hay un conflicto armado interno': Comité Internacional de la Cruz Roja. Mayo 4 de 2005.
http://eltiempo.terra.com.co/coar/DER_HUMANOS/derechoshumanos/ARTICULO-WEB-_NOTA_INTERIOR-2058965.html

vinculadas al narcotráfico y a la captura de rentas como la gasolina, la coca y el oro. En consecuencia, más que revolucionarios en busca de un nuevo régimen son bandas criminales con poderosos aparatos militares. Y por último, porque en su lógica criminal la principal víctima son los civiles. En síntesis, son simples terroristas que no respetan las normas humanitarias."[114]

Por otra parte, la tesis de la existencia del conflicto, en la cual también me vinculo sostiene lo siguiente:

"… la definición de si existe un conflicto no depende del capricho o de la apreciación del presidente de turno sino de unas condiciones objetivas. El Protocolo II de Ginebra se aplica cuando en un territorio las Fuerzas Armadas se enfrentan a "fuerzas armadas disidentes o grupos armados organizados que, bajo la dirección de un mando responsable, ejerzan sobre una parte de dicho territorio un control tal que les permita realizar operaciones militares sostenidas y concertadas y aplicar el presente Protocolo". En Colombia es difícil negar -aunque José Obdulio Gaviria lo intenta- que las Farc tienen un mando responsable como es el Secretariado. También es indudable que aún ejercen control sobre fracciones del territorio. Lejano, a veces ocasional, pero lo ejercen. ¿Cómo explicar de otra manera que puedan tener campos de concentración donde llevan secuestrados soldados y policías más de cinco años? Aunque el gobierno de Uribe ha avanzado muchísimo en arrebatarles su retaguardia en el sur del país, conservan todavía la capacidad para realizar operaciones militares como lo demostró el ataque a Iscuandé.[115]

---

[114] REVISTA SEMANA, Sí hay guerra, señor presidente. Febrero 6 de 2005.
http://www.mediosparalapaz.org/?idcategoria=1981

[115] 31 de enero de 2005 las 2:10 de la madrugada del día siguiente, cerca de un centenar de hombres de las Farc atacaron a Iscuandé, un pequeño puerto incrustado en las costas de Nariño que ha sido estratégico para el tráfico de drogas. Mimetizados en el espeso follaje de la selva y ayudados por
lluvia pertinaz, los guerrilleros abrieron fuego contra la base donde dormían 60 militares, la mitad de los cuales eran soldados campesinos. La guerrilla no escatimó en su artillería de fuego: pipetas de gas,

Por todo lo anterior, la Corte Constitucional ha reconocido en sus sentencias que existe un conflicto armado, el Congreso de la República ha desarrollado leyes como la de los desplazados a raíz del conflicto y la gran mayoría de colombianos cree que en Colombia existe una guerra. Es más, eligieron a Álvaro Uribe porque fue el único candidato que prometió ganarla. Más aún: las Fuerzas Armadas piensan, se preparan y actúan para la guerra. "Estamos en guerra y vamos ganando", entonan al unísono los soldados al formar."[116]

Y la principal razón por la cual me adhiero a la tesis de la existencia del conflicto armado es por estar en desacuerdo con el principal efecto político de la tesis que sostiene la existencia de una amenaza terrorista que es la que sostiene el Gobierno en el plano político: "cerrar el margen de maniobra para una negociación política con los grupos armados. Con terroristas no se negocia. Se les somete por la fuerza. No obstante, Uribe deja abierta la posibilidad de llevar a cabo procesos de desmovilización con la condición de un cese del fuego. Procesos que, como en el caso del que se sigue en Santa Fe de Ralito con los paramilitares, no incluyan ninguna agenda política."[117]

Y esa política de sometimiento no funciona, si detrás de los fusiles de la guerra no se presenta una verdadera política social de paz, llevando el verdadero Estado a todos

---

ametralladoras, fusiles... "En ese momento la noche se volvió día y todo se cubrió de un rojo intenso", dijo a El Tiempo uno de los pobladores que vive al frente de la base. Al despuntar el día, y después de cuatro horas de intenso fuego cruzado, la escena no podía ser más dantesca: hombres calcinados, cadáveres ensangrentados, gritos de ayuda, hierros retorcidos, y lo que había sido la noche anterior la base militar de Iscuandé no era más que unas ruinas humeantes con olor a pólvora y muerte. El saldo final: 15 infantes muertos y 26 heridos. Semana. Op. Cit.

[116] Op. cit.

[117] Op. Cit.

los rincones del país, y no solo al Ejercito Nacional, así como se explica en los siguientes párrafos:

"Pero si reconoce que las guerrillas y los paramilitares, además de cometer acciones terroristas, tienen motivaciones políticas y controlan territorios quizá pondría su centro de gravedad en reforzar la legitimidad del Estado en el país marginal, donde transcurre la mayor parte del conflicto armado. Así está redactado en la Política de Seguridad elaborada por el Ministerio de Defensa al comienzo de este gobierno. Se haría entonces menos énfasis en la política de capturas masivas, que ha alienado a la población en contra de las Fuerzas Armadas en muchos pueblos, y se haría más énfasis, por ejemplo, en cortar todo vínculo entre militares y autodefensas. Pero, sobre todo, se esforzaría menos por atacar en sus discursos -y ahora en sus libros- a sus opositores políticos, incluidos los defensores de los derechos humanos, y más por llevar al Estado a las regiones abandonadas de país. Llevar jueces, fiscales, colegios y alternativas económicas a las zonas donde los soldados están peleando con tanto esfuerzo y sacrificio el Plan Patriota. Detrás del fusil tiene que venir la legitimidad.

Porque si bien José Obdulio tiene razón en que en Colombia existe un Estado legítimo y que después de la Constitución del 91 hay una democracia mucho más plural e incluyente, es una realidad que se vive sobre todo en el país de los centros urbanos. Ahí funciona el Estado, se mueve la economía, la vida es cosmopolita y los colombianos viven en el siglo XXI. Pero a medida que se alejan de ese país urbano se entra a otro país. Un país marginal, rural, abandonado, anclado en el siglo XVII y controlado por los señores de la guerra.

En varias regiones hay decenas de municipios donde el Estado está controlado por los paramilitares. Tampoco se conoce mucho del Estado legítimo en Cartagena del Chairá o Calamar, en el Guaviare. Tiene razón el ex guerrillero salvadoreño Joaquín Villalobos cuando dice que la guerra en Colombia se ha prolongado por décadas no tanto porque la guerrilla sea fuerte, sino por la debilidad del Estado. El verdadero desafío del gobierno es comprender que esta es una guerra con muchas caras. Simplificarla sólo es un ejercicio de propaganda y haría bien el Presidente en encomendarle esa labor sólo a José Obdulio."[118]

5.3. POSIBILIDAD DE INTERNACIONALIZACION DEL CONFLICTO

En medio de todo esto, aún nos encontramos ante la disyuntiva de cual sería el encuadramiento jurídico que se le debe hacer a las actuaciones desarrolladas tanto por los grupos armados ilegales, como del ejercito gubernamental; es decir, habrá que definir si nos encontramos ante un conflicto armado de carácter no internacional según el artículo 3 común a los Convenios de Ginebra, o ante un conflicto armado de carácter internacional según el artículo 2 del mismo Convenio y del Protocolo I.

En este punto se presenta una disyuntiva, y es la de determinar la existencia de los requisitos que exige la normatividad internacional para establecer la existencia de un conflicto armado internacional, como seria por ejemplo el reconocimiento de estado de beligerante de los grupos al margen de la Ley, pero para que esto se configure debemos definir nuestra situación de orden público como guerra civil, que tiene los siguientes rasgos, "Primero, la existencia de dos o más proyectos de sociedad enfrentados; segundo, una profunda polarización en la sociedad, y tercero, una situación de "doble poder", debido a un significativo control territorial de las fuerzas

---

[118] Op. Cit.

que desafían al Estado. Es decir, una "soberanía dual" con dos poderes que se disputan la legitimidad social y estatal."[119]

Esta posibilidad se encuentra descartada según el profesor Eduardo Pizarro Leóngomez, quien argumenta al respecto de la siguiente manera:

"Esta no es la situación de Colombia. Aun aceptando que las Farc, el Eln y las Auc alimentan proyectos de sociedad incompatibles con el sistema democrático-liberal que defendemos la inmensa mayoría de los colombianos, estos grupos no gozan de ningún apoyo social significativo ni constituyen un poder alternativo. Por ello, hablar de guerra civil en Colombia no tiene ningún sentido."[120]

Sin embargo, a pesar de esos argumentos podría dársele tratamiento de conflicto armado de carácter internacional, al conflicto armado colombiano pero acudiendo a la vía jurisprudencial. En el caso Tadic que resolvió el Tribunal ad hoc para la antigua Yugoslavia, se le dio el carácter internacional adelantados en Serbia y Herzegovina, entre serbios y musulmanes, por la intervención del gobierno Yugoslavo quien apoyó a un grupo de paramilitares serbios en contra de los musulmanes. Esta conclusión se basó en una sentencia de la Corte Internacional de Justicia quien determinó la responsabilidad internacional de los Estados Unidos al apoyar al grupo paramilitar de los Contras en Nicaragua

"To determine whether that was the case, the ICTY had to establish not only the facts but also the legal standard according to which outside support can render the law of

---

[119] PIZARRO LEONGOMEZ, Eduardo. El Tiempo. ¿Conflicto armado o amenaza terrorista? Abril 25 de 2005. Pág. 1-17
[120] Ibíd..

international armed conflicts applicable to the behaviour of rebels. The Trial Chamber considered that the International Court of Justice had clarified this standard when it had to decide whether the violations of international humanitarian law committed by the Nicaraguan contras could be attributed to the United States as the latter's own behaviour. The I.C.J. held that the U.S. "participation, even if preponderant or decisive, in the financing, organizing, training, supplying and equipping of the contras, the selection of... targets, and the planning of the whole of its operation, is still insufficient in itself... for the purpose of attributing to the United States the acts committed by the contras in the course of their military or paramilitary operations in Nicaragua..."[121]

En tal sentido, con el llamado "Plan Colombia" se podría considerar una intervención de los Estados Unidos en el conflicto armado colombiano, y determinarse de esta manera que el conflicto armado colombiano tiene carácter internacional basándose en los antecedentes jurisprudenciales del caso Tadic y del caso de los Contras en Nicaragua. En este aspecto, el Gobierno de los Estados Unidos ha optado por negar la existencia de un conflicto armado y apoyar la tesis en la cual en Colombia existe es una guerra contra organizaciones terroristas, así lo expresó el subsecretario para el Hemisferio Occidental, Otto Reich:

"Estados Unidos no va a involucrarse "en contrainsurgencia en Colombia, porque en Colombia no hay insurgentes. Hay criminales y terroristas financiados por el narcotráfico, y por eso tenemos la responsabilidad de ayudarlos a defender su democracia."[122]

---

[121] SASSÒLI, Marco LL.D; .. OLSON, Laura M LL.M New horizons for international humanitarian and criminal law? Received for publication: January 2000. ww.icrc.org.

[122] EL TIEMPO. Guerrilla no es insurgente, sino terrorista. Marzo 14 de 2002. Pág. 1.7

Por estas razones, continúa su argumentación diciendo que "las Farc, el Eln, y la Auc son simples terroristas que asesinan civiles, secuestran, sabotean y extorsionan."[123] Igualmente dice que la política del Gobierno Norteamericano hacia Colombia se viene replanteando por el componente del terrorismo, puesto que anteriormente la ayuda solamente era para combatir el narcotráfico, de tal forma que en la ayuda "por primera vez desde el fin de la guerra fría, incluiría recursos para combatir a guerrillas y paramilitares."[124] De esta forma, podríamos entender a esta ayuda financiera y militar de los Estados Unidos al Gobierno Colombiano, como una intervención de un país extranjero en el Conflicto Armado, como ocurrió en el caso Tadic; el problema se genera con la distorsión que se hizo en el argumento del conflicto armado, pues para el Gobierno de Estados Unidos, como para el Gobierno de turno de Colombia, no existe un conflicto, sino una amenaza terrorista a las instituciones democráticas de Colombia.

Pero que ocurre en realidad, ¿Existe o no un conflicto armado en Colombia? ¡Hombre! la verdad es que sí. En términos generales existen varios grupos armados que se enfrentan entre sí, y contra las fuerzas militares gubernamentales, con una organización jerárquica y con capacidad de desarrollar operaciones militares en diversas zonas del país, eso es lo que exige el Derecho Internacional Humanitario (DIH) para ser aplicado, y por supuesto debe ser aplicado. Además cabe aclarar que tanto los ataques como los combates, son permanentes y no esporádicos y esta es otra razón más para decir que nos encontramos en un conflicto y no en una situación de violencia interna. En el mismo sentido, siendo los Convenios de Ginebra tratados

---

[123] Ibíd.
[124] Op. Cit.

internacionales que tienen por objeto la protección de los derechos humanos en medio de conflictos armados, prevalecen sobre el orden interno, -a pesar de la obstinación de un gobierno por no reconocerlos-. Ahora, si bien es cierto que las guerrillas de las FARC y del ELN se encuentran replegadas desde hace meses, y de que el gobierno haya iniciado un diálogo de paz con los paramilitares, esto no implica que el conflicto haya terminado, porque el conflicto se acaba cuando las partes enfrentadas dejan de existir o cuando se ha llegado a un acuerdo de paz, y en Colombia no se ha conseguido ni lo uno ni lo otro, por tanto hay conflicto.

Ahora bien, volviendo nuevamente al tema, en caso de que no se quiera o no se pueda darle carácter de internacional al conflicto armado colombiano, se debe tener como marco legal el artículo 3 común de los Convenios de Ginebra. Igualmente se tomará el mismo artículo, como el marco legal para regular los enfrentamientos entre grupos armados civiles, como en el caso del al enfrentamiento entre las guerrillas y los paramilitares en Colombia.

Pero ¿Cuál es la importancia sustancial que existe entre las regulaciones de los conflictos de carácter internacional y los de carácter no internacional? La diferencia es, que en las primeras se deben aplicar las graves violaciones al DIH, y en las segundas no. De esa forma quedo establecido en el caso Tadic.

La trascendencia en este sentido radica en que si se aplican las graves violaciones al DIH, de cometerse algunas de ellas por un grupo insurgente, quienes la cometieron no pueden ser excluidos de la pena porque los Convenios de Ginebra le imponen la obligación a los estados Partes de castigar estas conductas, bajo la imposibilidad de poder excluir a su autor de la pena correspondiente. De esta manera, se imposibilita la posibilidad de que se puedan indultar o amnistiar a los autores de graves violaciones contra el DIH, por expresa prohibición de la norma internacional.

El asunto entonces resulta bastante delicado y se complica para el aplicador de la ley, en este caso el juez, quien es el encargado de evaluar si una persona realizó su conducta en una circunstancia que se regula por las leyes ordinarias y por los Tratados que versen sobre derechos humanos, o si se regula por las normas del DIH; y en este último caso, debe determinar si la norma aplicable es el artículo 3 o el artículo II de los Convenios de Ginebra., para determinar la violación de Derechos Humanos en medio del conflicto armado y establecer sus consecuencias.

5.4. GRAVES VIOLACIONES CONTRA EL DIH

En cuanto a las graves violaciones contra el DIH, es preciso decir que son aquellas conductas enunciadas en el artículo 130 de los Convenios de Ginebra[125] y de las cuales surgen varias obligaciones comenzando por las contenidas en el artículo 129:

"Las Altas Partes Contratantes se comprometen a tomar todas las oportunas medidas legislativas para determinar las adecuadas sanciones penales que se han de aplicar a las personas que hayan cometido, o dado orden de cometer, una cualquiera de las infracciones graves contra el presente Convenio definidas en el artículo siguiente.

Cada una de las Partes Contratantes tendrá la obligación de buscar a las personas acusadas de haber cometido, u ordenado cometer, una cualquiera de las infracciones graves y deberá hacerlas comparecer ante los propios tribunales, sea cual fuere su nacionalidad. Podrá también, si lo prefiere, y según las condiciones previstas en la propia legislación, entregarlas para que sean juzgadas por otra Parte Contratante interesada, si ésta ha formulado contra ellas cargos suficientes.

Cada Parte Contratante tomará las oportunas medidas para que cesen, aparte de las infracciones graves definidas en el artículo siguiente, los actos contrarios a las disposiciones del presente Convenio.

---

[125] El homicidio intencional, la tortura o los tratos inhumanos, incluidos los experimentos biológicos, el hecho de causar deliberadamente grandes sufrimientos o de atentar gravemente contra la integridad física o la salud, el hecho de forzar a un prisionero de guerra a servir en las fuerzas armadas de la Potencia enemiga, o el hecho de privarlo de su derecho a ser juzgado legítima e imparcialmente según las prescripciones del presente Convenio.

Los inculpados se beneficiarán, en todas las circunstancias, de garantías de procedimiento y de libre defensa, que no podrán ser inferiores a las previstas en los artículos 105 y siguientes del presenta Convenio."

Por otra parte, en el artículo 130 del estatuto en análisis dispone cuando se cometen las graves infracciones contra los Convenios:

Las infracciones graves a las que se refieren al artículo anterior son las que implican uno cualquiera de los actos siguientes, si se cometen contra personas o bienes protegidos por el Convenio: el homicidio intencional, la tortura o los tratos inhumanos, incluidos los experimentos biológicos, el hecho de causar deliberadamente grandes sufrimientos o de atentar gravemente contra la integridad física o la salud, el hecho de forzar a un prisionero de guerra a servir en las fuerzas armadas de la Potencia enemiga, o el hecho de privarlo de su derecho a ser juzgado legítima e imparcialmente según las prescripciones del presente Convenio.

Así pues, se establece aquí el concepto de persona protegida como víctima necesaria de la conducta. La persona protegida se ha definido como la persona que se encuentra en manos de la "otra parte", es decir que este concepto depende de la nacionalidad de la persona, que debe ser diferente del de los que componen el grupo armado que cometió la infracción. Así se estableció en el Caso Tadic, quien siendo ciudadano del país de Serbia y Herzegovina, cometió graves crímenes en contra de ciudadanos musulmanes que tenían la misma nacionalidad:

"The Trial Chamber had concluded that the Bosnian Muslim victims of Dusko Tadic were not protected persons, as they were not in the hands o a party to the conflict of which they were not nationals, but in the hands of Bosnian Serbs, like Dusko Tadic, Who had the same nationality as their victims."[126]

Así entonces, se puede definir que una persona es protegida cuando no es nacional del Estado que la capturó, aunque este concepto limita la aplicación de las sanciones por las graves infracciones a los Convenios de Ginebra, pues a pesar de haber sido cometidas, no serán aplicables, si la persona no es protegida; lo anterior quiere decir, que si un cuerpo armado las comete no le serán aplicables si la víctima y el autor tienen la misma nacionalidad. Aquí se presentaría el problema de la aplicación de las graves violaciones al DIH, puesto que con el criterio de que la nacionalidad de las víctimas y la de sus actores deben ser diferentes, haría inaplicable las graves infracciones al DIH cuando tanto las víctimas como los grupos armados civiles o gubernamentales sean colombianos, y solo sería aplicables en los casos en que se vean involucrados extranjeros, como sería el caso de los indigenistas norteamericanos asesinados por las FARC.

Ahora, de cometerse graves infracciones, en el artículo 131 se observa la prohibición de exonerar de la responsabilidad a la Parte que la haya realizado:

"Ninguna Parte Contratante podrá exonerarse, ni exonerar a otra Parte Contratante, de las responsabilidades en que haya incurrido ella misma u otra Parte Contratante a causa de las infracciones previstas en el artículo anterior."

Por último, cabe dejar muy en claro que las graves infracciones al DIH, no se aplican a los conflictos de carácter no internacional, es decir, los regulados por el artículo 3

---

[126] SASSÒLI, Marco LL.D; .. OLSON, Laura M LL.M Op. Cit..

de los Convenios de Ginebra. Lo anterior fue definido por el Tribunal ad hoc para la antigua Yugoslavia en el caso Tadic, por las siguientes razones:

"First, comon Article 3 of the Geneva Conventions and the entirety o Protocol II, the treaty law aplicable to non-internacional armed conflicts, are indeed silent as to criminalization of violations thereof.

Second, the field of application of the proviisons on grave breaches is limited by article 2 common to the Geneva Conventions, as it is for all articles of the Geneva Conventions other than common Article 3, to international armed conflicts.

Third, the Geneva Conventions and Protocol I limit the concept of grave breaches to acts "against persons or property protected by the present Convention", and the term "protected person" is, as far as civilians are concerned, limited to "persons... who... find themselves... in the hands of a Party to the conflict... of which they are not nationals".

Fourth, greve breaches include some acts which are not even prohibited by international humanitarian law if committed by a State against its own nationals."[127]

De todas las anteriores, la razón más importante se encuentra en razón a que las graves violaciones deben cometerse en contra de personas protegidas, que según la interpretación del tribunal solo se aplica en los casos en que las personas son encontradas en manos de la Parte del conflicto del cual ellos no son nacionales.

Así podríamos dejar sentada una tesis según la cual a la luz de los principios establecidos en los Convenios de Ginebra, las graves violaciones al DIH no serían aplicables al conflicto armado Colombiano, ya sea porque en principio nos

---

[127] Ibíd

encontremos regidos bajo el artículo 3 común a los Convenios que según la doctrina de los Tribunales internacionales y en especial en el caso Tadic, no son aplicables las graves violaciones al DIH, o sea que no se puede aplicar el concepto de persona protegida, toda vez que víctima y victimario tengan la misma nacionalidad.

Así las cosas, nos encontramos ante una posibilidad jurídica en la cual sean viables indultos y amnistías para la CPI, pues según la normatividad del DIH el Estado Colombiano no se encuentra ante el deber de penalizar las infracciones (de la cual hablaremos más adelante), pudiendo aplicar el artículo 6.5 del Protocolo II Adicional a los Convenios de Ginebra de 1949 que dispone:

"Artículo 6. Diligencias Penales. (...)
"6.5. A la cesación de hostilidades, las autoridades en el poder procurarán conceder la amnistía más amplia posible a las personas que hayan tomado parte en el conflicto armado o que se encuentren privadas de la libertad, internadas o detenidas por motivos relacionados con el conflicto armado"

De esta forma, entonces la competencia de la CPI sobre crímenes de guerra en caso de indultos y amnistías por estos crímenes quedaría limitada en caso de un acuerdo de paz en que las partes accedan a la concesión de un indulto o una amnistía. Sin embargo, quedaría latente el deber de penalización de otras conductas tipificadas en los crímenes de lesa humanidad -que también son aplicables en tiempos de guerra- donde quedaría intacto el deber de penalización del Estado en virtud de otros convenios que versan sobre derechos humanos como el crimen de apartheid, sobre la

Tortura y otros tratos o penas crueles, inhumanos o degradantes, así entonces, no podrían ser admisibles indultos o amnistías sobre este tipo de conductas para la CPI.

5.5. COMBATIENTES Y NO COMBATIENTES EN EL ARTICULO 3 COMUN DE LOS CONVENIOS DE GINEBRA

En el caso del artículo 3 común de los Convenios de Ginebra, ya no se habla de persona protegida, sino de combatientes, y de no combatientes, en donde los primeros deberán respetar y tratar humanamente a los segundos. Pero el artículo 3, hace un subclasificación en cuanto a los sujetos pasivos o las personas que protege el DIH, de las acciones hostiles dentro de un conflicto armado no internacional, y estas son los no combatientes, la población civil y las personas con estatus especial.

Así pues, se define como no combatiente a las "personas que ya no participan de las hostilidades. Si el combatiente cae herido, se enferma, es capturado o se rinde y por lo tanto está indefenso, ya no representa amenaza o peligro para el adversario. Adquiere la calidad de no combatiente y en consecuencia debe ser: respetado, asistido y protegido."[128]

---

[128] Derecho internacional humanitario, DIH, Manual básico para las personas y fuerzas armadas de Colombia, Ministerio de Defensa Nacional, Ministerio Público y Cruz Roja Colombiana. Citado por OCHOA, Victoria. Op. Cit. pág. 63

Por población civil se concibe a "las personas, grupos o comunidades de personas que no participan directamente en las hostilidades. Por esta razón deben estar a salvo de las amenazas y peligros que conllevan los enfrentamientos armados."[129]

Y por último, las personas con estatuto especial son aquellas que por razón de su "misión, existen personas que sin ser combatientes intervienen en el conflicto armado o hacen presencia en las zonas donde se desarrollan las hostilidades, realizando funciones específicas de carácter:[130]

Humanitario: Personal de organizaciones de asistencia y socorro neutrales e imparciales (ej: Comité Internacional de la Cruz Roja, Cruz Roja Colombiana etc.)

Medico asistencial: médicos, enfermeros, camilleros, que hacen parte de las unidades sanitarias de las Fuerzas Armadas.

Religiosos: sacerdotes, capellanes, ministros, pastores cuya misión es brindar asistencia espiritual."

De esta manera, el artículo 3 de los Convenios de Ginebra sólo exige un análisis de quién es un combatiente y quien no, para poder determinar responsabilidad penal, sin tener en cuenta la nacionalidad como sí pasa en el concepto de persona protegida como se vio en el caso Tadic:

"In a non-international armed conflict, it would often be difficult in practical terms to determine who is a "combatant" and who a "civilian". It would be conceptually well nigh impossible to consider a government or rebels as an "occupying power" over parts of the territory of the country in which they are fighting. Even if a line could be

---

[129] Ibíd. Pág. 63
[130] Op. Cit. Pág. 64

drawn between a party's own territory and territory it occupies, this would never have the slightest chance of being respected by a party engaged in a non-international armed conflict."[131]

Ahora, determinado la diferencia entre lo que es un combatiente y lo que es una persona protegida, llama la atención que en capítulo del Código Penal colombiano es decir la Ley 599 de 2000, siempre habla de persona protegida, sin hacer ninguna referencia a que tipo de conflicto armado hace referencia, es decir, si habla de persona protegida se entiende que se esta sobre la base que se esta aplicando el artículo II del Protocolo, o si el legislador lo que quiso fue ampliar el margen de protección al artículo 3, dándoles el carácter de personas protegidas a los no combatientes en un conflicto de carácter no internacional, lo cual sí se puede hacer según el penúltimo inciso del artículo 3 que dispone: "Además las partes en conflicto harán lo posible por poner en vigor, mediante acuerdos especial, la totalidad o parte de las otras disposiciones del presente Convenio." Sin embargo, bien lo dice el Convenio, que el acuerdo será realizado entre las partes en conflicto, y la ley no es otra cosa que una manifestación unilateral de la voluntad, en la cual no participan los grupos armados que se encuentran en contra del régimen constitucional y legal vigente.

De esta forma, darle carácter de persona protegida a los no combatientes, podría significar de manera peligrosa que el juez encuentre que se puede aplicar el concepto de graves infracciones al DIH, que no son amnistiables, al conflicto armando no internacional o en casos donde la víctima por cuestión de la nacionalidad no

---

[131] SASSÒLI, Marco LL.D; .. OLSON, Laura M LL.M., Op. Cit.

encuadre en el concepto de persona protegida negando la amnistía o el indulto. Pero la solución, como ya se dijo esta planteada en el derecho internacional por medio de un reenvío obligatorio que hace la ley nacional a los Convenios de Ginebra, de tal manera, que el Juez en materia penal deberá tomar como fuente del derecho las normas internacionales y la jurisprudencia internacional, para ofrecerle el principio de la favorabilidad, en la norma más favorable y en la interpretación más favorable.

6. LA IMPUNIDAD Y EL CONFLICTO ARMADO

6.1. CONCEPTO DE IMPUNIDAD

En medio de las relaciones entre el poder coercitivo del Estado y el individuo surge otro fenómeno jurídico que es la impunidad. "En términos generales, se puede entender por "impunidad" como "ausencia de pena", "no punibilidad" o "ausencia" de castigo"[132] Hay varias formas, de definir la impunidad según el profesor Kai Ambos. Existe la impunidad normativa que se entiende como "toda ausencia de pena, que se invoque directamente en normas, especialmente en disposiciones sobre amnistía e indulto. La impunidad fáctica es, por el contrario, el resultado fáctico, los mecanismos que no abarcan lo normativo y que impiden el procesamiento y la penalización."[133] La primera tiene que ver según el mismo profesor, con la ausencia de ley que contenga el delito, lo que provoca que los responsables no puedan ser procesados y castigados, sin una ley preexistente al hecho que lo tipifique. Y la segunda, tiene que ver en primer grado con las amenazas y coerciones que los

---

[132] AMBOS, Kai. Impunidad y derecho penal internacional. Konrad Ad naver stiftung. 1997. Pág. 29
[133] Ibíd. Pág. 30

perpetradores de las conductas, realizan en contra de las víctimas y de los testigos de los hechos ocurridos, y en segundo grado con el defectuoso funcionamiento de la administración de justicia.

Desde estos dos puntos de vista, podemos restringir aún más el concepto de acuerdo con nuestro objeto de estudio. Existe una impunidad que tiene que ver con la no penalización de las conductas típicas determinadas por el derecho penal de un determinado país con sus particularidades; y existe una impunidad que versa sobre la no penalización a conductas que lesionan los derechos humanos, que es el concepto que queremos acoger dado la relevancia de los derechos tutelados por la CPI.

De igual manera, se determina la "impunidad Procesal" que se puede expresar de varias formas:

"Impunidad fáctica, causada por la ausencia de denuncia de los hechos punibles (impunidad de hecho).

Impunidad ocasionada por la insuficiente actividad investigativa (impunidad investigativa).

Impunidad debida a la sobrecarga de la justicia penal (impunidad por congestión).

Impunidad generada en reglas procesales o en legislación especial (impunidad legal).

Impunidad ocasionada por el desarrollo de actividades delictivas en contra de las partes procesales (impunidad delictuosa).

Cada una de estas formas implica un grado diverso de responsabilidad estatal de la impunidad

La impunidad representa de hecho una preclusión anticipada, como quiera que en ese caso nunca se llega a un proceso investigativo. La responsabilidad recae en los ciudadanos mismos, ya que no reportan determinados hechos;... En los otros casos el Estado de manera directa o indirecta ocasiona la impunidad, al vincularse normativamente con las causas fácticas. En la impunidad investigativa la responsabilidad recae en las autoridades encargadas de investigar, en la impunidad por congestión en la justicia estatal."[134]

El profesor Kai Ambos, adiciona una forma más de impunidad consistente en la ausencia de compensación y rehabilitación de las víctimas de conductas lesivas a los derechos humanos.

Siguiendo con la tercera forma de impunidad, después de la normativa y la procesal, se encuentra la impunidad estructural que consiste en:

"... el punto de vista estructural aquí presentado se debe resaltar que la impunidad es inherente a una problemática socio-política, que representa una imagen de las relaciones socioeconómicas y políticas de una sociedad "subdesarrollada". La "impunidad" comprendida en este sentido implica en todo caso ausencia de protección, especialmente de la población no privilegiada, como quiera que ésta no se puede dar ninguna protección privada. Conduce además a un descrédito de la justicia,

---

[134] Op. Cit. Pág. 37

cuyo revés es una creciente desconfianza del pueblo respecto de las instituciones estatales."[135]

En otras palabras, la impunidad estructural es fomentada por una justicia selectiva y forjadora de la desigualdad, en la cual unos serán favorecidos en detrimento de otros, todo esto de acuerdo con el nivel económico, que les otorga ventajas a los poderosos frente a los más débiles. Por ejemplo, quien tenga la posibilidad de contratar un buen abogado, tendrá muchas más ventajas de quien debe ser defendido por un abogado de oficio.

De esta forma, la impunidad comprendida como la ausencia de pena a quienes hayan perpetrado crímenes contra los derechos humanos, tiene una consecuencia clara en el derecho:

"Si se parte del hecho de que la impunidad cuestiona la credibilidad de la pena y el efecto preventivo (general o especial) del derecho penal en general, se puede formular así la tesis de que la impunidad posibilita la violación de derechos humanos, o más bien, la facilita, ya que el autor de la violación de derechos humanos no será declarado responsable penalmente.

(....) El nivel de la impunidad refuerza la violencia y las violaciones. En el caso de los derechos humanos debilita la legitimidad del Estado, incrementa la desconfianza de los ciudadanos hacia las instituciones y reduce el apoyo de la ciudadanía a las acciones de castigo.[136]

---

[135] Op. Cit. Pág. 40
[136] VICEPRESIDENCIA DE LA REPÚBLICA PROGRAMA PRESIDENCIAL DE DERECHOS HUMANOS Y DIH OBSERVATORIA. Colombia Conflicto armado, regiones, derechos humanos y derecho internacional humanitario 1998-2002. La Imprenta Ltda.. Bogotá. 2002. Pág. 280.

Esto significa que la impunidad de determinados hechos puede alcanzar una magnitud tal, que lleva a dejar inerme por completo la persecución de los hechos y a que los autores no tengan que temer por ningún tipo de sanción estatal."[137]

Así entonces la impunidad se puede presentar por varios factores, ya sea por falta de ley, por inoperancia o negligencia de los funcionarios encargados de perseguir y sancionar a los delincuentes; por falta de confianza de la población hacia las instituciones estatales; y por decisiones políticas que tengan como fin favorecer a los infractores, ya sea, extinguiendo la acción penal (como es el caso de la amnistía), extinguiendo la pena (como es el caso del indulto), o creando leyes que suavizan la pena (ya sea disminuyendo su duración o mejorando las circunstancias en que debe cumplirse). Según Amnistía Internacional "Cualquiera que sea la causa, la impunidad significa en última instancia la negación de la justicia para las víctimas y crea un clima en el que los individuos pueden seguir cometiendo violaciones sin temor a ser arrestados, a ser procesados, a ser castigados."[138]

Sin embargo, hay que tener en cuenta que las amnistías y los indultos no son todas las veces formas de impunidad, concebirlas así sería ignorar la Carta Política que las establece como fórmulas para alcanzar la paz y los intereses públicos, que no son otra cosa que afianzar el gobierno democrático e institucionalizado a partir de la solución de problemas de orden público —como lo es un conflicto armado- que ponen en riesgo los derechos de los ciudadanos y la estabilidad de las instituciones democráticas.

---

[137] Ibíd. Pág 41
[138] AMNISTÍA INTERNACIONAL. Informe Anual de Amnistía Internacional. Impunidad. http://amnistiainternacional.org/infoanu/2000/info00prologo.htm

En cuanto a las cifras de impunidad en Colombia, El profesor De Sousa ha establecido lo siguiente:

"..., es sistemática y ascendente la violación de derechos humanos en la práctica por miembros del Estado y de las fuerzas que luchan por derrocarlo desde hace décadas, como lo declaran la Alta Comisionada de Naciones Unidas para los Derechos Humanos y la Comisión Interamericana de Derechos Humanos.[139] La población civil ha sido la más perjudicada por esta situación, lo cual ha generado, de paso, un sentimiento de escepticismo y apatía por la aplicación de las garantías consagradas, lo cual se ve reflejado en las pocas denuncias formuladas por las víctimas. Según la investigación realizada por el profesor Mauricio Rubio, de la totalidad de los delitos cometidos en el país, sólo la tercera parte llega a conocimiento de las autoridades. Aunque ello ya es alarmante, lo siguiente no mejora mucho el panorama, pues sólo la tercera parte de las denuncias es investigada formalmente. De estos sumarios, que representan únicamente el 10% de los delitos cometidos, sólo uno de cada tres llega a etapa de juicio. Un poco más de la mitad (60%) de los juicios termina en condena. De esta manera, menos del 2% de los delitos cometidos en Colombia reciben sentencia condenatoria.[140] Por otra parte, la responsabilidad del Estado se ventila ante la jurisdicción Contencioso Administrativa, la cual tiene como una de sus características la de ser eminentemente rogada, lo cual se constituye en una traba para el alcance de una verdadera justicia,...."[141]

---

[139] Ver Informes de la Alta Comisionada de las Naciones Unidas para los Derechos Humanos sobre Colombia, del 1º de Enero al 31 de diciembre de 2001, y de la Comisión Ineramericana de Derechos Humanos de 1999, respectivamente.
[140] DE SOUSA SANTOS, Boaventura y GARCIA VILLEGAS, Mauricio. El Caleidoscopio de las
Justicias en Colombia. Tomo I. Bogotá. Colciencias, ediciones Uniandes y otros. 2001. Pág.488 y 489
[141] DE LOS REYES ARAGON, Wilson y BOTERO NAVARRO Alvaro. Op. Cit. Pág.

De lo anterior, podemos sacar el sustento de la existencia de una impunidad fáctica, una impunidad procesal (desde todas sus modalidades) y una impunidad estructural. La primera se ve, por las pocas denuncias formuladas, por la falta de confianza en el aparato gubernamental, y por la presión que ejercen los actores de la contienda sobre las victimas. La segunda tiene que ver, con la poca eficacia en la parte investigativa y en la etapa de juicio. Y la tercera también tiene que ver con el escepticismo de las victimas ante el aparato gubernativo, ya que por un lado la falta de protección de garantías y la desconfianza tienen que ver con la incertidumbre de una justicia parcial.

En todo caso, hay que ver otros factores atenuantes de estas cifras de impunidad en Colombia, o en otras palabras hay que tomar en cuenta otras variables para medir la impunidad. En primera instancia, la impunidad no puede ser vista únicamente como falta de condena, pues la verdadera impunidad también debe tener en cuenta, la búsqueda de la justicia, que incluye excluir de responsabilidad a los que dentro el debido proceso no llenan sus condiciones y aquellos en que no existe prueba suficiente para condenar por existir una duda razonable, que en derecho penal debe ser decidida a favor del reo. En segunda instancia declarar inocente al inocente, no puede configurar impunidad. Más bien debe verse al concepto de impunidad como el no encontrar a los responsables de las violaciones de los derechos humanos, o el absolver a los responsables sin tener una justificación legal que sustente tal actuación. Por el contrario, condenar al inocente es sin duda otra modalidad de impunidad.

6.2. LA CPI Y LOS PROCESOS DE PAZ.

El fenómeno de la impunidad es importante para nuestro país, pues debido al conflicto armado que padecemos, una de las formas para llegar a una negociación de paz con los grupos subversivos es logrando su reinserción a la sociedad civil, otorgándoles una amnistía o un indulto, según los cuales se extingue su responsabilidad penal ante la ley, pero sin perdonar el deber de resarcir los perjuicios ocasionados (Art. 150. 17 CN). El otorgamiento de estos privilegios, esta limitado por varios factores: deben ser otorgadas por graves motivos de convivencia pública, y deben obtener la mayoría de dos tercios de cada cámara. Anteriormente, solo se otorgaban a delincuentes políticos, sin embargo, a partir de la ley 782 de 2002, se suprimió el requisito del reconocimiento previo del carácter político a la organización que pretendiera iniciar un proceso de diálogo y negociación, por parte del Gobierno Nacional[142]. Pero además de esos límites existen otros de carácter constitucional y que provienen del derecho internacional. Según el derecho internacional las amnistías o indultos pueden ser otorgados por los Estados en ejercicio de su deber soberano, pero no podrán eludir los compromisos internacionales adquiridos por el mismo, que busquen la protección de los derechos

---

[142] Artículo 50. El Gobierno Nacional podrá conceder, en cada caso particular, el beneficio de indulto a los nacionales que hubieren sido condenados mediante sentencia ejecutoriada, por hechos constitutivos de delito político cuando a su juicio, el grupo armado organizado al margen de la ley con el que se adelante un proceso de paz, del cual forme parte el solicitante, haya demostrado su voluntad de reincorporarse a la vida civil.

También se podrá conceder dicho beneficio a los nacionales que, individualmente y por decisión voluntaria, abandonen sus actividades como miembros de los grupos armados organizados al margen de la ley y así lo soliciten, y hayan además demostrado, a criterio del Gobierno Nacional, su voluntad de reincorporarse a la vida civil.

No se aplicará lo dispuesto en este título a quienes realicen conductas constitutivas de actos atroces de ferocidad o barbarie, terrorismo, secuestro, genocidio, homicidio cometido fuera de combate o colocando a la víctima en estado de indefensión.

humanos. Así pues, el Estado al expedir una ley de amnistía – que extingue la acción penal- estaría violando su deber de protección de los derechos humanos por cuanto le violaría los derechos fundamentales a las víctimas a acceder a la justicia, a conocer la verdad y a obtener la reparación de los daños sufridos.

En cuanto al indulto, que extingue la pena una vez enjuiciado al autor y resarcidos los perjuicios, se superarían los inconvenientes que podrían mostrar las leyes de amnistía, pero surgiría otro, y es que en caso de la comisión de graves violaciones contra los derechos humanos y contra el DIH, existe un deber internacional del Estado de castigar a los autores de tales delitos. Por tanto, extinguir la pena a través del indulto sería incumplir con su deber internacional de penalización de tales infracciones. Se debe recordar que esas obligaciones se encuentran en tratados ratificados por Colombia y que hacen parte del bloque de constitucionalidad.

Esta misma problemática se desencadena en la relación que surge entre el derecho internacional y el derecho nacional pues con la creación de órganos jurisdiccionales internacionales de carácter subsidiario, como la Corte Interamericana; o de carácter complementario, como la Corte Penal Internacional, se ha dotado al derecho internacional de juridicidad. De esta manera, ya una decisión nacional como lo sería la concesión de una amnistía o un indulto, tendría repercusiones internacionales que podrían ir a parar a las Cortes internacionales, donde se podría analizar la responsabilidad del Estado en el incumplimiento de sus obligaciones internacionales, y también podría someterse nuevamente al individuo amnistiado o indultado, a un juicio de responsabilidad penal por sus actuaciones.

En tal sentido el profesor Eduardo González Cueva manifestó: "... el estatuto plantea claramente que la cosa juzgada debe ser genuina. (...) Por esta razón el estatuto deja claro que la corte no juzgará a nadie que haya sido ya juzgado anteriormente por la misma causa a no ser que el juicio anterior haya sido conducido con la intención de escudar a la persona de su responsabilidad penal, o no haya sido conducido con independencia o imparcialidad."[143] Y de igual forma planteó un interrogante al respecto:

... ¿Podría la Corte considerar dentro del concepto de "decisión nacional" no solamente las sentencias judiciales, sino también las decisiones políticas o administrativas tomadas por los poderes legislativo y ejecutivo de determinado país?

En el caso de la garantía de cosa juzgada, a mi manera de ver, sería imposible aplicarla a aquellos casos como las amnistías donde –por definición- no existe ninguna cosa juzgada, sino la decisión política de no llevar a cabo una investigación. Otra cosa, y potencialmente muy desgraciada, sería la posibilidad de los perdones luego de la ejecución de un proceso acorde a ley. En efecto, si un estado hipotéticamente llevase a cabo un juicio mínimamente correcto desde el punto de vista del debido proceso y pronunciase una sentencia un perdón liberase al criminal, ¿podríamos considerar que la garantía de cosa juzgada consagraría el resultado? En tal caso, sugiere Colmes, habría que preguntarse si un perdón inmediato no podría considerarse como una muestra de que todo el proceso conducía hacia tal fin, vale decir hacia el escudamiento del acusado de sus responsabilidad penal."[144]

---

[143] GONZÁLEZ CUEVA, Eduardo. El principio de complementariedad en el Estatuto de Roma y algunas de sus consecuencias en el ámbito interno. www.iccnow.org/espanol/
[144] Ibíd.

Por su parte la Corte Constitucional ha argumentado lo siguiente:

"La Corte encuentra que el Estatuto no pretende restringir las potestades de los Estados ejercidas con el propósito de alcanzar los fines del Estatuto, en especial, impedir que continúen las violaciones al derecho internacional humanitario. De ahí que el artículo 10 del Estatuto advierta que "nada de lo dispuesto en la presente parte se interpretará en el sentido de que limite o menoscabe de alguna manera las normas existentes o en desarrollo de derecho internacional para fines distintos del presente Estatuto"

En segundo lugar, la Corte destaca que las amnistías dictadas con el fin de consolidar la paz han sido consideradas como instrumentos compatibles con el respeto al derecho internacional humanitario. Así lo señala, por ejemplo, el artículo 6.5 del Protocolo II Adicional a los Convenios de Ginebra de 1949:

"Artículo 6. Diligencias Penales. (...)
"5. A la cesación de hostilidades, las autoridades en el poder procurarán conceder la amnistía más amplia posible a las personas que hayan tomado parte en el conflicto armado o que se encuentren privadas de la libertad, internadas o detenidas por motivos relacionados con el conflicto armado"

No obstante lo anterior, y con el fin de hacer compatible la paz con la efectividad de los derechos humanos y el respeto al derecho internacional humanitario, el derecho internacional ha considerado que los instrumentos internos que utilicen los Estados para lograr la reconciliación deben garantizar a las víctimas y perjudicados de una conducta criminal, la posibilidad de acceder a la justicia para conocer la verdad sobre lo ocurrido y obtener una protección judicial efectiva Por ello, el Estatuto de Roma, al recoger el consenso internacional en la materia, no impide conceder amnistías que cumplan con estos requisitos mínimos, pero sí las que son producto de decisiones que no ofrezcan acceso efectivo a la justicia.

(…)

Por lo anterior, sin adelantar juicio alguno sobre eventuales leyes de amnistía o indulto, no encuentra la Corte que la ratificación del Estatuto de Roma pueda implicar un obstáculo para futuros procesos de paz y de reconciliación nacional en donde se consideren medidas como los indultos y las amnistías con sujeción a los parámetros establecidos en la constitución y en los principios y normas de derecho internacional aceptados por Colombia."[145]

Sin embargo, en dicho análisis la Corte Constitucional olvidó hacer mención sobre el indulto a las graves violaciones contra los derechos humanos y el DIH. Pues si bien, el ER según el principio de complementariedad puede admitir la concesión de amnistías e indultos, no se analizó lo que pasaría con la tortura y las graves violaciones contra el Derecho Internacional Humanitario, pues según la normatividad internacional, el Estado tiene el deber de sancionar a los autores de tales conductas. En estos casos, se pondría al Estado en la causal según la cual se procesa a una persona con la intención de excluirla de su responsabilidad penal. Al respecto ha dicho Oscar Julián Guerrero:

"Hay que anotar que existen límites materiales muy claros frente a conductas que no aceptan este tratamiento de impunidad, por ejemplo, la desaparición forzada. En otros casos las normas del derecho internacional humanitario permiten el otorgamiento de amnistías cuya finalidad se circunscribe a alcanzar la paz interna y la reconciliación de

[145] CORTE CONSTITUCIONAL. Sentencia C-578 de Julio 30 de 2002. Op. Cit.

las partes en conflicto, respecto de las conductas cometidas como consecuencia directa de las disputas, pero esta situación plantea el problema de un conflicto de normas (y principios) en el derecho internacional. Por un lado, se prohíbe expresamente la exención de la pena y, por otro, se tienen normas que predican la amnistía. Este problema ha encontrado una vía de solución en los de deberes de penalización, es decir que las amnistías son permisibles siempre y cuando no exista prohibición internacional expresa sobre la impunidad de una conducta determinada. En este contexto resulta claro que ninguna conducta comprendida dentro de los crímenes de lesa humanidad podrá ser amnistiada, pues como ya se había observado estos hechos se configuran sin referencia al conflicto; a contrario sensu, existirán otros hechos, en especial conductas propias de la guerra, que como producto del conflicto puedan ser de la gama de los amnistiables, tal como ha sucedido en la ex Yugoslavia."[146]

Y en otro aparte afirma: "… la expedición del Estatuto de Roma, no debe quedar duda de que con la revolución jurídica operada desde allí la cuestión de circunscribir o no el respeto a las normas de la guerra y los derechos inalienables del ser humano a las contingencias políticas o a las condiciones de reciprocidad pasó a un segundo plano. Las obligaciones de respeto ahora se hacen exigibles penalmente, en la medida en que corresponden a la conciencia jurídica de la humanidad, como valor superior."[147]

De otra forma, vale la pena tratar los casos de amnistías e indultos en lo relacionado a las graves violaciones contra los derechos humanos y la consecución de la paz. En primer término debe mencionarse que uno de los requisitos que debe cumplir el órgano legislativo para concederlos, es que el fin de su creación debe ser por motivos

---

[146] GERRERO, Oscar Julian. Justicia Penal y Paz Hacia el derecho penal Internacional. Op. Cit. Pág. 96
[147] Ibíd. Pág. 98

de conveniencia pública. "Corresponde por tanto a esa asamblea democrática hacer una valoración política de los hechos y decidir si la consecución de la paz, el restablecimiento del orden público y la reconciliación nacional son fines superiores que justifican que el Estado prescinda de ejercer su poder punitivo contra los responsables de cierta clase de delitos que han sido cometidos durante un periodo de anormalidad."[148]

Es sin duda, este fin loable (en el caso colombiano sería el de conseguir una salida negociada al conflicto armado), el que permite el ejercicio de dicha función al Congreso, y sustentarla ante la normatividad nacional, y ante a la normatividad internacional. "Por una parte, se enmarca en los principios democráticos que inspiran el sistema interamericano de protección de los derechos humanos, y muy especialmente, el Pacto de San José; por otra parte, no cabe duda que aquellas normas convergen hacia el objetivo perseguido por el artículo 6.5 del Protocolo Adicional II[149], comoquiera que, lejos de favorecer a los gobernantes salientes o a los miembros de la fuerza pública o la policía, estas leyes de amnistía han sido expedidas en beneficio de los miembros de los grupos rebeldes y como medio para que éstos depongan las armas y se reincorporen a la vida civil."[150]

Pero ante lo anterior existe una dura crítica por parte del profesor Kai Ambos, quien opina que si bien el fin del Art. 6.5 del Protocolo Adicional II, es lograr la paz y la reconciliación entre las partes en conflicto, dejando la posibilidad de que se acuerden indultos y amnistías, dice al mismo tiempo, que "Al momento de la suscripción del Protocolo (1979) no se pensó en modo alguno en posibilitar las amnistías que

---

[148] Op cit. Pág. 507
[149] Protocolo de Ginebra
[150] RAMELLI, Alejandro. Op cit Pág. 507

contravinieran los deberes de penalización consagrados en el derecho internacional. Como quiera que, partiendo del concepto de la unidad del derecho internacional, se tiene que concluir que por ejemplo, una norma –aquí el Art. 6.V del Protocolo Adicional II- no puede permitir lo que las disposiciones especiales del derecho internacional prohíben para el caso serán las normas que sirven de base al deber de penalización."[151]

Pero el mismo profesor, en la interpretación de dicho problema, admite la aplicación de las amnistías e indultos, siempre y cuando los delitos cometidos no recaigan sobre conductas sometidas expresamente al deber de penalización en virtud de las convenciones de Ginebra, como son las violaciones graves al DIH. Sin embargo, solo se admitirá la aplicación de indultos y amnistías a los hechos que se hubieren cometido como consecuencia necesaria del conflicto, es decir, aquellas conductas que hayan sido cobijadas por el principio de la necesidad militar; según el cual son admisibles las infracciones al DIH que se ocasionen en combate, cuando no hay otra forma de lograr debilitar al adversario.

De esta forma, el Profesor Kai Ambos enfoca su postura al aceptar que el derecho internacional, le deja abierta la posibilidad a los Estados para que en virtud de importantes y eminentes demandas nacionales como la pacificación y la reconciliación nacional pueda otorgar indultos y amnistías a los delincuentes políticos, ponderando siempre el deber de penalización internacional y la necesidad de una amnistía o un indulto. Sin embargo, en lo que no esta de acuerdo, es en que se utilicen a éstos instrumentos para dejar impunes graves violaciones a derechos

---

[151] AMBOS, Kai. Impunidad y derecho penal internacional. Op. Cit.. Pág. 281

humanos al decir: "... el derecho internacional sienta límites absolutos, en forma tal que no admite bajo ninguna circunstancia en caso de graves violaciones a los derechos humanos (torturas, ejecuciones extrajudiciales y desapariciones forzadas) una exención total de la pena."[152] Y continúa atacando en su posición diciendo: "Las amnistías son generalmente incompatibles con el deber de los Estados de investigar esta clase de actos; de garantizar la no comisión de tales actos dentro de su jurisdicción; y de asegurar que ellos no ocurran nuevamente en el futuro. Los Estados no pueden privar a los individuos del derecho a una acción efectiva incluyendo el pago de una compensación y a una rehabilitación plana en el caso que sea posible."[153] Y concluye: "La absoluta impunidad no puede justificarse jamás, como quiera que implícitamente se prohíbe siempre la exoneración penal en caso de graves violaciones a los derechos humanos."[154]

En otro aspecto, referente al derecho de las víctimas de acceder a la justicia el Profesor Kai Ambos afirma: "La expedición de las medidas extintivas de la pena significa, en términos generales, que las víctimas de violaciones a los derechos humanos o a sus familiares se les quita la posibilidad a una acción penal."[155] En todo caso, el mismo profesor, realiza un análisis en el cual analiza el verdadero contenido del derecho a ser indemnizado, para lo cual se apoya de la doctrina de la Corte Interamericana de Derechos Humanos y termina diciendo, que las amnistías son mecanismos que contradicen al derecho internacional en dos sentidos: El primero, porque le niega la posibilidad de acceder a la Justicia y ser oída a las víctimas de las violaciones a derechos humanos, y el segundo, porque contraviene la obligación de

---

[152] Ibíd. Pág. 284
[153] Op. Cit. Pág. 284
[154] Op. Cit. Pág. 284
[155] Op. Cit. Pág. 291

los Estados de penalizar a los actores de violaciones a los derechos humanos. El análisis es el siguiente:

"De acuerdo con la doctrina de la responsabilidad estatal, el Estado implicado contraviene el derecho internacional no sólo a causa de la violación directa a los derechos humanos, sino también por falta de castigo de esa violación. La violación del derecho internacional por la denegación de protección jurídica se conduce de dos maneras: de una parte, la violación directa de los derecho humanos obliga al Estado a una reparación, que además de una compensación puede consistir en la efectiva penalización de los órganos culpables, de otra parte, el Estado comete otro delito autónomo, de derecho internacional, cuando no cumple con el deber internacional de penalizar las violaciones graves de derechos humanos, por ejemplo, mediante la expedición de una ley que obstaculice la persecución penal."[156]

De esta forma, vemos cómo el derecho a ser reparado se convierte en un derecho autónomo de la violación que le dio origen a la víctima, y cuyo contenido se desarrolla en dos violaciones al derecho internacional, como anteriormente se dijo. Es por esta razón, que nuestra Constitución política contiene la cláusula anteriormente reseñada ("en caso de que los favorecidos fueren eximidos de la responsabilidad civil respecto de los particulares, el Estado quedará obligado a las indemnizaciones a que hubiere lugar"), por cuanto, si no la expone, estaría violando el principio de reparación y además el deber de penalización de las violaciones a los derechos humanos. Sin embargo, con esta cláusula solo tendría que sustentar y hacer sopesar el deber de penalización ante la situación de conveniencia general como sería

---

[156] Op. Cit. Pág. 296

la paz y la reconciliación nacional, que como lo dijimos tiene una puerta abierta en los protocolos de Ginebra, siguiendo los límites del derecho internacional.

6.3. PROBLEMÁTICA DE LA AMNISTIA

Las leyes de amnistía tienen una problemática en cuanto extinguen la acción penal de manera absoluta por parte del órgano legislativo, en todos aquellos casos en que las circunstancias del beneficiario se adapten a los requisitos que exige la ley para ser aplicada. De la misma forma, por el carácter de ley, la amnistía no puede aplicarse para determinado grupo, es decir, no debe individualizar a los autores de un hecho punible. Por tanto, "...la ley de amnistía debe ser general, como quiera que su texto no debe hacer referencia alguna a la comisión de un ilícito en particular."[157]

Desde esta perspectiva, el hecho de que sean generales es un aspecto formal que las hacen diferenciar de los indultos los cuales si pueden distinguir e individualizar a los receptores de estos beneficios. La real problemática que aborda la amnistía, es el hecho de la extinción de la acción penal que en principio parecería entrar en contradicción con el derecho de las víctimas a ser oídas, y a saber cómo y por qué ocurrieron los acontecimientos (el derecho a saber la verdad): Esta aparente contradicción podría corregirse si llegara a ver a la amnistía junto con otras orientaciones, como por ejemplo el que sean continuación de procesos de verdad y reconciliación. Por otra parte, la amnistía podría llegar a vulnerar los derechos de las víctimas a ser indemnizadas, pero ya se vio en la parte anterior, como la Constitución

---

[157] RAMELLI, Alejandro. Op. Cit. Pág. 508

Colombiana, ha determinado una fórmula legal para que las responsabilidades civiles de los responsables, no queden sin cumplimiento.

Seguidamente veremos cómo la doctrina internacional ha hecho esfuerzos tanto en los textos convencionales, como en sus doctrinas jurisprudenciales para limitar la aplicación y los alcances de las leyes de amnistías.

En primer término se ha sostenido determinantemente que las autoamnistías no tienen ningún valor jurídico ante el derecho internacional:

"Un ejemplo clásico de autofavorecimiento lo constituyen las denominadas autoamnistías, por ejemplo el DL 22924 argentino, mediante el cual los legisladores, por motivos políticos, dejaron libres de toda acción penal por los hechos cometidos, a sus órganos estatales, especialmente a las fuerzas Armadas. Cuando el parlamento persigue sus propios intereses no se puede llegar a ninguna ley "racional" orientada en el bien común, y por tanto ese tipo de amnistías violan la exigencia, derivada del principio de legalidad, de la "racionalidad" de la ley. Se puede atacar además, si se tiene en cuenta la premisa de que una amnistía a favor propio es en todo caso violatoria del derecho internacional, como quiera que el legislador – en sentido figurado- actúa aquí como "juez de sus propios asuntos". La Corte Internacional Permanente ya, en 1925 había establecido que "nadie puede ser juez de sus propios asuntos...."

"Por el contrario, las amnistías a favor de la oposición, ..., no tienen inconveniente alguno desde el punto de vista del derecho internacional. El respectivo Estado no se favorece a sí mismo, sino que actúa de conformidad con el art. 6 del protocolo II de Ginebra. Hace uso de su derecho soberano, de imponer una pena y posteriormente retirarla. Emplea el instrumento de la amnistía teniendo en cuenta su origen histórico – legal como "correctivo altruista de carácter legal."[158]

Otro de los argumentos con que la doctrina internacional ataca severamente a la amnistía, es, que esta lleva a incumplir la obligación de penalización internacional de los Estados en las violaciones graves a los derechos humanos, obligación que es inderogable aún en los estados de excepción. En primer lugar, hay que establecer que el Art. 4 del Pacto de Derechos Civiles y Políticos, reconoce a los Estados en circunstancias que amenacen la vida de la Nación, separarse de sus obligaciones contractuales, pero expone el límite de que dicha separación sea "requerida por las exigencias de la situación, siempre que las medidas que se adopten no sean inconsistentes con sus otras obligaciones de derecho internacional." Pero la restricción va más allá aún cuando en el 2° inciso establece que la disposición precedente no autoriza suspensión alguna de los "Art. 6 (derecho a la vida), 7 (prohibición de torturas), 8 incisos 1 y 2 (que se refieren a la prohibición de esclavitud y servidumbres), 11 (la prohibición de encarcelación por el incumplimiento de obligaciones contractuales, 15 (el principio nullum crimen), 16 (reconocimiento de la capacidad legal) y 18 (la libertad de pensamiento , opinión y religión). Por añadidura, el art. 27 de la convención Americana de Derechos Humanos, con un contenido casi idéntico, prohíbe también la omisión de las garantías judiciales para la protección de tales derechos."[159]

Bueno en todo caso, en Colombia, el Art. 214.2 de la Constitución que establece las reglas fundamentales aplicables a los estados de excepción establece que "No podrán

[158] AMBOS, Kai. Op. Cit. Pág. 285 y 286
[159] Ibíd. Pág. 287

suspenderse los derechos humanos ni las libertades fundamentales. En todo caso se respetarán las reglas del derecho internacional humanitario." De esta forma, el ordenamiento jurídico colombiano establece una garantía constitucional, que evita el menoscabo de los derechos fundamentales durante los estados de excepción, y la garantía va aún más allá, cuando se establece en el mismo Art. en los numerales 3 "No se interrumpirá el normal funcionamiento de las ramas del poder público ni de los órganos del Estado." En tal sentido, el Senado seguirá ejerciendo el Control político sobre el Gobierno según el Art. 114 de la CN, y la Jurisdicción seguirá realizando su funciones como Jurisdicción ordinaria, Jurisdicción constitucional y jurisdicción contenciosa administrativa, garantizando de tal manera el cumplimiento de las leyes y de la Constitución junto con el bloque de constitucionalidad del que hacen parte los tratados internacionales que versen sobre derechos humanos ratificados por Colombia. Desde esta perspectiva, el mismo ordenamiento jurídico colombiano, obliga al Estado a proteger los derechos fundamentales aún en los Estados de excepción.

Y en este orden de ideas, la Corte Interamericana de Derechos Humanos en su Advisory Opinion sobre el Art. 40 expuso:

"... la Corte quiere enfatizar que "el orden público" o el "bienestar general" no pueden, bajo ninguna circunstancia, invocarse a efectos de no reconocer un derecho garantizado por la Convención o para perjudicar o privarlo de su verdadero contenido..."[160]

---

[160] Ver AMBOS, Kai. Op. Cit. Pág. 288

De igual manera, con base en el Art. 27 de la Convención Americana de Derechos Humanos, que dispone que "las garantías judiciales esenciales para la protección de tales derechos " no pueden derogarse (Inciso segundo del Artículo). A partir de ese hecho, que las garantías judiciales esenciales, entre ellas el deber de penalización del Estado, como un derecho inderogable por los Estados, aún en los Estados de excepción. El profesor Kai Ambos sustenta esa posición de esta manera:

"... se podría sostener que la persecución estatal y la sanción de las violaciones a derechos humanos es algo "esencial para la protección de tales derechos" y que por tanto se debe considerar como una "garantía judicial" en el sentido del Art. 27 (2) de la Convención Americana de Derechos Humanos. Esa extensión del concepto puede justificar especialmente, el que se haya conformado en el entretanto -...- un deber de penalización (consuetudinario) respecto de las graves violaciones a derechos humanos, cuya imposición interna constituye un presupuesto fundamental e inobjetable de la protección efectiva de los derechos (humanos)."[161]

6.4. REGLAS REFERENTES AL INDULTO

A diferencia de las leyes de amnistía, el indulto es un instrumento jurídico ejercido por el Gobierno dentro de su función de mantener el orden público, autorizado por una ley, que en primera instancia es de carácter particular, es decir, puede individualizar a los sujetos beneficiados por esa facultad, y en segundo lugar los indultos no extinguen la acción penal del Estado. En el caso colombiano el indulto solo extingue la pena; "es necesario que la persona a quien se pretenda conceder este

---

[161] Ibíd. Pág. 290

beneficio haya sido previamente condenada penalmente por un tribunal... Además a diferencia de la amnistía, "en ningún caso los indultos podrán comprender la responsabilidad que tengan los favorecidos respecto de los particulares."(Art. 201.2 C. N.)"[162]

El indulto, es considerado un mecanismo que tiene unos efectos más leves que la amnistía, por cuanto procede posteriormente al juicio, por lo cual no contraviene el derecho a ser oído de las víctimas, sin embargo, sigue contraviniendo el deber de penalización internacional del Estado, de conductas que violen derechos humanos, por cuanto extinguen la pena, impidiendo de esta manera, "el cumplimiento de una pena proporcional al hecho realizado. El deber de penalización previsto en el derecho internacional para los casos de graves violaciones a los derechos humanos implica que a los delitos contemplados por el derecho internacional les corresponda una pena adecuada. Ciertamente, se puede discutir respecto de la proporcionalidad de la pena. Pero en todo caso, se ha determinado que el simple cumplimiento simbólico de la pena es violatoria del derecho internacional en caso de graves violaciones a los derechos humanos."[163]

En cuanto al tema del auto indulto, se siguen las mismas reglas de la autoamnistía, es decir es violatorio al principio del no autofavorecimiento.[164]

---

[162] RAMELLI, Alejandro. Op. Cit Pág. 514 y 515
[163] AMBOS, Kai. Op. cit. Pág. 298
[164] Ver AMBOS, Kai. Op. Cit.

En todo caso, el profesor Kai Ambos[165] considera que el indulto viola el deber de penalización, por cuanto, si se presenta antes de sentencia –que en Colombia no es posible-, viola el derecho de las víctimas a tener recursos judiciales para la protección de sus derechos. Y si se presenta durante la etapa de ejecución de las penas (extinguiendo la pena), viola el principio de proporcionalidad de las penas.

6.5. CASOS ESPECIALES DE OTRAS FORMULAS DE IMPUNIDAD

Existen algunas fórmulas jurídicas, diseñadas para atenuar las penas o hacerlas menos gravosas, entre ellas podríamos citar el problema que puede presentar la ley de alternatividad penal. Este tipo de fórmulas, no contravienen el derecho a recurso, por cuanto no extinguen la acción penal, sin embargo, siguen estando en contra del deber de penalización, por cuanto impiden que la pena sea proporcional al hecho realizado.

7. PROBLEMA JURIDICO PLANTEADO

Analizada la problemática las amnistías y los indultos, parece ser que el derecho internacional, y por tanto, el derecho nacional en su bloque de constitucionalidad, no quieren darle vía libre a los indultos o las amnistías de las personas que hayan cometido graves violaciones contra los derechos humanos y del DIH. En todo momento, se encuentra el deber internacional del Estado de castigar o penalizar las graves infracciones a los derechos humanos o al DIH, por tanto, no hay forma,

---

[165] Ver AMBOS, Kai. Op. Cit

mediante la cual el Estado colombiano pueda extinguir la acción penal o la ejecución de la pena, a través de una amnistía o un indulto, a los miembros de los grupos armados ilegales, y particularmente a sus comandantes que en su mayoría son sindicados de graves violaciones a los derechos humanos, y que son los mismos encargados de llevar a cabo las negociaciones como cabezas visibles del grupo y de su ideología.

De esta parte, sale una pregunta interesante: ¿Qué puede negociar quien no tiene la posibilidad de negociar algún beneficio? ¿Qué interés puede tener una negociación, para alguien cuya única solución es la cárcel? Por eso es que los procesos de paz, no pueden ser totalmente creíbles, cuando el Gobierno no puede ofrecerle a los negociadores otras alternativas diferentes de la cárcel.

Las normas internacionales que obligan al Estado a penalizar las graves violaciones a los derechos humanos y al DIH, que hacen parte de nuestro ordenamiento y que prevalecen sobre las normas internas, son implacables al cerrarle las puertas a la impunidad como se vio en la sección anterior. Solo una luz se ve a lo lejos, y esta contenida en el Art. 6 del protocolo II de Ginebra[166], en cuanto deja abierta la posibilidad de las amnistías en los casos en que se llegue a un acuerdo que termine el conflicto armado. Sin embargo, es una luz muy tenue que los doctrinantes del derecho internacional quieren seguir limitando.

---

[166] "Artículo 6. Diligencias Penales. (...)
"5. A la cesación de hostilidades, las autoridades en el poder procurarán conceder la amnistía más amplia posible a las personas que hayan tomado parte en el conflicto armado o que se encuentren privadas de la libertad, internadas o detenidas por motivos relacionados con el conflicto armado"

Desde este punto, solo queda aumentar al máximo esa luz, basándola en una doctrina fundada en los motivos de conveniencia Nacional e internacional, entorno a la conveniencia de la reconciliación y la paz nacional y mundial, donde se parta de la competencia exclusiva de los protocolos de Ginebra que buscan un manejo racional de los conflictos y un término conveniente de los mismos, y la exclusión de la aplicación de los instrumentos protectores de los derechos humanos, que son los que incorporan mayores trabas al asunto.

Hay que partir de la base, que si no hay un acuerdo entre las partes, no puede haber paz, y si todos los instrumentos internacionales lo que buscan es crear un ambiente de paz y armonía entre los seres humanos con la protección de los derechos fundamentales, no deberían éstos instrumentos obstaculizar irremediablemente un proceso de pacificación, que pueda poner fin a una contienda de más de 50 años.

Los instrumentos tienen fines muy loables, como son la protección de los derechos humanos y la prevención de la impunidad de las graves violaciones a éstos derechos. Sin embargo, más que una solución, ofrecen un problema, porque impiden la salida negociada de un conflicto armado, donde no hay duda que se deben presentar graves violaciones a los derechos humanos. Pero hay que pensar ¿Qué es mejor solución? mantener el conflicto o acabarlo; y si hay que mantenerlo en aras de evitar la impunidad, ¿Hasta que costo hay que mantenerlo? Y más si tenemos en cuenta que los grupos ilegales siguen con sus políticas de terror diciendo: Aquí estoy ¿Quiere negociar o seguimos peleando?... pero yo no voy a la cárcel.

Por otra parte, puedo a argumentar con una pregunta ¿Es posible que se someta a un pueblo a padecer un conflicto eterno en virtud de salvaguardar la moralidad universal? Y para complementar, habría otro interrogante dentro de este problema ¿Qué sería más inmoral? ó ¿Qué afectaría más la conciencia humana?

Mucha gente que opina sobre el conflicto armado, siempre saca como principal conclusión, que en nuestro caso, hace falta voluntad política, pero es que no solamente falta eso, después del estudio realizado, se puede decir que además de ello, hay carencia de fórmulas legales serias para un acuerdo de paz. El ordenamiento jurídico interno integrado con el internacional, mantienen unas prohibiciones fuertes a la exoneración de la pena a los autores de graves violaciones a los derechos humanos, y si es la ferocidad una de las características de nuestro conflicto, no puede llegarse a una reconciliación nacional, con el aparato coercitivo esperando a sus víctimas luego que termine el acuerdo; y siendo esto así "no habría ningún cese de hostilidades."

8. ANTECEDENTES DE LA LEY DE JUSTICIA Y PAZ EN COLOMBIA.

8.1 PUNTOS DE PARTIDA IDEOLOGICOS SOBRE LA LEY DE JUSTICIA Y PAZ

Con el actual proceso de paz que se viene adelantando entre el Gobierno colombiano y los grupos paramilitares, se ha venido planteando como uno de los puntos cruciales para alcanzar el acuerdo, el definir un instrumento legal que establezca un equilibrio entre los conceptos de justicia y paz.

Sin embargo, la tarea política no es fácil, por un lado en el ámbito nacional la clase política y en particular el Congreso que es el encargado de expedir la Ley se encuentra dividido y hasta el momento se han propuesto cinco proyectos de Ley de alternatividad penal[167] diferentes; el mismo Gobierno desde el presidente Uribe, el ministro del interior Savas Pretelt y el comisionado para la Paz Luis Carlos Restrepo, han hecho todo lo que esta a su alcance para que se apruebe el proyecto de justicia y paz enfrentando valerosamente todas las críticas que se le han hecho al mencionado proyecto; y por el otro, se encuentra la comunidad internacional[168] que sigue atenta el proceso de paz, para que no se viole ni en el transcurso ni en la finalización de éste los preceptos de justicia, verdad y reparación.

---

[167] El primero presentado por el Gobierno a través del ministro Savas Pretelt; un segundo presentado por los Congresistas Rafael Pardo y Gina Parody; un tercero respaldado por el Congresista Moreno de Caro; el cuarto apoyado por Piedad Córdova; y el último que fue presentado los congresistas Restrepo y Benedetti, ver EL TIEMPO. Sección Nación. Diferencias Clave de los proyectos. Domingo 13 de febrero de 2005
[168] La ONU, Human Right, Amnistía Internacional, la CPI.

Para iniciar, tomemos la opinión del jefe del Estado Colombiano durante el preámbulo del debate sobre la Ley de Justicia y Paz, según el Presidente "para el Gobierno el marco jurídico debe ser creíble, equilibrado y universal."[169] Y una vez dicho esto, el mandatario se dio el trabajo de explicar esos conceptos: "Uno con base en hechos permite su credibilidad, (…). Sobre el equilibrio comentó que así como en nombre de la paz no se puede llegar a la impunidad, tampoco en nombre de la justicia se puede llegar al sometimiento."[170] Y en lo que tiene que ver con la universalidad que se refiere a la preocupación que existe en la comunidad internacional sobre el tratamiento de los autores de crímenes de Lesa Humanidad y sobre la protección de los derechos de las víctimas de justicia, verdad y reparación, el presidente Uribe manifestó: "el Gobierno tiene claridad en que los autores de delitos atroces deben ir a la cárcel, las víctimas deben ser reparadas en el daño causado y tiene que existir una exigencia a estos grupos para su desmantelamiento total."[171]

Sin embargo, a pesar de esos pronunciamientos es clara la posición que ha manifestado el Gobierno y en particular el Presidente Uribe de que la Paz es primero. El mismo presidente Uribe en un encuentro con la comunidad internacional manifestó que la búsqueda de la paz lleva implícita una fórmula: "Tanta justicia como sea posible y tanta impunidad como sea necesaria."[172] Y en tal sentido, el pensamiento de Uribe no se encuentra solo, "Figuras como José Ramos Horta, canciller de Timor Oriental, premio Nobel de Paz y protagonista de la reconciliación

---

[169] MERCADO RIBERA, Bibiana. EL TIEMPO. Tira y afloje por la ley de paras. Viernes 4 de Febrero de 2005
[170] Ibíd.
[171] Op. Cit.
[172] GALAN, Carlos; PEÑA Edulfo. EL TIEMPO. Extras: Gobierno, con as bajo la manga. ¿Justicia o Paz?. Domingo 13 de febrero de 2005

en su país, ha dicho que la búsqueda de la paz implica cierta impunidad"[173] y por su parte el ex presidente de Sudáfrica Nelson Mandela en un mensaje enviado a los colombianos con motivo del seminario realizado en la ciudad de Cali sobre "justicia restaurativa" dijo: "Nunca va a haber paz sin justicia, ni justicia sin paz."[174]

Así entonces, a pesar del apoyo que se obtuvo por estos teóricos a la propuesta del presidente de crear un mecanismo legal para lograr la paz en Colombia, las propuestas y los puntos esenciales que debía contener la Ley, provocaron desde un principio muchas tensiones al inicio del debate en el Congreso, pues se presentaron cinco proyectos de Ley diferentes[175] -lo cual dificultaba más la idea de un concenso-, cuando lo que se tenía pensado era que el Gobierno presentaría un proyecto que sería discutido en el Congreso con el apoyo de la Bancada uribista. Respecto a la ruptura entre los Congresistas y el Gobierno frente a los puntos claves en los proyectos de Justicia y Paz, se le preguntó al Senador Rafael Pardo, las causas por las cuales no existía un consenso referente al tema, a lo cual el Senador manifestó: "Desde diciembre, el ministro Sabas nos había pedido que no presentáramos el proyecto. Hasta el pasado domingo había un acuerdo total, pero el martes el Ministro nos volvió a presentar cosas distintas y el miércoles surgieron otros puntos nuevos. Entonces pensamos que lo mejor era dar la discusión en el Congreso."[176]

Y en la misma entrevista, el Senador aprovechó para explicar como se ha manejado la discusión con el Gobierno:

---

[173] Op. Cit.
[174] Op. Cit.
[175] ver EL TIEMPO. Sección Nación. Diferencias Clave de los proyectos. Domingo 13 de febrero de 2005
[176] MERCADO RIBERA, Bibiana. EL TIEMPO. Tira y afloje por la ley de paras. Op. Cit..

"En la propuesta penúltima que estábamos concertando había una diferencia importante que al parecer se ha superado: nosotros creemos que debe haber una pena mínima y el proyecto del gobierno no la contemplaba. Ese era un criterio del ministro Sabas, pero el Presidente no estaba de acuerdo con él. Otra diferencia: propusimos una Procuraduría para asesorar el Comité de Víctimas dentro del proceso judicial. La propuesta del gobierno no lo consideraba así. El valor de la confesión es un punto central. Si la confesión no es completa, el desmovilizado debe perder todos los beneficios. Si no hay confesión completa el proyecto pierde utilidad."[177]

Así entonces, se iniciaron los debates en el Congreso sobre la Ley de Justicia y Paz. El Gobierno por su parte siguió realizado reuniones para hacer ajustes al proyecto que presentó en el Congreso, y así tratar de logra mayor consenso. El primero de los ajustes fue excluir el Tribunal del proyecto[178], en el proyecto actual, se determinó en el Artículo 33 que el encargado de adelantar los juicios a los grupos armados al margen de la Ley, eran los Tribunales Superiores del Distrito designados por el Consejo Superior de la Judicatura.

Otro punto que se debatió muchísimo fue el cambiar el termino confesión por cooperación. "A juicio de especialistas, la 'cooperación' haría menos dura la ley. No se trata de reformas estéticas. Son conceptos de largo alcance jurídico."[179] En esta misma línea "el representante Germán Navas, abogado penalista y uno de los ponentes del proyecto en la Cámara, cree que el cambio de "confesión" por "cooperación" aleja las expectativas de justicia del proyecto, por cuanto confesar

---

[177] Op. Cit.
[178] Ver EL TIEMPO. Sección Nación. Un nuevo proyecto de ley de paras se gesta esta semana en Palacio. Martes 22 de Febrero de 2005.
[179] Ibíd

implica revelar algo que puede afectar al acusado, mientras cooperar es un término mucho más amplio que puede significar solamente colaborar con información general."[180] Y esto fue sin duda el giro crucial del proyecto según el Doctor Rafael Pardo quien sobre el respecto lamentó que se haya borrado el concepto de confesión del proyecto porque así "La persona del grupo armado escoge qué confiesa. Si confiesa algo incompleto o falso no tiene ninguna consecuencia."[181] Lo cual para el Doctor Pardo tiene una consecuencia necesaria "puede haber personas condenadas a 5 años, pero vamos a tener un país en el cual no se sabe quién fue responsable de qué. Tenemos cien o algo así de masacres que dejaron muchos muertos y las víctimas no van a poder reclamarle a nadie."[182] Frente a esta problemática el proyecto establece en su artículo 17 "Los miembros del grupo armado organizado al margen de la ley, cuyos nombres someta el Gobierno Nacional a consideración de la Fiscalía General de la Nación, que se acojan en forma expresa al procedimiento y beneficios de la presente ley, rendirán versión libre ante el Fiscal Delegado asignado para el proceso de desmovilización, quien los interrogará sobre todos los hechos de que tenga conocimiento." (las negrillas son mías). Y en el artículo 25 del mismo proyecto dispone lo siguiente:

"Si a los miembros de grupos armados organizados al margen de la ley que recibieron los beneficios de la Ley 782 de 2002, o que se beneficiaron con la pena alternativa de conformidad con la presente ley, con posterioridad se les llegare a imputar delitos cometidos durante y con ocasión de la pertenencia a esos grupos y antes de su desmovilización, estas conductas serán investigadas y juzgadas por las autoridades competentes y las leyes vigentes al momento de la comisión de esas conductas, sin

---

[180] Ob. Cit.
[181] EL TIEMPO. Entrevista otorgada por el Congresista Rafael Pardo. Esto es una farsa de justicia, Pardo. Domingo 10 de Abril de 2005. Pág 1-6
[182] Ibíd..

perjuicio del otorgamiento de la pena alternativa, en el evento que colabore eficazmente

en el esclarecimiento o acepte, oralmente o por escrito, de manera libre, voluntaria, expresa y espontánea, debidamente informado por su defensor, haber participado en su realización y siempre que la omisión no haya sido intencional. En este evento, el condenado podrá ser beneficiario de la pena alternativa. Se procederá a la acumulación jurídica de las penas alternativas sin exceder los máximos establecidos en la presente ley.

Teniendo en cuenta la gravedad de los hechos nuevos juzgados, la autoridad judicial impondrá una ampliación del veinte por ciento de la pena alternativa impuesta y una ampliación similar del tiempo de libertad a prueba."

Es decir según esto, que si el procesado, en su versión libre no se declara culpable de algún delito, y posteriormente luego de recibir los beneficios de la Ley, se llega a conocer sobre su participación en él, en principio se le aplicará el Código Penal, pero el imputado tendrá nuevamente la posibilidad de someterse a la Ley de Justicia y paz y por este hecho recibirá un aumento del veinte por ciento de la pena alternativa impuesta y una ampliación similar del tiempo de libertad a prueba, que según el artículo 30 del mismo proyecto es de la mitad de la pena alternativa. Frente a este articulado la ONU, por intermedio de Michael Fuhling y Amnistía Internacional[183], consideran que con la Ley aún no se tienen "mecanismos lo suficientemente

---

[183] Un combatiente desmovilizado puede proporcionar información sobre delitos que ha cometido o presenciado, pero, en virtud de la nueva legislación propuesta, no hay ningún incentivo para que lo haga, ya que no perderá ninguno de sus beneficios si más tarde se descubre que ha mentido en las declaraciones realizadas ante las autoridades durante su desmovilización. AMNISTIA INTERNACIONAL. Colombia: La Ley de Justicia y Paz garantizará la impunidad para los autores de abusos contra los derechoshumanos. 26 de Abril de 2005. http://web.amnesty.org/library/Index/ESLAMR230122005

efectivos para el establecimiento de la verdad y la reparación de las víctimas porque no incluye una exigencia de confesión plena."[184]

Otro punto crucial que se debatió en el Congreso fue la definición del narcotráfico como delito conexo del delito político, que ha originado la tesis del "narcomico", en donde el Gobierno ha sostenido rotundamente que con el proyecto de Ley de Justicia y Paz no se le esta abriendo la puerta para que los narcotraficantes accedan a los beneficios del indulto, pues la idea es que solo los delincuentes políticos que se encuentren "salpicados de narcotráfico" tengan acceso a los beneficios que se han propuesto dentro de la Ley.[185] Frente a este duro problema el proyecto de Ley en su artículo en su artículo 10 estableció como requisito para ser elegido como grupo desmovilizado en el numeral 10.5 establece: "Que el grupo no se haya organizado para el tráfico de estupefacientes o el enriquecimiento ilícito." Y posteriormente en el artículo 11 en el numeral 11.6 se establece como requisito para ser elegido individualmente como desmovilizado "Que su actividad no haya tenido como finalidad el tráfico de estupefacientes o el enriquecimiento ilícito." Es decir, que el proyecto de Ley exige para desmovilizar a un grupo, o para desmovilizar a un individuo, que su objeto inicial no haya sido ni el narcotráfico ni el enriquecimiento ilícito.

Y otro punto neurálgico del proyecto es la definición de delincuente político, pues a las actuaciones de los paramilitares se han colocado dentro del delito de sedición

---

[184] EL INFORMADOR. ONU pidió que ley de justicia y paz tenga más de verdad y repación. 29 de Junio de 2005. pág. 7 A
[185] LATORRE, Hector. Colombia debate "ley de justicia y paz". Martes 29 de Marzo de 2005. www.BBC.mundo.com

según el artículo 72 del proyecto de Ley de Justicia y Paz[186], lo cual para la comunidad internacional encabezada por la ONU es inconveniente. Para la ONU "Parece incompatible (...) que (se) convierta en delito político una conducta claramente ubicada en el ámbito de la delincuencia común"... porque "quienes organizan tales grupos o se unen a ellos (...) lo hacen para "satisfacer ilegítimos intereses de orden particular".[187]

En medio de todos los tropezones que ha sufrido la Ley de Justicia y Paz, se llegó a generar un ambiente adverso en medio de las negociaciones. Los líderes de los paramilitares llegaron expresar a manera de presión que el proyecto de Ley "tal como está, no es viable, y que si es aprobada así, volverán a la guerra."[188] Los líderes paramilitares llegaron a decir en el mes de Abril de 2005 que el proyecto de Ley esta siendo utilizado por los parlamentarios como campaña electoral, y que por tal razón el proceso se encuentra en estado terminal, por lo tanto, también hicieron una invitación a los desmovilizados a estar atentos para regresar a la guerra.[189]

Pero volviendo de nuevo al tema, uno de los puntos más sensibles dentro del proyecto de justicia y paz ha sido el procedimiento que propone para el juzgamiento de los miembros de los grupos paramilitares. El Congresista Rafael Pardo ha sido uno de los principales críticos de este tema, y considera que tal como esta el procedimiento en el proyecto de justicia y paz, no habrá ni justicia, ni verdad, ni reparación, explicando esto desde un caso hipotético de la siguiente manera:

---

[186] Adiciónase al artículo 468 del Código Penal un inciso del siguiente tenor: "También incurrirá en el delito de sedición quienes conformen o hagan parte de grupos guerrilleros o de autodefensa cuyo accionar interfiera con el normal funcionamiento del orden constitucional y legal. En este caso, la pena será la misma prevista para el delito de rebelión."
[187] EL TIEMPO. ONU califica de 'desaconsejables' cambios introducidos a proyecto de ley de justicia y paz. 9 de Abril de 2005
[188] EL TIEMPO. Paras presionan al Congreso. Lunes 11 de Abril de 2005
[189] Ver. Ibíd.

"Supongamos que hay una desmovilización de 1000 hombres. La Fiscalía (para el proceso con los paras, según quedó aprobado en el proyecto) tiene 20 fiscales y 150 ayudantes. Esos 1000 hombres tienen que ser llevados a versión libre y, de acuerdo con las investigaciones, la Fiscalía determina a quienes indulta (los delitos políticos que no tienen que ser sometidos a penas alternativas y se van para su casa) y a quienes procesa (señalados de delitos atroces) para favorecer con esta ley. Tomemos el caso de uno de estos últimos: tiene dos alternativas, o acepta o niega su culpabilidad en los delitos. Si acepta la Fiscalía tiene que llevarlo a juicio y condenarlo en pocos días, a una pena de 5 a 8 años. Si no acepta, la Fiscalía tiene 30 días para probarle los delitos y acusarlo ante el tribunal. Pero en 30 días no se puede hacer lo que no se ha hecho en 10 años. Y si no se le puede probar, el tribunal tiene que precluir la investigación. Esta es una farsa de justicia"[190] Igualmente según Pardo, al eliminar el requisito de la confesión, podrá existir personas condenadas, pero sin la certeza del porqué, lo cual va en contra del derecho de las víctimas a conocer la Verdad. Y por otra parte, si la Fiscalía no puede probar en 30 días (que ahora son 60 días) la responsabilidad de un autor, las víctimas de numerosas masacres quedarán sin verdad ni reparación.[191] (el texto entre paréntesis es mío) Estos efectos del procedimiento planteado son ya realmente graves para el Derecho Internacional, y sin duda se pueden convertir en una puerta abierta a la intervención de la CPI, y sin duda producirían unos efectos nefastos en la sociedad si se constituyen en regla general. Frente a estas críticas, el proyecto de Justicia y Paz en su artículo 18, ahora contempla el término de 60 días para que el Fiscal adelante la investigación a partir de una audiencia en la que el fiscal hace la imputación fáctica

---

[190] EL TIEMPO. Entrevista otorgada por el Congresista Rafael Pardo. Esto es una farsa de justicia, Pardo. Domingo 10 de Abril de 2005. Pág 1-6
[191] Ver Op. Cit.

al imputado, para luego pasar a otra audiencia cumplido los términos, le solicitará al Juez de Garantías que cite a una audiencia de imputación de cargos.

8.2. LA JUSTICIA RESTAURATIVA DE QUE HABLO FRANCISCO SANTOS

En medio de este debate por la mejor forma de redactar la Ley de alternatividad penal el Vicepresidente Francisco Santos dijo sobre los problemas políticos que se han presentado con la creación de dicha Ley en el auditorio Javeriano en el cual se desarrollo el "Simposio internacional de justicia restaurativa y paz en Colombia" previamente aclarar que lo que iba a decir "No son palabras oficiales del Gobierno y no lo representan"[192]: "La discusión ha sido más producto de vanidades políticas, de odios políticos, de sed de venganza que búsqueda del bien común a largo plazo."[193] Y complemento lo anterior diciendo: "Los proyectos radicados en el Congreso son para obtener réditos políticos, a corto plazo, de grupúsculos o de personas sin pensar en lo grande que es la sociedad colombiana."[194]

---

[192] MERCADO, Bibiana; ALEY, Patricia. EL TIEMPO. Vicepresidente Santos propone crear un tribunal de reconciliación. Viernes 11 de Febrero de 2005
[193] ibíd
[194] Op. Cit.

Y en cuanto al contenido de los proyectos radicados en el Congreso de la república dijo: "Los proyectos que hay son de sometimiento"[195] y el diario El Tiempo parafrasea sus palabras diciendo: "advirtió y dijo que su principal defecto es que no hablan de reconciliación. Para el 'vice' la reconciliación debe ser el eje de cualquier proceso de paz, pues según dijo, haría más efectiva cualquier negociación y conduciría a "soluciones más amplias""[196] Por otra parte y dentro del mismo tema el Vicepresidente Francisco Santos dijo en una entrevista publicada en el diario El Tiempo concedida a Yamid Amat quien le preguntaba ¿Cuál es su tesis sobre justicia restaurativa?:

"Hoy tenemos unos proyectos disfrazados de justicia, verdad y reparación; son proyectos de sometimiento. La discusión ha estado llena de hipocresía, de odio, de vanidades personales y por ningún lado se ha pensado en la necesidad de resolver este problema. Con estas leyes no vamos a tener ni verdad, ni justicia, ni reparación, sino enredos mayores. Lo que necesitamos es un proyecto que mire el tema, no desde el punto de vista jurídico, sino desde el punto de vista moral, para que no volvamos esto una judicialización y un linchamiento público permanente, sino que todo, el proceso ahora con las autodefensas y más adelante con los grupos guerrilleros, nos lleve a la reconciliación. Ese es un concepto que no ha estado presente, ni en la discusión actual, ni en anteriores procesos."[197]

Pero independientemente del destape que hizo el Vicepresidente sobre la problemática política que ha originado la Ley de alternatividad, hizo un muy respetable aporte en su propuesta en el campo filosófico, puesto que cambia las

---

[195] Op. Cit.
[196] Op. Cit.
[197] AMAT, Yamid. EL TIEMPO. Confesión sin efectos penales propone Francisco Santos. Domingo 13 de Febrero de 2005

concepciones o percepciones que se tienen respecto a los conceptos de justicia verdad y reparación, y creo que eso lo logró y como el mismo lo dijo "de un diálogo extenso que tuvo con un sacerdote."[198]

Los planteamientos de Santos se pueden esgrimir de la siguiente manera:

Primero no se pueden atender las presiones internacionales; Santos describe la situación de las presiones en este tono: "Son presiones de buena fe, pero que conducen a producir resultados equívocos. La Unión Europea, los parlamentarios estadounidenses, las ONG. Y resulta que nosotros nos metimos en eso y acabamos presentando un proyecto, atendiendo esos parámetros, que no resuelve el problema. Por el contrario es un obstáculo, una piedra en el zapato para la reconciliación nacional."[199]

Segundo planteamiento, ¿Cuál es la filosofía del perdón que se debe adoptar aquí en Colombia? Al respecto Santos dijo: "Sí, hay que perdonar. Pero hay que restaurar también. Sí hay que perdonar, pero a quien merezca ser perdonado."[200] Aquí entonces nos encontramos ante un perdón condicionado al resarcimiento de los daños, según la propuesta de Santos la pena realmente imponible dentro de un "proceso de reconciliación" es el resarcimiento de los perjuicios a las víctimas, así entonces el perdón significa "… no ir a la cárcel; contar la verdad de los hechos de violencia que generó y significa ese acto de contrición de repararles a las víctimas algo de dolor que se les produjo."[201] De esta manera, se incentiva el proceso de

---

[198] Ibíd.
[199] Op. Cit.
[200] Op. Cit.
[201] Op. Cit.

reinserción para los grupos ilegales que lo que más luchan es por no ir a la cárcel, Santos explica las bondades de esta filosofía de la siguiente manera:

"Es una confesión que hace parte de un proceso de reconciliación donde yo cuento el daño que hice y cuento el daño que me hicieron, porque la mayoría de los victimarios, fueron víctimas en su momento. Eso motivará que sea usted condenado a una pena que no lo lleva a la cárcel, que lo obliga a sanar y reparar a las víctimas."[202]

Igualmente, ese perdón queda condicionado a un acto de constricción que busca cumplir con el derecho de las víctimas de conocer la verdad, a través de la confesión o la colaboración como ahora la quieren llamar.

Tercer punto de debate, ¿Qué hacer con la palabra impunidad? La respuesta que da Santos es muy interesante, "Lo importante es entender que nos encontramos en un proceso de reconciliación." Es decir según esto, hay que entender que no nos encontramos en una situación ordinaria, sino que nos encontramos en un proceso de reconciliación, en un proceso en el que se busca la paz, y como lo dice el mismo Santos: "Todo proceso de paz acarrea impunidad", y además hay que diferenciar entre la justicia restaurativa y la justicia punitiva, cuya diferencia entre una y otra es "Una es para perdonar; la otra es para castigar." Y entre esas dos teorías se debe adoptar una postura, y Santos escoge una y esta conciente de algo muy importante: "Mi propuesta no les va a gustar a muchos. Entiendo que es una propuesta que a los juristas internacionales de pronto les parece el horror. Pero de lo que tratamos es darle una salida al problema."[203]

---

[202] Op. Cit.
[203] Op. Cit.

Y el quinto punto de la propuesta se enfoca a como lograr la reconciliación en medio de un proceso de reconciliación, es decir al instrumento con el cual se va a buscar el objetivo, y con esto da un no radical a una ley de punto final o de perdón y olvido semejante a lo que ocurrió en Argentina o Chile; su razón es "Porque no genera reconciliación."[204] Su propuesta en cambio es "crear un Tribunal de reconciliación, y sugirió que esté integrado por personas como los sacerdotes Horacio Arango y Francisco de Roux, el empresario Nicanor Restrepo, el alcalde de Bogotá Lucho Garzón, el candidato presidencial Antanas Mockus y el Gobernador del Valle Angelino Garzón, entre otros, para hallar un perdón histórico a partir del cual trabajar, en lugar de ocuparnos en cuitas jurídicas y técnicas."[205] Para Santos el modelo a seguir debe ser Sudáfrica, puesto que "allí hubo una comisión de ciudadanos de las más alta calidad y dignidad que oía la confesión y perdonaba."[206], con lo cual según él es un buen instrumento para alcanzar la reconciliación y así lo esta planteando.

Así entonces, podemos definir a Santos como un buen discípulo de Desmond Tutu quién explicó igualmente "que su país eligió el camino de la justicia restaurativa (perdón y reconciliación), en lugar de la venganza y la retribución. "Si hubiéramos elegido Nuremberg, el proceso de reconciliación hubiera sido socavado." El propósito era más el de sanar que de castigar."[207]

---

[204] Op. Cit.
[205] MERCADO, Bibiana; ALEY, Patricia. EL TIEMPO. Vicepresidente Santos propone crear un tribunal de reconciliación. Viernes 11 de Febrero de 2005
[206] AMAT, Yamid. EL TIEMPO. Op. Cit.
[207] EL TIEMPO. Sección La Nación. Reconciliación más importante que castigo. Dice Tute, el Nobel. Viernes 11 de Febrero de 2005. Pág. 1-4

A tal propuesta de Francisco Santos, la doctora Maria Jimena Duzán escribió varias críticas interesantes, en primera instancia argumenta tal reconciliación que plantea el Vicepresidente "no se ha hecho en ninguna parte, ni siquiera en donde él dice que sucedió, es decir en Sudáfrica. Allí –como bien lo dijo Mandela en el discurso que envió a la reunión de Cali- se impuso la ley y los asesinos tuvieron que asumir un mínimo de penas y de cárcel."[208]

En segunda instancia, la doctora Duzán plantea "Es claro que no se puede reemplazar el imperio de la ley por la justicia divina. Bajo esta propuesta, a las víctimas no se les repara nada. En cambio, sí se les perdona todo a los victimarios, entre otras porque, según palabras del Vicepresidente, ellos "también fueron víctimas", con lo cual llegamos a la cuadratura del círculo: los victimarios convertidos en víctimas."[209] Y concluye su argumento diciendo: "con la propuesta de Santos, los ladrones de bicicletas terminarán pagando más cárcel que quienes hayan cometido delitos atroces."[210]

En cuanto a la segunda crítica se puede argumentar ante la doctora Duzán, que en el marco del acuerdo de paz nos encontramos en medio de una circunstancia excepcional en la cual se puede acoger o una política de reconciliación o un acuerdo de sometimiento, ambos pueden ser totalmente válidos, y en caso de aceptar cualquiera de las dos tesis hay que aceptar igualmente sus consecuencias, y en el caso de la política de reconciliación una consecuencia necesaria sería aceptar que los ladrones de bicicletas pagaran mayor pena que los miembros paramilitares o que incluso tampoco se les pene. Pero lo que si me parece irresponsable es presentar un

---

[208] DUZAN, María Jimena. La metamorfosis de don Francisco. El tiempo. 14 de febrero de 2005
[209] Ibíd.
[210] Op. Cit.

modelo y mentir sobre sus consecuencias, es decir, afirmar que según ese modelo no hay pena de cárcel, cuando sí las hubo en la realidad. Cosa diferente es acoger un modelo, replantearlo y adaptarlo a la realidad a la cual se quiere aplicar, eso sí es válido y no tiene crítica alguna, pero hay que decirlo.

8.3. ANALISIS JURIDICO SOBRE LA CARTA QUE ENVIÓ EL FISCAL DE LA CORTE PENAL INTERNACIONAL AL ESTADO COLOMBIANO.

El día 2 de marzo de 2005, el fiscal de la Corte Penal Internacional el señor Luis Moreno Ocampo le envío una carta al Gobierno Colombiano en la cual se hace evidente el interés de la CPI con respecto a la situación de orden público en Colombia. Para realizar un análisis jurídico de la Carta a la luz del Estatuto de Roma se citará párrafo pro párrafo para el análisis pertinente teniendo en cuenta lo estudiado en el punto 5 de este trabajo.

"Como es de su conocimiento, en virtud de la ratificación del Estatuto de Roma por el Estado Colombiano, la Corte Penal Internacional tiene jurisdicción sobre los crímenes definidos en el Estatuto de Roma que hayan sido cometidos en Colombia o por nacionales colombianos a partir del primero de noviembre de 2002. Dada la declaración hecha por el Estado colombiano bajo el artículo 124 del Estatuto, la Corte no tiene jurisdicción sobre crímenes de guerra, pero si tiene jurisdicción sobre alegaciones de crímenes de lesa humanidad y genocidio."[211]

---

[211] EL TIEMPO. El contenido de la carta. 31 de Marzo de 2005. Pág.1-4

En el primer párrafo de la carta, el fiscal le recuerda de manera sucinta al Gobierno las obligaciones adquiridas en el plano internacional por el Estado colombiano al suscribir el acuerdo, en lo que respecta a reconocer la competencia de la CPI sobre la comisión de los crímenes de genocidio y lesa humanidad contenidos en el artículo 5 del Estatuto de Roma, más no sobre crímenes de guerra reconociendo la reserva que hizo el Gobierno en virtud del artículo 124 del mismo Estatuto.

"En conformidad con los artículos 15 y 53 del Estatuto, la Fiscalía se encuentra en la obligación de analizar la veracidad de la información que recibe sobre presuntos crímenes y puede, para ello, recabar información adicional de los estados, organizaciones y otras fuentes confiables.

La Fundación País Libre ha declarado públicamente, tanto en sus páginas web como en declaraciones a la prensa colombiana, que ha transmitido a la Corte información deferente a los secuestros presuntamente cometidos de manera sistemática y permanente por grupos armados que operan ilegalmente en territorio colombiano.

Aprovechamos esta oportunidad para comunicarle que, adicionalmente, la Fiscalía ha recibido una cantidad significativa de denuncias provenientes de otras fuentes que hacen referencia a otros presuntos crímenes. La información recibida hasta ahora indica que miles de personas han sido asesinadas, desparecidas, secuestradas y desplazadas forzosamente desde el primero de noviembre del 2002. Aunque la información recibida por la Fiscalía admite la posibilidad de que algunas personas pueden haber fallecido como resultado directo en acciones de combate, dicha información también indica que miles de civiles han sido víctimas de los crímenes mencionados. Según la información, los presuntos responsables de la comisión de estos delitos son los grupos llamado 'paramilitares', las Farc y el Eln, y oficiales de la Fuerza Pública colombiana."[212]

En los párrafos 2, 3 y 4, el fiscal el fiscal le avisa al Gobierno colombiano que ha recibido información de varias fuentes entre estas, País Libre, sobre la posible ocurrencia de crímenes de su competencia como asesinatos, desapariciones, secuestros y desplazamiento forzado ocurridos a partir del primero de noviembre de 2002, fecha en que entró a regir el Estatuto de Roma, pero de igual forma, se hace una mención bastante importante pues le atribuyen los crímenes a grupos armados ilegales y de igual forma, caracterizan a los actos de haberse venido haciendo de forma sistemática y generaliza, requisito sustancial de los crímenes de lesa humanidad. De esta forma, en virtud de la información recibida le es dado al fiscal según los artículos 15 y 53 del Estatuto en mención, analizar tal información para constatar si tales hechos ameritan una intervención de la CPI, por lo cual se puede decir se ha dado inicio al funcionamiento de la Fiscalía de la Corte Penal Internacional, que según el E.R. se inicia con el estudio de la información y que luego prosigue con una petición a la Sala de Cuestiones Preliminares para que autorice que se inicie una investigación teniendo en cuenta lo establecido en el artículo 53, y que es lo que se explica en el párrafo 5 de la Carta, donde se dice que la fiscalía analizará la gravedad de las conductas, su competencia de acuerdo a las personas que cometieron los delitos, de acuerdo a las conductas realizadas, teniendo presente el principio de complementariedad y observando si la intervención de la CPI no redundaría en interés de la justicia de la siguiente manera:

---

[212] Ibíd.

La Fiscalía ha analizado la veracidad de la información recibida para determinar si los presuntos delitos estarían bajo la jurisdicción de la Corte. Sin embargo, como es de su conocimiento, la cuestión de jurisdicción es solo una de las consideraciones tomadas en cuenta al determinar si existen fundamentos razonables para abrir una investigación. La oficina también debe considerar si la gravedad de los crímenes amerita la intervención de la Corte, y si las autoridades judiciales nacionales llevan o han llevado a cabo investigaciones o enjuiciamientos de los presuntos crímenes. La Fiscalía debe así mismo considerar si existen razones sustanciales para creer que, aun teniendo en cuenta la gravedad del crimen y los intereses de las víctimas, una investigación no redundaría en interés de la justicia[213].

En esta carta se incluye una muestra representativa de las denuncias que hemos recibido. No pretendemos al proporcional la tabla que sigue, sugerir que los presuntos hechos mencionados en la muestra deben constituir el objeto específico de las investigaciones y enjuiciamientos por parte de las autoridades colombianas. La tabla tampoco abarca todos los presuntos crímenes graves que pueden haber sido cometidos desde el primero de noviembre del 2002. Su propósito es informar al Estado colombiano que, prima facte, las denuncias recibidas por la Fiscalía parecen demostrar una situación grave.

En el párrafo 6, el fiscal hace mención a una tabla sobre los crímenes sobre los cuales tiene información, y hace alusión a que la fiscalía con ello le esta poniendo de presente a las autoridades colombianas (administrativas y judiciales) que deben actuar según sus competencias sobre esos casos, pues como se mencionó a primera vista demuestran una situación grave.

---

[213] Op. Cit.

Para avanzar en la evaluación de la información recibida, y de conformidad con el artículo 15 del Estatuto de Roma, la Fiscalía agradecería que el Gobierno colombiano le suministrara cualquier información adicional relacionada con los presuntos incidentes ocurridos en Colombia desde el primero de noviembre del 2002, tales como los presuntos incidentes mencionados en la muestra. En particular, nos complacería recibir información sobre investigaciones o enjuiciamientos por los crímenes presuntamente cometidos por los crímenes mencionados en esta carta, al igual que información sobre si quienes hayan jugado un papel de liderazgo en la comisión de presuntos crímenes han sido el objeto específico de dichas investigaciones y enjuiciamientos.[214]

Aunado con el párrafo anterior el párrafo 7 de la Carta el fiscal hace mención a dos principios establecidos en el Estatuto de Roma. En primera instancia acude al principio de cooperación establecido en el artículo 86 y 87 del Estatuto de Roma, según el cual todo Estado parte tiene la obligación según lo dispuesto en el Estatuto de cooperar plenamente con la Corte en relación con la investigación y el enjuiciamiento de crímenes de su competencia. De esta forma, haciendo uso de este principio el fiscal solicitó al Gobierno colombiano información adicional sobre los incidentes ocurridos en Colombia desde el primero de noviembre de 2002, e igualmente le pidió al Gobierno que le suministrara información sobre si se han adelantado o no juicios e investigaciones por los hechos de que la Corte haya tenido noticia y si se han iniciado investigaciones o juicios en contra de personas implicadas como autores o participes de las conductas descritas. En segunda instancia, teniendo

---

[214] Op. Cit.

en cuenta la solicitud de información sobre las actuaciones que haya realizado el Gobierno colombiano frente a las conductas de que ha recibido noticia la CPI, se observa claramente que al suministrar dicha información el Gobierno estaría expuesto por su inacción a la competencia de la CPI atendiendo el principio de complementariedad establecido en los artículos 17 y 20 del Estatuto de Roma, según el cual la CPI asume la competencia sobre los crímenes de que habla el artículo 5 del mismo estatuto, cuando se observe que el Estado no quiere o no puede adelantar una investigación o llevar al imputado a un juicio por su responsabilidad penal.

Finalmente, señor embajador, la Fiscalía está al tanto de los tantos anteproyectos de ley que han sido discutidos recientemente y se refieren a la creación de medidas para investigar y castigar a los líderes de grupos ilegales que hayan cometido crímenes graves. Tales iniciativas son claramente de gran interés para la Fiscalía y le agradecería, por tanto, que me mantuviera informado de los avances en este respecto.[215]

En el párrafo 8, la CPI vuelve ha hacer uso del principio de cooperación para solicitarle al Gobierno colombiano información sobre los proyectos que se encuentran en curso en el Congreso de la República, que se refieren a la creación de medidas para investigar y castigar a los líderes de grupos ilegales que hayan cometido crímenes graves, lo cual hace referencia directa al artículo 17.2 en su literal a), que preceptúa como una de las circunstancias entre las cuales se puede determinar que no existe disposición de actuar por parte de un Estado en un asunto determinado se expone "Que el juicio y haya estado o esté en marcha o que la decisión nacional haya sido adoptada con el propósito de sustraer a la persona de que se trate de su

---

[215] Op. Cit.

responsabilidad penal por crímenes de competencia de la Corte,…" así entonces, esa decisión nacional que puede ser una ley no puede ser adoptada con el propósito de sustraer a un individuo de su responsabilidad, y por tal motivo, la CPI podría llegar a conocer de un caso a pesar de que exista una ley que le brinde algún beneficio a los autores o partícipes de un crimen de su competencia.

Me permito renovarle, señor embajador, mis deseos de que continuemos explorando opciones de colaboración en cuanto a estos asuntos y me despido de usted con mis más respetuosos saludos[216]

El último párrafo es una formalidad, pero que igualmente ratifica la utilización del principio de cooperación como canal de ayuda mutua entre los Estados Partes y la CPI.

8.4. LA POSICIÓN DE ESTE TRABAJO FRENTE A UNA LEY DE ALTERNATIVIDAD PENAL.

En principio es necesario catalogar de inconveniente la posición que ha asumido el Gobierno Nacional según la cual en Colombia no existe un Conflicto armado, sino una amenaza terrorista. Dentro de esta posición el Gobierno busca extraer la

---

[216] Op. Cit.

situación colombiana de la regulación de la normatividad internacional, a tal punto,

que si no hay conflicto y solo existe una situación de violencia interna solo le es

aplicable la normatividad nacional, y con ello se esta diciendo que Colombia es un

Estado Soberano y como tal puede decidir libremente sobre los asuntos que se

encuentran dentro de su exclusiva competencia, sin que otro Estado u organismo

internacional interfiera en sus asuntos internos –que es un principio de derecho

internacional establecido en la Carta de las Naciones Unidas-. Y este, es sin duda un

argumento, muy útil para tratar lo correspondiente al proceso de paz y al intercambio

humanitario, pues siendo estos asuntos –según la argumentación del no conflicto

armado- competencia exclusiva del gobierno, puede tratarlos sin presiones ni

interferencias de la comunidad internacional.

El ex presidente Alfonso López Michelsen explica esta situación del argumento de

Uribe de que "en Colombia no hay conflicto armado sino un Ejercito conteniendo

unas bandas de terroristas", de la siguiente manera:

"Sucede, sí, que con el transcurso del tiempo las consecuencias de esta estrategia van

siendo más y más gravosas, a los ojos de la comunidad internacional, para los

enemigos de la autoridad. El calificativo de "terroristas" apareja, en contados casos, la

condición de "criminal" y despoja a los alzados en armas de su potencial condición de

ejército regular, lo cual es diferente del status de beligerancia, como creen algunos.

Esa apenas la imposibilidad de invocar el Derecho Internacional Humanitario, celebrar

armisticios y, en último término, pactar la paz. Es algo a lo que no se llega con los

"bandidos", los "criminales" o los "terroristas"."[217]

---

[217] LOPEZ MICHELSEN, Alfonso. ¿Hay o no conflicto armado en Colombia? Op.cit.

Por otra parte, también es inconveniente argumentar que no existe un Conflicto Armado en Colombia, pues la mejor carta que puede tener el Gobierno colombiano desde el punto de vista jurídico internacional son los Convenios de Ginebra. Desde ellos es posible establecer acuerdos humanitarios para aliviar los sufrimientos innecesarios producidos a las partes y a las víctimas por causa de la guerra. Tales acuerdos parten del artículo 3 común de los Convenios de Ginebra que establece, "Además las partes en conflicto harán lo posible por poner en vigor, mediante acuerdos especiales, la totalidad o partes de las otras disposiciones del presente convenio." A partir de este artículo el Gobierno puede convenir con las partes en conflicto la aplicación del artículo del Protocolo II que permite "la concesión de amnistías tan amplias como posible", teniendo en cuenta para esto lo que se ha aclarado frente al tema "que el límite era que en cualquier caso tendrían que respetar el Derecho a la verdad y el Derecho al resarcimiento, es decir es admisible la no punibilidad pero no a costa de los derechos de las víctimas."[218] A partir, de esta ventana que se abre hacia la paz desde el punto de vista jurídico, hay que entender que "los acuerdos humanitarios del DIH son de aplicación a cualquier tema que concierna los propósitos humanitarios y no se convierten en regla sino se agotan en el caso al cual se aplican."[219]

A partir, de este marco jurídico que hace parte del bloque de constitucionalidad, se puede crear el fundamento de la Ley que sirva como instrumento para alcanzar la paz. En la Ley se puede acoger un modelo de justicia punitiva en la que se exija en cumplimiento de una pena de cárcel a los reinsertados –como lo establecen los

---

[218] LOPEZ CABALLERO, Juan Manuel. El Heraldo. ¿Qué pasa con el acuerdo humanitario? Viernes 2 de Mayo de 2003. Barranquilla

[219] LOPEZ CABALLERO, Juan Manuel. El Heraldo. Manifiesto por la humanización del conflicto armado. Viernes 26 de Septiembre de 2003. Barranquilla

proyectos de Ley radicados en el Congreso-, o un modelo de justicia similar a la "restaurativa" que propone el Vicepresidente Santos. Y cualquiera que sea la elección del cuerpo legislativo, todos los implicados –incluyendo la sociedad civil– deben aceptar los efectos necesarios de la decisión que se tome, es decir que si es el modelo punitivo los reinsertados deben afrontar la pena que se les imponga, y si es el modelo "restaurativo", la sociedad debe aceptar que los ladrones de bicicletas tengan más cárcel que los reinsertados, es una decisión en la cual la única voluntad triunfadora debe ser la democracia.

Ahora, en cuanto a la legalidad de ambos modelos, respecto al modelo punitivo – seguido por los proyectos que han sido radicados en el Congreso- es bueno recordar que de acuerdo a los principios de verdad, justicia y reparación, que son los principios que va a observar la CPI, en una posible revisión del proceso de paz colombiano, la normatividad internacional que se aplica a crímenes de lesa humanidad –que son los únicos que se encuentran bajo su competencia en estos momentos-, ha establecido que en este tipo de crímenes existe la obligación del Estado de penar a los autores de tales crímenes, y que tal penalización debe ser proporcional al hecho realizado[220], por tanto, ya existiría el inconveniente de que la pena no sería proporcional, puesto que nos basaríamos en el argumento que el autor de un homicidio agravado en Colombia tendría mayor pena, de quien comete un crimen de lesa humanidad. Y muchos dirán pero es que se trata de un proceso de paz. Si, pero por eso es que de partida hay que basar todo el proceso de paz en el

---

[220] "el cumplimiento de una pena proporcional al hecho realizado. El deber de penalización previsto en el derecho internacional para los casos de graves violaciones a los derechos humanos implica que a los delitos contemplados por el derecho internacional les corresponda una pena adecuada. Ciertamente, se puede discutir respecto de la proporcionalidad de la pena. Pero en todo caso, se ha determinado que el simple cumplimiento simbólico de la pena es violatoria del derecho internacional en caso de graves violaciones a los derechos humanos." AMBOS, Kai. Impunidad y derecho penal internacional. Op. Cit. Pág. 298

DIH para tener mejores resultados en el argumento jurídico ante la CPI. Sin el DIH, nos encontraríamos en la triste situación de querer justificar la violación de una norma internacional, a través de una norma nacional, lo cual es un argumento muy pobre al interior del derecho internacional y menos cuando se busca desconocer la aplicación de un tratado que hace parte del bloque de constitucionalidad, y que tiene como fin la protección de los derechos humanos[221] El gran inconveniente que tiene el modelo punitivo, es que se acepta de partida a la pena de prisión como forma de justicia, y la pena en el derecho internacional debe ser proporcional y no debe ser laxa, es decir que no debe ser suave para un autor de algún crimen atroz, porque equivaldría a excluirlo de su responsabilidad.

En cuanto al modelo de justicia 'restaurativa', tendrá el mismo inconveniente frente a los crímenes de lesa humanidad con el deber del Estado de sancionar a los autores de ese tipo de crímenes; sin embargo, el acoger el perdón como forma de justicia, no tendría inconvenientes con la teoría de la proporcionalidad de la pena. El modelo de justicia 'restaurativa' traería un enfrentamiento teórico filosófico de la necesidad de la pena y del perdón como forma de justicia, y en eso es con lo que hay que trabajar, tomando ejemplos reales como modelos de perdón, como por ejemplo ocurre en el conflicto armado interno de Uganda, en el cual, "el tribunal internacional ha anunciado que está a punto de emitir órdenes de arresto contra los principales jefes rebeldes, entre ellos indudablemente, Joseph Kony, el autoproclamado espiritualista que los encabeza."[222] Muy a pesar de esa situación, "algunas víctimas de la guerra exhortan al tribunal internacional a desistir. Alegan que la población local sufrirá si el mando rebelde se siente arrinconado. Recomiendan dar más oportunidad al

---

[221] Al aliviar a las partes y las víctimas de sufrimientos innecesarios en medio de un conflicto armado.
[222] LACEY Marc. El Tiempo. Víctimas de Uganda eligen el perdón. Domingo 24 de abril de 2005.

perdón, a través de una ceremonia ancestral en la que se emplean huevos crudos[223]."[224] Y en el mismo sentido, algunas autoridades como David Onen Acana II, jefe de la tribu dominante en Uganda, que manifiesta: "Cuando se habla de órdenes de arresto, suena tan sencillo. Pero una orden de arresto no significa que terminará la guerra. ¿Cómo se la haces llegar a Kony? ¿Cómo reaccionará?"[225]

El ejemplo de Uganda, es sin duda un buen ejemplo de un modelo de perdón, donde se muestra cómo la justicia punitiva no es una solución eficaz para acabar con la guerra, y de igual manera no es la mejor salida para las víctimas, ni para las víctimas potenciales de la guerra en la cual se incluye a toda la población. Y esto no quiere significar que se ceda por temor a las retaliaciones, sino la respetable decisión de acoger otros modelos preexistentes y coexistentes a la justicia punitiva, concientes de que la adopción de esta última puede implicar mayor sufrimiento para las víctimas, y que las primeras pueden generar consecuencias más favorables.

Por otro lado, teniendo en cuenta los fines de la pena en el derecho internacional teniendo como base una Sentencia del Tribunal Penal Internacional para Ruanda del 4 de septiembre de 1998 de la Sala de Primera Instancia, en el asunto Kambanda, antiguo primer ministro ruandés, en la cual se determinó como fin de la pena en esa ocasión, de la siguiente manera:

---

[223] El periodista Marc Lacey realiza la siguiente reseña sobre la tradición: "Hace poco, una asamblea de jefes Acholis puso en práctica la noción del perdón. En su presencia. En la cima de una colina que domina Gulu, capital regional, 28 hombres y mujeres desertores del bando rebelde formaron una fila por orden del rango , encabezada por un teniente coronel sin una pierna y algunos adolescentes soldados rasos al final. Habían matado y mutilado juntos. Uno tras otro, metieron el pie derecho desnudo en un huevo recién quebrado. De acuerdo con la tradición local, el huevo simboliza la vida inocente y al entrar en contacto con él, los asesinos recobran su estado original.
Después los ex combatientes rozaron su cuerpo contra una rama en un acto simbólico de limpieza. Y al pasar por encima de una vara, fueron nuevamente acogidos en la comunidad por Acana y los otros jefes." LACEY Marc. Op. Cit
[224] LACEY Marc. Op. Cit.
[225] Op. Cit.

"… este Tribunal fue creado por el Consejo de seguridad en aplicación del capítulo VII de la Carta de las Naciones Unidas en el marco de las medidas que está habilitado para tomar en virtud del artículo 39 de la mencionada Carta a fin de hacer cesar las violaciones al derecho internacional humanitario en Ruanda en 1994 y a reparar sus efectos. (…) la Resolución 955 de31 8 de noviembre de 1994, adoptada para tales efectos por el Consejo, indica que con la creación del Tribunal se buscaba perseguir y castigar a los autores de las atrocidades cometidas en Ruanda de manera tal que por esta vía se ponga fin a la impunidad y se favorezca la reconciliación nacional y el regreso de la paz."[226]

Y además dijo el Tribunal de Ruanda que "para el Consejo de Seguridad la condenación e imposición de luna pena de prisión a tales personas es el punto de partida de una política de disuasión en contra de la continuidad de las violaciones masivas y sistemáticas a los derechos y libertades fundamentales de las personas que caracterizaron aquellos territorios y restablecer, así, la paz y seguridad internacionales."[227] Sin embargo, debo resaltar así como lo dijo el Tribunal, sería un punto de partida para un Gobierno como el de Ruanda que había perdido toda institucionalidad, pero pueden haber otros basados en la democracia. Además, si planteamos el término de disuasión, estaríamos en derecho penal frente a una teoría de prevención general, a la cual en la dogmática penal se le ha hecho una crítica constante frente a los efectos en el criminal:

---

[226] Citado por RAMELLI ARTEAGA, Alejandro. La función de la pena en el estatuto de roma de la Corte Penal Internacional. XXV Jornadas Internacionales de derecho penal: homenaje a Fernando Hinestrosa. Universidad. Externado de Colombia. 2003. Pág. 175
[227] Citado por RAMELLI ARTEAGA, Alejandro. Op.cit.

"En lo que respecta a las teorías relativas, la prevención general negativa y la prevención especial negativa, orientadas a la intimidación de la colectividad o del penado, para ser efectivas deberían propiciar penas que constituyan males mayores a los generados por los delitos, lo que choca con el principio de proporcionalidad, y, además, no tienen en cuenta que quienes delinquen no lo hacen tras advertir un saldo favorable en el inventario de costos y beneficios del delito, sino en cuanto asumen que evitarán la imposición de la pena."[228]

Quiero con la anterior cita argumentar, que por más que se tenga una justicia punitiva, el efecto disuasivo en el delincuente sigue quedando en duda, de tal manera, que imponiendo pena igual se puede presentar la comisión de un crimen, por tanto, una justicia de perdón no puede ser rechazada de plano, cuando la punitiva no garantiza nada tampoco.

En síntesis, lo que se debe trabajar es un modelo de justicia restaurativa o de perdón, no basada precisamente en la tradición de huevos crudos –ajena totalmente a nuestra cultura-, sino más bien basada en la conciencia de no causar mayores sufrimientos a las víctimas y de lograr una paz real y duradera, fundamentada en los instrumentos legales con los cuales se pueden argumentar una justicia basada en el perdón como son el artículo 6.5 del Protocolo II Adicional a los Convenios de Ginebra de 1949[229], el artículo 16 del Estatuto de Roma[230], y el artículo 53.1. Literal c del mismo

---

[228] URBANO MARTINEZ, José Joaquín. El derecho penal del Estado Constitucional de Derecho. Comentarios a los códigos penal y procedimiento penal. Universidad Externado de Colombia. 2003. Pág. 375.

[229] "6.5. A la cesación de hostilidades, las autoridades en el poder procurarán conceder la amnistía más amplia posible a las personas que hayan tomado parte en el conflicto armado o que se encuentren privadas de la libertad, internadas o detenidas por motivos relacionados con el conflicto armado"

[230] En caso de que el Consejo de Seguridad, de conformidad con una resolución aprobada con arreglo a lo dispuesto en el Capítulo VII de la Carta de las Naciones Unidas, pide a la Corte que suspenda por

un plazo que no podrá exceder de doce meses la investigación o el enjuiciamiento que haya iniciado,

estatuto[231], que son textos normativos internacionales que permiten concebir como excepción del poder punitivo el proyecto de afianzar la paz y la tranquilidad mundial.

En cuanto a los instrumentos planteados, considero que si hay necesidad de un Tribunal independiente que se encargue de garantizar los derechos de acceso a la justicia, de verdad y reparación de las víctimas del Conflicto armado colombiano, de lo contrario Colombia no podría ni siquiera presentar como viable el proyecto de alternatividad a la comunidad internacional. Y sí es necesario que se cree como un Tribunal independiente a toda la rama judicial existente, puesto que la congestión que enfrentan los órganos actuales de la rama judicial, traspasarían mayores problemas al proceso de paz, como lo serían de tiempo y agilidad en las diligencias, sin embargo, no es aconsejable ceder tampoco al tiempo y agilidad, puesto que en un proceso de paz hay que garantizar sobre todo la verdad, y con base a ella la justicia.

En lo que tiene que ver con las víctimas, la cantidad de víctimas, la mala atención de las mismas, y los resentimientos creados alrededor del conflicto, hacen aún más complicado la resolución del conflicto. La sociedad colombiana necesita mucha ayuda humanitaria, mucha ayuda profesional para superar los traumas que le ha dejado la guerra, para que así pueda tomar una decisión sobre la finalización del conflicto. El periódico El Tiempo registró tres casos de víctimas de los paramilitares, cada una con un drama diferente y con una concepción hacia el problema totalmente diferente, así hablan las víctimas:

---

la Corte procederá a esa suspensión; la petición podrá ser renovada por el Consejo de Seguridad en las mismas condiciones.

[231] El Fiscal, después de evaluar la información de que disponga, iniciará una investigación a menos que determine que no existe fundamento razonable para proceder a ella con arreglo al presente Estatuto. Al decidir si ha de iniciar una investigación, el Fiscal tendrá en cuenta si:

c) Existen razones sustanciales para creer que, aun teniendo en cuenta la gravedad del crimen y los intereses de las víctimas, una investigación no redundaría en interés de la justicia.

"El calvario de Jaime Peña, padre de Jaime CESID, un joven de 16 años desaparecido por las autodefensas en la masacre del 16 de mayo del 98, (...)

Jaime nunca ha podido borrar la imagen, que se le repite como una visión delirante, de su hijo alejándose encañonado, inerme y muerto de miedo. (…)

Hoy, casi siete años después, el padre desea con todo fervor que lo dejen asistir a una de las sesiones de negociación con los 'paras' en Ralito. "las víctimas deberíamos estar allí. Es nuestro derecho ", dice.

"Queremos que nos digan ¿quiénes lo hicieron, por qué lo hicieron y qué hicieron con ellos? Con saber la verdad, con eso tengo?, remata.

No cree que exista plata suficiente como para resarcir los siete años perdidos en la relación con su hijo, y mucho menos dinero como reparar la muerte del muchacho. "Si es que lo mataron", añade con algo de esperanza.

"Una reparación simbólica sería que el Gobierno les hiciera un monumento a los caídos." Concluye."[232]

Otro caso es el del Señor José Martínez, cuyo nombre verdadero fue cambiado por el periódico al publicar la noticia:

---

[232] EL TIEMPO. Sección Nación. Voces de las víctimas de los paramilitares. Domingo 13 de Febrero de 2005

En la puesta de la Red de Solidaridad Social de Santa Marta permanece desde hace 3 meses José Martínez a la espera de la ayuda económica que reciben los desplazados de la violencia, para sobrevivir con sus familias.

(…)

Con papeles en mano cuenta que hombres armados llegaron una mañana a su fincia, en Rosario de Chengue, en el municipio de Cerro de San Antonio (Magdalena) y le dijeron que se fuera o lo mataban.

(..)

Hoy cuando ve en televisión las noticias de los encuentros con los paramilitares solo pide que el castigo debe ser severo y que paguen cárcel.

"Lo que me han hecho a mi no tiene precio; desde hace 4 años deambulo por las calles como limosnero. No tienen con que pagarme pues el daño ya está hecho –dice- Si hoy no llevo la plata del arriendo nos van a botar a la calle", puntualiza mientras se enfila hacia la pieza estrecha donde se hacina con mujer e hijos, y sigue soñando con una ayuda del Estado que no llega."[233]

Otro caso:

A Edilma Orozco, de 60 años, se le quiebra la voz cuando revuelve en su memoria los recuerdos de la tarde en que perdió para siempre a su marido. Desde ese día su vida quedó reducida a un albergue.

---

[233] Ibíd.

El 14 de diciembre de 1999, hombres de las Auc llegaron a su casa en la vereda Platanares en San Pedro (Valle) y mataron a Gilberto Gaviria, el hombre con el que compartió 37 años de su vida.

(…)

Hoy, cinco años y dos meses después Edilma dice que sigue con el dolor vivito en el corazón. "Hablar de perdón y olvido, no. No es justo. Yo no puedo ser hipócrita; yo no he perdonado. Lo mínimo es que quienes nos hicieron esto paguen una condena en la cárcel.

Yo tenía un hogar y como pobre vivía bien. Ahora no tengo más que tristeza. Tener una casa propia donde vivir sería lo más justo, pero eso no sería capaz de pedírselo a nadie –asegura–. He vivido en silencio todo este tiempo y así voy a morir. Le agradezco a la red de Solidaridad Social los dos mercados que me ha regalado."[234]

En Colombia, el trabajo de rehabilitación de las víctimas de la violencia ha sido muy precario, según se puede observar, pues las víctimas en ninguno de los tres casos recibieron un tratamiento psicológico para afrontar el drama, y la ayuda que se les brinda a través de la Red de Solidaridad Social del Gobierno, no llega o es muy escasa. En estas condiciones una reconciliación real no es posible, sobre todo como dice una de las víctimas si "el dolor sigue vivito en mi corazón."

Por último, negarle o concederle el carácter de delincuente político a una organización armada es sin duda una decisión política que queda en manos de quien la debe tomar, en este caso el Congreso. Tanto en el caso paramilitar como en el caso guerrillero es difícil hacer encajar totalmente sus actuaciones a la teoría clásica del

---

[234] Op. Cit.

delincuente político, no tanto por los actos que éstos realizan como por ejemplo, hacer encajar a la guerrilla en el delito de rebelión al enfrentar el Gobierno por las armas para intentar suprimir el régimen Constitucional y Legal vigente, o por ejemplo en el caso de los paramilitares encuadrarlo en el delito de Sedición, al no tratar de suprimir el régimen Constitucional y Legal vigente, sino de suspenderlo a partir de las armas, imponiendo su régimen en aquellos lugares en los que el Estado no protege a la población civil. El gran problema se presenta en el dolo o la intención del autor que debe ir acompañado por un fin noble o altruista y aquí es donde se ataca la teoría de que los grupos al margen de la ley de Colombia se encuentren dentro de la entidad del delito político, pues para muchos lo que realizan los miembros de los grupos al margen de la ley son delitos comunes.

En medio de estas discusiones sobre si tienen o no, los grupos al margen de la ley fines altruistas en sus acciones armadas quiero hacer una referencia sobre dos aspectos que han regido el conflicto armado en los últimos tiempos

"La lucha que sostiene en la actualidad los grupos paramilitares y las guerrillas más allá de suscitarse por desacuerdos ideológicos, resulta de la disputa por el control de las zonas con un elevado potencial para ambas fuerzas, donde el apoyo de la población civil se consigue mediante violencia."[235]

En medio de esta nueva táctica militar de controlar territorios estratégicos se encuentra otra táctica política, en la cual "los objetivos de la guerrilla, dentro de esta concepción, dejaron de ser internacionales y se interesaron por la

---

[235] VICEPRESIDENCIA DE LA REPÚBLICA PROGRAMA PRESIDENCIAL DE DERECHOS HUMANOS Y DIH OBSERVATORIA. Op. Cit. Pág 21

municipalidades,..."[236] y no solo de la guerrilla, sino luego también de los paramilitares[237] quienes centraron su estrategia en amedrentar por la fuerza a la población y los gobiernos municipales, para de esta forma, se extinguiera la presencia del Estado, y así poder ejercer control sobre el municipio atemorizado a base de amenazas. Y quiérase o no, a partir de esta práctica político militar de los grupos al margen de la ley habían logrado que el Estado perdiera influencia político administrativa en gran parte del territorio nacional al no poder controlar las situaciones de orden público en ella.

En medio de estas particularidades del conflicto armado en donde el terror y el salvajismo se imponen a cualquier tipo de lucha ideológica, es muy difícil hacer una diferenciación para determinar qué grupo encaja o no en el delito político basándose en caracteres conceptuales como lo hace el profesor Luque, para distinguir entre un delito común y un delito político con base en los siguientes planteamientos:

"Mientras el primero se encuentra caracterizado por móviles puramente egoístas, determinantes de acciones antisociales por su grado de inmoralidad o de criminalidad: el segundo, en cambio, lo constituyen sentimientos muy respetables, llenos de miras nobles, y altruistas, tales como el pretender cambiar un determinado sistema gubernamental, por profesar una distinta concepción institucional del Estado: o el

---

[236] GOMEZ ARAUJO, Luis Alberto. La rama judicial frente al conflicto armado. Revista de derecho No. 19. Ediciones Uninorte. Quebecor World Bogotá S.A. 2003. pág. 108
[237] Son actores políticos?
Si y de los peores. El hecho de que sean aliados estratégicos del Estado en la guerra contrainsurgente no quiere decir lo contrario. Es más pareciera que su finalidad es sustituir a la actual clase política. Controlan al parecer el 35% del Congreso de la República. El 40% de sus actuales militantes son de extracción insurgente. Inciden política, administrativa y territorialmente mediante el terror, en algunas regiones del país. Barrancabermeja, según investigaciones de prensa del semanario regional PORTADA, está sitiada por esta cruda realidad. CARRERO GOMEZ, Luis Manuel PROYECTO DE JUSTICIA Y PAZ...SERVIRA PARA ALGO?. Saturday, Jun. 25, 2005 at 11:13 PM
http://colombia.indymedia.org/news/2005/06/27519.php

demostrar devoción por alguna doctrina especial o también el luchar por el triunfo de ciertos principios."[238]

"El delito antisocial pretende alterar o destruir las bases mismas de la sociedad, pues dirigiéndose contra toda forma de gobierno, amenaza el patrimonio común de todos los Estados e intenta conducir a la anarquía. Tiene pues, un carácter absoluto. En cambio el delito político se dirige siempre contra un Estado determinado y en ocasiones contra alguna forma de gobierno. Su carácter viene a ser relativo y contingente. En este último delito encontramos siempre un designio político de mejoramiento y de progreso."[239]

Además, teniendo en cuenta el contexto histórico en que nos encontramos a partir de los atentados del 11 de Septiembre y del 11 de Marzo, se ha impuesto a nivel mundial un rechazo enérgico al terrorismo, que no es otra cosa que otra connotación política sumergida en una definición general sobre una táctica política y militar[240] que para un autor como Juan Fernández Carrasquilla puede ser un delito conexo con el delito político, expresándolo de la siguiente manera:

---

[238] GARZON FRAY, José Domingo O.P. Origen Canónico del Asilo. El siglo. Segunda página literaria. Bogotá, marzo de 1953. Citado por LUQUE ANGEL, Eduardo. Los delitos y militares rebeldes. Separata de universitas No. 16. Bogotá. 1959. Pág. 16

[239] Ibídem.

[240] "El terrorismo es, ante nada, una táctica psicológica. Su propósito no es destruir, sino inducir en un estado general de miedo y colapso, teniendo como meta final la erradicación de la solidaridad, la cooperación y la interdependencia, factores de los cuales depende la cohesión y el funcionamiento de la sociedad. La esperanza es que, con el tiempo, la comunidad sea reducida a pequeños grupos de individuos aterrorizados y preocupados únicamente por su seguridad personal y por ende, aislados de su contexto social. En otras palabras, el terrorismo pretende destruir la estructura que permite la existencia de una forma de vida liberal. Al instar a los individuos a pensar que el gobierno ya no es capaz de cumplir con su función primaria de velar por la seguridad, el terrorismo pretende socavar el orden político que, al liberar a cada individuo de la voluntad arbitraria de los demás, proporciona la condición mínima necesaria que permite a cada individuo determinar la forma en que desea vivir su vida." MACLACHLAN, Colin. Terrorismo internacional en el cono sur. Revista occidental. Instituto de investigaciones culturales latinoamericanas. 1999. pág. 144

"Precisamente, podríase agregar, los delitos anarquistas se distinguen por la falta de una expresa y determinada finalidad política y en los delitos terroristas es sobresaliente la búsqueda de notoriedad pública ("propaganda por el hecho"), pues los fines que con ellos se persiguen pretenden difundirse o implantarse por medio de la intimidación pública. Unos y otros se caracterizan por ocasionar grandes estragos o magnicidios, pues estos son los hechos que más zozobra social suelen sembrar. El verdadero terrorismo es anarquista y por esto se lo considera generalmente, en el derecho internacional y para los efectos de la extradición y el asilo, como un delito común que revela una "peligrosidad universal", ya que no ataca una determinada forma de sociedad, de Estado o de gobierno, sino toda organización social y política como tal. Con todo, es frecuente que muchos y diversos movimientos políticos de oposición o de protesta, empleen medios terroristas para patentizar la fuerza de su organización o crear el ambiente social de intranquilidad que favorezca sus causas estratégicas. Si este último fuese el caso, el terrorismo se presentaría como delito conexo con un delito político."[241]

Por otra parte, frente al delito del terrorismo la Corte Constitucional ya se refirió sobre su alcance en la Sentencia C-127-93, estableciendo en primera instancia frente a la indeterminación de este delito no vulnera el principio de igualdad, puesto que no se podría confundir la comisión de un delito común con un hecho terrorista, puesto que el principal factor de diferenciación es la finalidad del autor;[242] y en segunda

---

[241] FERNANDEZ CARRASQUILLA, Juan. Derecho penal fundamental. Vol. 1. Tercera reimpresión de la segunda edición. Editorial. Temis. Bogotá. 1998. Pág. 148

[242] "No existe vulneración del artículo 13 de la Constitución que consagra el derecho a la igualdad, cuando se trata de homicidio con fines terroristas cuyo sujeto pasivo es calificado. La norma no vulnera el principio de la igualdad, pues la igualdad se refiere a un trato igualitario entre iguales. La interpretación correcta debe encaminarse a resaltar en cada hecho punible el elemento subjetivo de la finalidad terrorista. Es decir no basta que el sujeto pasivo aparezca relacionado en un catálogo, sino que se hace imprescindible que las motivaciones sean propias de terrorismo cuando contra esas personas se atente. Por otra parte las autoridades para mantener la independencia e integridad nacionales deben ser respetadas por todas las persona y los ciudadanos, con fundamento en el artículo 95.3 de la Constitución. El aumento de la pena responde entonces al atentado contra la persona (como en el homicidio simple del artículo 323 del Código Penal), pero cobra gran importancia su dignidad, la

instacia la Corte expuso una tesis sobre la necesidad de que el tipo de terrorismo sea un tipo abierto, diciendo lo siguiente:

Frente a delitos "estáticos" o tradicionales, deben consagrarse tipos penales cerrados. Pero frente a delitos "dinámicos" o fruto de las nuevas y sofisticadas organizaciones y medios delincuenciales, deben consagrarse tipos penales abiertos. Así pues, el "terrorismo" es un delito dinámico y se diferencia por tanto de los demás tipos. Como conducta responde a unas características diferentes de cualquier tipo penal, por lo siguiente: Primero, es pluriofensivo pues afecta o puede llegar a afectar varios bienes jurídicos protegidos por el ordenamiento penal. Segundo, obedece a organizaciones delincuenciales sofisticadas. Tercero, el terrorista demuestra con su actitud una insensibilidad frente a los valores superiores de la Constitución Política, que son un mínimo ético, al atentar indiscriminadamente contra la vida y dignidad de las personas. Es de tal gravedad la conducta terrorista que los beneficios constitucionalmente consagrados para el delito político no pueden extenderse a delitos atroces ni a homicidios cometidos fuera de combate o aprovechando la situación de indefensión de la víctima. El delito político es diferente al delito común y recibe en consecuencia un trato distinto. Pero, a su vez, los delitos, aún políticos, cuando son atroces, pierden la posibilidad de beneficiarse de la amnistía o indulto."[243]

En el mismo sentido la Corte sacó igualmente como argumento para aceptar la indeterminación de las conductas tipificadas como terrorismo, la necesidad de dotar al Gobierno de medios mas dinámicos para abarcar la mayor parte de manifestaciones de las organizaciones terroristas con el propósito de proteger la vida, integridad y bienes de sus asociados, partiendo de la base de la ciencia dinámica de

---

ocupación y su representatividad en la comunidad. No se trata en consecuencia de que tenga mayor valor la vida de determinadas personas."

[243] CORTE CONSTITUCIONAL. Sentencia C-127-93. M.P. Alejandro Martínez Caballero

Albert Einstan y de una regla que infirió de los instrumentos internacionales que con el objeto de producir mayor protección a la comunidad también han ampliado el marco de acción del delito del terrorismo con principios generales del derecho.

De la misma forma como acogió entonces una posición flexible del principio de legalidad en el delito del terrorismo, igualmente le encargó a los jueces la labor de complementar en cada caso en concreto las disposiciones legales.[244]

---

[244] Frente a esta sentencia cabe mencionar en principio la delegación de la determinación del delito de terrorismo vulnera el principio de separación de las ramas del poder, puesto que le delega al órgano jurisdiccional una competencia que tiene de manera exclusiva el legislativo (Ver al respecto ROXIN, Claus. Derecho penal Parte general. Tomo I. Segunda edición. Traducción Diego Manuel Luzón Peña. Civitas S.A.. Reimpresión Madrid. 2001 Págs. 169-171). En segunda instancia rompe con el principio democrático que le impone la responsabilidad de determinar lo lícito de lo ilícito, al máximo órgano democrático que representa la mayoría de la población. Y por último expone una tesis expansiva del derecho penal que vulnera una garantía Constitucional establecida para el imputado o al procesado, en contra del ius puniendi del Estado, lo cual elimina un rasgo del propio Estado de ser Liberal, para ser autoritario y sin límites precisos, en las facultades para limitar derechos fundamentales tan importantes como la libertad.

La Corte argumentó a favor de una posición extensiva del derecho penal a partir de los tratados internacionales que buscan proteger los derechos humanos con la consagración de conductas prohibidas indeterminadas que vulneran la dignidad del ser humano. Con esa argumentación, la Corte se compromete en una gran contradicción en el campo del derecho internacional, puesto que si bien en los protocolos de Ginebra se han establecido conductas prohibidas indeterminadas con el objetivo de proteger la dignidad humana, también existen otros tratados o convenios que establecen como garantía fundamental de los procesados o imputados el principio de legalidad y retroactividad, que según la misma Convención Americana de Derechos Humanos (artículo 27 de la Suspensión de Garantías) no pueden ser suspendidos por el Estado ni siquiera en estados de excepción.

De esta interpretación podríamos sacar como conclusión, que en cabeza del procesado o imputado se encuentran derechos fundamentales que no le es dado al Estado suspender ni siquiera en una situación anormal, por tanto, la flexibilización del principio de legalidad que hizo la Corte a favor de la ampliación de la penalización del delito del terrorismo no se encuentra avalada por el derecho internacional como lo pretendió hacer ver la Corte Constitucional.

Por otra parte, la Corte también obvio la aplicación necesaria de un principio general del derecho penal, que es el principio de favorabilidad que en caso de indeterminación deberá tomarse la interpretación más favorable, y en caso de una duda en cuanto a la punibilidad del hecho debe preferirse la impunidad de la conducta no determinada. Y esta es una visión garantista sobre el problema. Sin embargo, con la interpretación extensiva del derecho penal que hizo la Corte Constitucional los jueces se sentirán con el poder de complementar la regulación normativa, y a partir de ello se crearán interpretaciones arbitrarias —a partir de los fallos judiciales- sobre determinado asunto que terminaría creando una línea jurisprudencial con poder vinculante para todo el aparato jurisdiccional que tendría como fundamento la vulneración de una garantía como el principio de legalidad a favor de un Estado arbitrario y contrario a los postulados liberales.

En medio de todas estas circunstancias, tanto la institución del delito político, como del terrorismo que son dos categorías de delitos tan abstractas y tan complejas que requieren de una definición por parte del Congreso para ser aplicadas.

La definición que hizo el Congreso en el artículo 72 del proyecto de Ley de Justicia y paz[245], de introducir a los guerrilleros y paramilitares dentro del delito de sedición, ha sido duramente criticada por la comunidad internacional, quien considera a estos grupos armados como delincuentes comunes. Sin embargo, es defendible el proyecto siempre y cuando se haga una extensión de la figura del delincuente político hacia tales grupos, de no ser así, el Estado colombiano tendría que acudir a otras formas de beneficios para los miembros de los grupos ilegales, entre las cuales se encuentran la suspensión de la investigación, la preclusión de la investigación, la resolución inhibitoria y la libertad condicional, beneficios que consagraba la Ley 782 de 2002, que también plantea el indulto a delincuentes comunes en su artículo 19 de la siguiente manera:

ARTÍCULO 19. El artículo 50 de la Ley 418 de 1997, prorrogada por la Ley 548 de 1999, quedará así:

Artículo 50. El Gobierno Nacional podrá conceder, en cada caso particular, el beneficio de indulto a los nacionales que hubieren sido condenados mediante sentencia ejecutoriada, por hechos

---

[245] Artículo 72. Sedición. Adiciónase al artículo 468 del Código Penal un inciso del siguiente tenor: "También incurrirá en el delito de sedición quienes conformen o hagan parte de grupos guerrilleros o de autodefensa cuyo accionar interfiera con el normal funcionamiento del orden constitucional y legal. En este caso, la pena será la misma prevista para el delito de rebelión.
Mantendrá plena vigencia el numeral 10 del artículo 3º de la Convención de las Naciones Unidas Contra el Tráfico Ilícito de Estupefacientes y Sustancias Psicotrópicas, suscrito en Viena el 20 de diciembre de 1988 e incorporado a la legislación nacional mediante Ley 67 de 1993".

constitutivos de delito político cuando a su juicio, el grupo armado organizado al margen de la ley con el que se adelante un proceso de paz, del cual forme parte el solicitante, haya demostrado su voluntad de reincorporarse a la vida civil.

También se podrá conceder dicho beneficio a los nacionales que, individualmente y por decisión voluntaria, abandonen sus actividades como miembros de los grupos armados organizados al margen de la ley y así lo soliciten, y hayan además demostrado, a criterio del Gobierno Nacional, su voluntad de reincorporarse a la vida civil.

No se aplicará lo dispuesto en este título a quienes realicen conductas constitutivas de actos atroces de ferocidad o barbarie, terrorismo, secuestro, genocidio, homicidio cometido fuera de combate o colocando a la víctima en estado de indefensión.

Esta Ley le otorga las prerrogativas al Ejecutivo para adelantar diálogos de paz, y le reconoce la potestad exclusiva del presidente de la República en la negociación de un acuerdo de paz, lo cual parecería en un principio exceder los límites constitucionales que impone la Constitución tanto al poder legislativo, como al ejecutivo de otorgar indultos solo a delincuentes políticos, y eso es algo que ya se trató en el punto 7 de este trabajo. En medio de estas circunstancias lo que podría hacerse es utilizar los acuerdos humanitarios que dispone el artículo 6.5 del Protocolo II[246] de los Convenios de Ginebra para replantear los efectos de los procesos de paz a partir del concepto de "personas que hayan tomado parte en el conflicto armado", para otorgar amnistías o indultos, pues el concepto de "amnistías más amplias" que hace referencia el artículo reseñado no es restrictivo, al contrario, pretende dar mayores posibilidades para que las partes logren un acuerdo de paz. En el mismo orden de

---

[246] "Artículo 6. Diligencias Penales. (...)
"6.5. A la cesación de hostilidades, las autoridades en el poder procurarán conceder la amnistía más amplia posible a las personas que hayan tomado parte en el conflicto armado o que se encuentren privadas de la libertad, internadas o detenidas por motivos relacionados con el conflicto armado"

ideas retomo un argumento del profesor Eduardo Pizarro Leóngomez, según el cual, los grupos armados "no gozan de ningún apoyo social significativo ni constituyen un poder alternativo"[247] y por este hecho no podría hablarse de la existencia de una guerra civil[248] en Colombia. Sin embargo, esta afirmación, según el mismo profesor "no implica negar que haya un conflicto armado que produce cada año alrededor de tres mil víctimas."[249] De esta manera, uno y otro argumento le permiten al profesor Pizarro exponer la siguiente tesis sobre la situación de orden público en nuestro país:

"..., me parece que la definición más correcta es la de un conflicto armado interno, cuyos actores no estatales han sufrido en los últimos años una profunda degradación terrorista, tal como lo sostienen Washington y la Unión Europea. Esta definición no hace imposible la paz. Los Tigres Tamiles en Sri Lanka y los grupos paramilitares protestantes en Irlanda del Norte hacen parte de las listas de grupos terroristas de Washington y la Unión Europea. Y unos y otros están involucrados en procesos de paz, incluso en el caso de los primeros con mediación de un gobierno europeo, Noruega."[250]

Este argumento me lleva a concluir, que muy a pesar de que se deslegitime a una parte combatiente dentro de un conflicto armado, por la realización de actos terroristas, no se afecta para nada su condición de combatiente en el marco de la regulación establecida por el DIH, en lo correspondiente a un conflicto armado

---

[247] PIZARRO LEONGOMEZ, Eduardo. Op. Cit.

[248] Para que exista Guerra civil para el profesor Pizarro se requiere: "Primero, la existencia de dos o más proyectos de sociedad enfrentados; segundo, una profunda polarización en la sociedad, y tercero, una situación de doble poder, debido a un significativo control territorial de las fuerzas que desafían al Estado. Es decir, una soberanía dual con dos poderes que se disputan la legitimidad social y estatal." PIZARRO LEONGOMEZ, Eduardo. Op. Cit.

[249] PIZARRO LEONGOMEZ, Eduardo. Op. Cit.

[250] Op. Cit.

interno, y por tal razón sigue siendo destinatario de los beneficios que otorga este ordenamiento jurídico como lo es realizar acuerdos humanitarios con su contraparte.

Por otra parte, en mi sentir parece claro, que la institución del delincuente político no puede quedar estática en el tiempo frente al desarrollo de la sociedad, las necesidades de la misma y las circunstancias particulares de los conflictos, porque si bien es cierto que los fundamentos de la lucha en Colombia han cambiado como lo dijo el parlamentario oficialista Roberto Camacho "no hay un conflicto en cuanto a que no hay un sistema que haya que derrocar, no hay una dictadura, no hay una raza que esté oprimiendo a otra, no hay una metrópoli que esté subyugando a una colonia"[251], pero muy a pesar de su concepto si existe un conflicto social –que se va a explicar detalladamente mas adelante en el punto 10.2.1- generado por el descontento de las clases marginales y rurales en Colombia, pues su calidad de vida no obedece al proyecto establecido en la Constitución y eso sin duda genera violencia, que tiene diversas manifestaciones y una de ellas son los grupos al margen de la ley; y por otro lado, la misma necesidad de lograr la paz genera un conflicto, pues obliga a las partes a presionar a través de la violencia para lograr un acuerdo favorable, como ocurre en estos momentos en que los paramilitares amenazan con volver a la guerra si el proyecto de ley de justicia y paz no cumple con sus expectativas. Por esta razón en un futuro, se debería replantear, como lo hizo el Congreso, la institución clásica del delincuente político, no por un mero acto político de soberanía Nacional, sino por medio de una decisión política que defina que es un delincuente político a partir del concepto de persona que haya participado en un combate utilizando la concepción

---

[251] LATORRE, Hector. Op. Cit

del artículo 6.5 de protocolo II de los Convenios de Ginebra como base jurídica, para así hacer una ampliación del concepto y de sus efectos como serían el indulto y la amnistía, de ahí, la importancia de reconocer que en Colombia existe un conflicto armado.

9. FORMULAS DE SOLUCIÓN AL PROBLEMA DE LA PAZ EN COLOMBIA CON LA CPI.

9.1. MECANISMOS AL INTERIOR DEL ESTATUTO

Viendo así el panorama según los autores consultados, las perspectivas de un proceso de paz en el cual se adopten indultos y amnistías a favor de personas que hayan cometido crímenes atroces, son bastante pesimistas, y la mayoría optan por cerrar dicha posibilidad. Sin embargo, en este trabajo ensayaremos algunas soluciones, desde una perspectiva de paz al margen de los argumentos que se han venido debatiendo en el contexto de los proyectos de la posible Ley de Justicia y Paz, para buscar que lo jurídico viabilice lo político, desde otras opciones hasta ahora planteadas.

Una posible salida política a la situación estaría planteada en el artículo 16 del ER, según el cual, el Consejo de Seguridad de las Naciones Unidas podrá pedirle a la CPI que suspenda la investigación o el enjuiciamiento que haya iniciado, petición que podrá renovarse. Al respecto el 1 de mayo de 2003, Amnistía Internacional emitió el memorándum jurídico International Criminal Court: The unlawful attempt by the

Security Council to give US citizens permanent impunity from international justice (Índice AI: IOR 40/006/2003), informe de 82 páginas (en su versión inglesa) en el que se analiza la Resolución 1422. En tal memorándum se hizo un análisis legal de los requisitos que se deben reunir para la aplicación del artículo 16 del Estatuto de Roma, de lo cual resalto:

En primera instancia se debe tener en cuenta el propósito de la existencia del artículo 16 en el Estatuto:

"Cuando se redactaba el Estatuto de Roma se decidió incluir una disposición (el artículo 16) que permitiera al Consejo de Seguridad, en interés de la paz y la seguridad internacionales, pedir a la Corte Penal Internacional, de conformidad con el Capítulo VII de la Carta de la ONU, no iniciar o suspender, por un plazo de 12 meses, la investigación o el enjuiciamiento que hubiera iniciado. (…) el único propósito de tal artículo no era otro que tratar de permitir que el Consejo de Seguridad pudiera emprender delicadas negociaciones de paz durante un periodo de tiempo y en ciertas circunstancias excepcionales."[252]

En segunda Instancia se determinó el límite temporal:

El artículo 16 incluye específicamente un plazo de doce meses de suspensión, tras el cual el Consejo de Seguridad puede renovar esa petición en las mismas condiciones. Toda consideración de una propuesta de renovación debe realizarse, de nuevo, caso por caso, y justo en el momento en que la resolución deba ser renovada.

---

[252] AMNISTIA INTERNACIONAL. Ilegalidad de la resolución 1422. "http://icc.igc.org/espanol/articulos/COL_decl.pdf

En tercer hecho a resaltar es el procedimiento:

Al recibir la Corte Penal Internacional una petición de que no inicie o de que suspenda una investigación o enjuiciamiento, tiene que decidir qué efecto legal va a dar a esa petición conforme al Estatuto de Roma. El artículo 16 del Estatuto de Roma dice que el Consejo de Seguridad puede «pedir» una suspensión a la Corte Penal Internacional, no que el Consejo «decida» o «determine» que debe procederse a la suspensión. El uso del término «pedir» en el artículo 16 es deliberado. El Consejo de Seguridad no está facultado para ordenar a la Corte Penal Internacional, órgano judicial internacional independiente, que haga o deje de hacer algo.

Al adoptar una decisión sobre un caso pertinente, la Corte Penal Internacional debe estar convencida de que tal decisión emana de un requisito establecido por las disposiciones del artículo 16 del Estatuto de Roma: es decir, una petición excepcional en un caso concreto para una suspensión temporal. La petición, además, debe haberse realizado en una Resolución adoptada en aplicación del Capítulo VII de la Carta de la ONU, que únicamente puede invocarse si el Consejo de Seguridad, previamente y en aplicación del artículo 39 de la Carta, ha determinado que existe una amenaza a la paz y la seguridad internacionales.

Y por último cabe decir que el Consejo de Seguridad debe actuar coherentemente con la normatividad internacional:

Asimismo, el Consejo de Seguridad tiene que actuar de forma coherente con el derecho internacional humanitario y de derechos humanos, independientemente de que a esas normas se las caracterice como normas del jus cogens. La promoción y protección de los derechos humanos es uno de los propósitos primarios de las Naciones Unidas y, como órgano principal de la ONU, el Consejo de Seguridad tiene el deber de actuar en consecuencia en lo que a esos derechos se refiere. Las declaraciones del secretario general de la ONU y la jurisprudencia del Tribunal Penal Internacional para la ex Yugoslavia confirman que el Consejo de Seguridad y todos los que participan en las operaciones de la ONU deben respetar el derecho internacional humanitario." [253]

Así entonces esta dada la posibilidad de que Colombia plantee su caso al Consejo de seguridad para realizar acuerdos de paz con los grupos al margen de la ley para procurar la paz y terminar un conflicto que es el principal foco de violaciones a los derechos humanos y al DIH en Colombia.

Por otra parte, de no conseguirse la resolución del Consejo de Seguridad de las Naciones Unidas, solo le quedaría al Estado Colombiano y en tal caso a los acusados, impugnar la competencia de la CPI, en virtud del principio de complementariedad que establece las causales en el artículo 17 y 20 del ER, argumentando que existe o cosa juzgada o que no ha habido un interés por parte del Estado de sustraer al individuo de su responsabilidad penal, tanto en la instrucción como en el juicio, o incluso en caso de proferirse una decisión política como un indulto o una amnistía (art. 17.2. literal a.) se han observado los principios básicos de verdad, justicia y reparación.

Igualmente, en el artículo 53 del ER el Fiscal luego de analizar las pruebas y los documentos aportados ya sea por el mismo Estado o que haya recopilado el mismo

---

[253] Op. Cit

fiscal en su labor investigativa, podrá no iniciar una investigación comunicando su decisión al la Sala de Cuestiones Preliminares, por considerar que existen razones sustanciales para creer que, aun teniendo en cuenta la gravedad del crimen y los intereses de las víctimas, una investigación redundaría en interés de la justicia.[254]

9.2. ARGUMENTOS A PLANTEAR

9.2.1. Un argumento social

El conflicto armado colombiano tiene sus orígenes y se nutre de un conflicto social que se salió de control. La creciente desigualdad social, la injusticia social y la escasez de oportunidades para conseguir la realización personal se han convertido en los motores impulsadores de la desviación del conflicto social a un conflicto armado. Así lo expreso el profesor Jacobo Arenas, en un diálogo con José Noé Ríos Muñoz, cuando este último le preguntó: "¿Cómo hemos llegado a un conflicto tan prolongado?"

"Le voy a responder lo que yo le digo a mis alumnos. En Colombia están dadas todas las condiciones para que se presente una situación revolucionaria. En primer lugar, hay una profunda desigualdad con diferencia de intereses. Los ricos y los burgueses quieren seguir siendo ricos y burgueses; los pobres, por su parte, no quieren seguir siendo pobres, ni explotados, ni discriminados. Los gobernantes de turno, todos, sin excepción, se encargan de profundizar las crisis porque no saben gobernar y dejan que los problemas se conviertan en irreversibles. Mientras tanto, las masas populares, cada

---

[254] Artículo 53 literal c del ER

vez más despiertas, van ganando conciencia de su situación y saben que sólo la insurrección y la insurgencia les permiten ganar espacio. Esto quiere decir, mi querido ministro, que mientras esa situación se mantenga habrá conflicto.

¿Hasta cuando?

Hasta que se llegue a una paz democrática mediante acuerdos, porque voluntariamente los príncipes no lo harán, o hasta que triunfe la revolución.

¿Quién induce el conflicto? El desequilibrio en el desarrollo, la inequitativa distribución del ingreso, la exclusión de grupos sociales de los beneficios comunes para la existencia normal, la explotación, la discriminación a las minorías.

También, los líderes equivocados que se organizan para luchar contra la institucionalidad con medios violentos; los gobernantes que no tienen a disminuir o erradicar las causas del conflicto y, por el contrario, permiten aumentar las desigualdades, la exagerada concentración de la riqueza, los actores interesados en mantener la confrontación porque obtienen dividendos de diferente clase.

La falta de consistencia en los gobernantes de turno para desarrollar sus planes y programas, con lo que aumentan la incertidumbre y la desesperación en la comunidad.

Los agentes externos que estimulan a los actores del conflicto para mantener una situación política de carácter internacional.

La comunidad pasiva que sufre los rigores del conflicto y no presiona soluciones pacíficas.

Los que estimulan formas de violencia para contrarrestar otras formas de esa misma violencia, como sucede con el paramilitarismo."[255]

De esta forma, podemos decir que nuestro conflicto armado tiene una base social, en la cual se genera un ambiente de violencia estructural, que es la base de nuestro conflicto armado, y que surge según el profesor Vicenc Fisas: "Cuando los seres humanos se ven influenciados de tal manera, que sus realizaciones efectivas, sománticas y mentales están por debajo de sus realizaciones potenciales."[256] En otras palabras, cuando la estructuras de la sociedad condenan a sus miembros a un no futuro. Por su parte el profesor Luis Carlos Narváez Duncan ha opinado al respecto:

"El problema de la pobreza para América Latina y en particular Colombia ha tomado dimensiones que sobrepasan la tenue mirada de ver este flagelo como un simple problema de ingreso, de exclusión o de faltante de bienes materiales, estas aproximaciones aún no han tocado la medula de tan grave conflicto.

(...)

Atender la pobreza hoy no es simplemente un acto de corazón bondadoso e inclusive no es un acto ético y de equidad es más que eso, si un gobierno no le apunta dentro de sus políticas y programas atender prioritariamente este problema, ese gobierno puede carecer de legitimidad, ya que puede amenazar la estabilidad social, económica y política del país. Resolver el problema de la pobreza es pues una prioridad y por lo tanto no debe ser únicamente una preocupación del estado sino de todos y todas e inclusive la universidad esta obligada a jugar un papel protagónico en la búsqueda de soluciones.

---

[255] RIOS MUÑOZ, José Noé. Cómo negociar a partir de la importancia del otro. EDITORIAL PLANETA. Bogotá 1997 Pág. 24
[256] FISAS ARMENGOL, Vicenc, Introducción a estudios de la paz y los conflictos Barcelona, Lerna. 1987. citado por GOMEZ ARAUJO, Luis Alberto. La rama judicial frente al conflicto armado. Revista de derecho No. 19. Ediciones Uninorte. Quebecor World Bogotá S.A. 2003 Pág. 109

Antes de entrar ha plantear "el como" enfrentar este dilema, analicemos algunas cifras y datos que hacen referencia al problema en cuestión, algunos cifras estadísticas muestran el cruel panorama que vive hoy Colombia. La CEPAL en su último informe arroja crudas cifras que no mienten, la magnitud de la pobreza e indigencia entre niños y adolescentes colombianos es del 45% (pobres) y 17% (indigentes). Si sumamos, tenemos un resultado escalofriante el 62% de los pequeños Colombianos no tienen acceso a ninguna esperanza de vida plena y se debaten entre la desnutrición, la insalubridad y la ignorancia.

Comparar números es un ejercicio más aterrador. La CEPAL indica que Uruguay, por ejemplo, tiene el 10% de pobres y el 2% de indigentes entre niños y adolescentes; o Costa Rica, un 18% y un 5%, respectivamente. Así los niños de Colombia tienen un horizonte sin futuro, si las cosas siguen como hasta ahora. Recordemos la vieja pero sabia frase "los niños de hoy son los dirigentes del mañana"; es decir, qué mañana le espera a esta Colombia."[257]

De esta forma, por si fuera poco, se puede analizar el desempleo en Colombia, en el cual las cifras son contundentes a pesar de que se muestran ciertos niveles de recuperación, los resultados siguen siendo dramáticos. El DANE (Departamento administrativo nacional de estadística) reveló que en el segundo semestre del 2004 la tasa de desempleo era de 15.5%, y el número de subempleados disminuyó en un 1.2% en el sector urbano, por otro lado el desempleo en el sector rural es de un 10.2%, y el subempleo en el mismo sector paso de un 34.4% a un 37.3%.[258]

---

[257] NARVAEZ DUCAN, Luis Carlos. La pobreza en América Latina. www.eumed.net/cursecon/ecolat/co/lcnt-pobreza.pdf
[258] ver www.moipourtoit.ch/espagnole/colombia.htm

En el análisis realizado por el DANE sobre la situación del desempleo en el país termina diciendo:

"En resumen, se puede decir que aunque la actividad económica del país ha seguido creciendo, en el segundo trimestre de 2004, el resultado de los indicadores del mercado laboral vuelve a evidenciar que su recuperación, observada durante todo el año 2003, en el orden nacional y rural, muestra claras señales de deterioro, especialmente en el último caso; mientras que en el ámbito urbano, persisten las altas tasas de desempleo y los síntomas de agotamiento y estancamiento en el crecimiento de la ocupación. Se vuelve a concluir, entonces, que para reducir las elevadas tasas del desempleo no solamente es suficiente que el PIB crezca, también es condición necesaria que ese crecimiento genere o venga acompañado de nuevos puestos de trabajo, que, además, sean productivos, estables y adecuadamente remunerados."[259]

Aunado a lo anterior que ya es suficientemente grave en el campo social, existe otro problema que ahonda aún más las diferencias sociales: la corrupción. Según el Diario La República en su edición del 5 de mayo de 2004[260], la corrupción en Colombia mueve 3 billones de pesos. En el mismo sentido, "se calcula que a través de la corrupción se ha sacado cerca del 25 por ciento del Producto de la nación y aún no se sabe en manos de quién están quedando estos recursos."[261]

Lo peor aún es que se reconoce que "en todos los sectores de la economía se evidencian problemas de corrupción."[262] ¿Pero de quién es la culpa? Por un lado, los empresarios que contratan con el Estado aseguran que "el funcionario es quien

---

[259] Ibíd.
[260] CAMARGO GANTIVA, Adriana. Corrupción en Colombia mueve $3 billones. Diario LA REPUBLICA. Mayo 5 de 2004.
[261] Ibíd.
[262] Op. Cit.

solicita o insinúa un pago y, en la mayoría de los casos, se sabe con anterioridad la modalidad y el monto a pagar", y esto se genera a partir de una práctica generalizada en la cual "una vez la empresa privada obtiene el contrato debe pagarle un monto al funcionario por haber intercedido en la negociación."[263] Por parte de la administración pública se dice que "son los mismos comerciantes e industriales del país los que se han encargado de propiciar la corrupción en las instituciones públicas, ofreciendo sobornos y dádivas para agilizar trámites, ingresar contrabando, o para salir favorecidos en contratos o licitaciones públicas."[264] Y todo esto se produce muy a pesar de existir en el Código Penal un capitulo destinado a los delitos contra la administración de justicia (Arts. 397-434).

Así las cosas, nos encontramos en un verdadero conflicto social en el cual la desigualdad y la injusticia social son alarmantes como lo demuestran los índices de pobreza y de desempleo. Además tenemos un gobierno con altos niveles de corrupción en el cual se incentiva y se vislumbra la falta de oportunidades para personas con pocos recursos, frente a las que gozan de una buena situación económica, pues éstos últimos son los que pueden pagar las prácticas generadas por la corrupción. Lo anterior, es verdaderamente preocupante pues son estas prácticas las raíces del resentimiento social que genera violencia de un grupo hacia otro.

En estas condiciones podemos hablar de la existencia de la violencia estructural, que ocurre "si el conocimiento y los recursos están monopolizados por un grupo o una clase... existe violencia en el sistema;" igualmente quienes padecen desnutrición o

---

[263] Ibíd.
[264] CAMARGO GANTIVA, Adriana. Empresarios y funcionarios públicos sacan a la luz los principales focos de corrupción. Diario LA REPUBLICA. Mayo 5 de 2004.

mueren por inanición son víctimas de la violencia estructural: "si la gente pasa hambre cuando el hambre es objetivamente evitable, se comete violencia."[265]

De esta manera, el conflicto social en Colombia se puede definir dentro de la categoría de conflictos inducidos que son "aquellos que tienen origen en antecedentes, circunstancias, hechos o actores que impulsan o generan un desequilibrio, el cual tiende o puede derivar en una situación de crisis que promueva un cambio. Si no se manejan a tiempo, se convierten en conflictos de larga duración y creciente intensidad, con las consecuencias propias de la esencia de la confrontación."[266] Nuestro conflicto y en sí nuestra violencia en el conflicto armado, en gran parte se sustenta -al menos desde el punto de vista ideológico- en la lucha por cambiar el funcionamiento de la sociedad, logrando que ésta propicie las condiciones necesarias y mínimas que requiere la población para vivir dignamente, aminorando las diferencias abismales que promueve la actual forma de funcionar, que tienen su origen en nuestras concepciones y nuestras prácticas culturales, por tanto, el conflicto social que retroalimenta al conflicto armado es más que un problema de funcionamiento, un problema estructural de prácticas y costumbres contrarias al modelo de Estado definido en la Constitución.

El conflicto armado colombiano tiene unas bases sociales donde parte de la población cuestiona la forma como el Gobierno busca la consecución de los fines del Estado con fundamento en las condiciones y los niveles de vida que tiene la sociedad Colombiana; Fines que la Corte Constitucional en Sentencia T- 500 de 1994 del

---

[265] VALENZUELA PEDRO. E. La estructura del conflicto y su resolución. Memorias Conferencia en auditorio Universidad del Norte. 1997
[266] RIOS MUÑOZ, José Noé. Op. Cit. Pág. 21

Magistrado Ponente Alejandro Martínez Caballero, ha definido de la siguiente manera:

"La legitimidad del Estado social de derecho radica, por un lado, en el acceso y ejecución del poder en forma democrática, y por otro lado, en su capacidad para resolver las dificultadas sociales desde la perspectiva de la justicia social y el derecho, lo cual indudablemente depende de la capacidad del Estado para cumplir, de manera objetiva, con sus fines de servicio a la sociedad. De ahí, pues, que los mandatos contenidos en los artículos 2 y 209 de la Constitución imponen a las autoridades la obligación de atender las necesidades, hacer efectivos los derechos de los administrados y asegurar el cumplimiento de las obligaciones sociales."[267]

Sin embargo, no podríamos argumentar que el resentimiento social es la única causa del conflicto armado colombiano, puesto que en el desarrollo del mismo, entre las causas objetivas y subjetivas, estas últimas se explican más por la voluntad política de los actores en conflicto que por las circunstancias de orden social, económicas o políticas que constituirían las segundas."[268]

Cabe aclarar que las causas objetivas como las condiciones marginales de vida y la falta de oportunidades en un ambiente de desigualdad social "... inciden en el origen pervivencia y justificación del conflicto colombiano, aunque bien cabe aclarar, que en una confrontación bélica, y con mayor razón si es prolongada como la nuestra, los motivos se sobreponen (causas subjetivas), y se realimentan de modo que, por

---

[267] Citado por SUAREZ SANCHEZ. El debido proceso penal. Segunda Edición. Universidad Externado de Colombia. 2001. Pág. 30
[268] JAIME CONTRERAS, Miguel Humberto. El conflicto armado en Colombia. Revista de derecho No. 19. Ediciones Uninorte. Quebecor World Bogotá S.A. 2003 pág 124

decirlo así, la guerra adquiere su propia dinámica con independencia de los motivos que la originaron, y a su vez, esta fuerza de la guerra incide como un factor propio en lo social y político."[269]

Así por ejemplo, como lo manifiesta el profesor Miguel Humberto Jaime, las causas subjetivas pueden prevalecer sobre las objetivas, de acuerdo a los intereses de los actores del conflicto:

"... pero las cosas resultan más complejas cuando advertimos que, por la dinámica de la guerra y la vinculación del grueso de sus actores irregulares con al economía ilegal, se puede sobreponer el objetivo estratégico de una solución aceptable, en términos militares, sociales, políticos y económicos, por el objetivo coyuntural de la supervivencia del lucro económico de sus actividades ilícitas, con base en ciertos poderes locales."[270]

En igual manera, acerca de las diferencias entre las causas subjetivas y objetivas podemos citar una afirmación hecha en un estudio de la Vicepresidencia de la República sobre la situación del conflicto armado colombiano:

"La lucha que sostiene en la actualidad los grupos paramilitares y las guerrillas más allá de suscitarse por desacuerdos ideológicos, resulta de la disputa por el control de

[269] Ibíd.
[270] Op. Cit. Pág. 124

las zonas con un elevado potencial para ambas fuerzas, donde el apoyo de la población civil se consigue mediante violencia."[271]

Así entonces, la existencia de estos dos tipos de causas hace aún más complicada la solución del conflicto, puesto que para conseguir una salida favorable al mismo habrá que dársele respuesta tanto a las causas subjetivas como a las objetivas; de lo contrario el conflicto seguirá subsistiendo.

Así, como lo dijimos anteriormente se puede fundamentar que nuestro conflicto armado se nutre de la insatisfacción de la población, ante la ostensible incongruencia entre el modelo Constitucional y la realidad que se vive. Lo anterior se encuentra aumentado por los problemas de corrupción que hacen que los mecanismos adoptados para conjurar la crisis no se concreten en los fines para los cuales fueron destinados. En una comparación, es como si se compraran las drogas, pero éstas nunca llegaran a los enfermos. Esta crisis desata en múltiples ocasiones caserías de brujas y señalamientos en contra de aparentes culpables, sin llegar a una solución real de fondo. De esta manera, se combate la corrupción capturando a ciertos caudillos, sin combatir realmente las prácticas excluyentes que se convierten en costumbres generalizadas enraizadas en la sociedad. Decían los profesores rusos J. Arch Getty; y Oleg Naumov, en su libro La Lógica del Terror citando a H. R. Trevor-Roper:

"Los tiranos pueden ordenar grandes masacres, pero son los pueblos quienes las llevan a cabo… Más adelante, cuando cambia el estado de ánimo, o cuando la presión social,

---

[271] VICEPRESIDENCIA DE LA REPÚBLICA PROGRAMA PRESIDENCIAL DE DERECHOS HUMANOS Y DIH OBSERVATORIA. Op. Cit. Pág 21

tras la sangría, se aplaca, el pueblo anónimo se escabulle, dejando la responsabilidad a los predicadores, los teóricos y los gobernantes que exigieron, impusieron y ordenaron la comisión de los actos."[272]

El conflicto lo genera el pueblo, y en el pueblo en general es donde se encuentra el conflicto, así que podrán pasar muchos gobernantes y muchas leyes y constituciones, pero si el pueblo no cambia su forma de pensar y de sentir, el conflicto sigue estando ahí.

En medio de estas circunstancias, es necesario forjar a una sociedad civil fuerte capaz de generar cambios y reeducar las prácticas culturales hacia un nuevo modelo de desarrollo en el cual se aminoren las desigualdades y la injusticia social.

Pero para ello, debe entenderse a una sociedad civil como:

"... la esfera de la vida social organizada que es voluntaria, autogeneradora (ampliamente) autosostenida, autónoma del Estado y regida por un orden legal y conjunto de reglas compartidas. Es distinta de sociedad en general puesto que comprende a los ciudadanos que actúan colectivamente en una esfera pública para expresar sus intereses, pasiones e ideas, intercambiar información, alcanzar metas mutuas, hacer exigencias al Estado demandar de los funcionarios estatales el cumplimiento de sus responsabilidades. La sociedad civil, es una entidad intermediaria, que separa la esfera privada y el Estado. Por lo tanto excluye la vida individual y familiar, la actividad grupal que mira hacia adentro (por ejemplo, para la recreación, entretenimiento o espiritualidad), la empresa con ánimo de lucro, las firmas de negocios individuales y los esfuerzos políticos para tomar el control del Estado. Los actores de la sociedad civil necesitan la protección de un orden legal

---

[272] GETTY, J. Arch; NAUMOV, Oleg. V. La lógica del terror. Edit Crítica Barcelona. Barcelona. 2001. Pág. 28

institucionalizado para proteger su autonomía y libertad de acción. Por lo tanto, la sociedad civil no solamente restringe el poder del Estado, sino que legitima la autoridad estatal cuando esa autoridad está basada en la regla de la ley. Cuando el Estado mismo no tiene leyes y menosprecia la autonomía individual y grupal, la sociedad civil puede existir aún (aunque en una forma tentativa o restringida), si sus elementos constituyentes operan a través de algún conjunto de reglas compartidas (las cuales, por ejemplo, se abstienen de la violencia y respetan el pluralismo)."[273]

"... la sociedad civil no es simplemente una categoría residual, es sinónimo de "sociedad" o de todo lo que no es el Estado o el sistema político formal." Se caracteriza fundamentalmente en dos aspectos.... Primero, ..., la sociedad civil se refiere a los fines públicos y no a los fines privados. Segundo, la sociedad civil se relaciona con el Estado en alguna forma, pero no tiene el propósito de obtener el poder formal o una función dentro del Estado."[274]

"Una tercera marca distintiva es que la sociedad civil abarca el pluralismo y la diversidad. Hasta el punto en que una organización tal como un movimiento religioso fundamentalista, étnico chauvinista, revolucionario o milenario- busque monopolizar un espacio funcional o político en la sociedad, argumentando que representa la única vía legítima, contradice la naturaleza pluralista y de mercado de la sociedad civil. Hay una cuarta distinción relacionada con esto, la parcialidad que significa que ningún grupo en la sociedad civil busca representar la totalidad de los intereses de una persona o comunidad. En lugar de esto, diferentes grupos representan diferentes intereses."[275]

---

[273] DIAMOND, Larry. Reflexión sobre la Sociedad Civil Hacia la Consolidación Democrática. Las Incertidumbres de la democracia. Ed. Foro por Colombia (tomado del artículo publicado en el Journal o Democracy vol. 3 July 1994. Texto traducido del Inglés por: Fabienne Warrington. Pág. 5
[274] Ibíd. Pág. 7
[275] Op. Cit. Pág. 7

"La sociedad civil es diferente y autónoma, no solamente del Estado y de la sociedad en general, sino también de una cuarta arena de acción social, la sociedad política (que significa, en esencia, el sistema partidista). Las organizaciones y las redes de la sociedad civil pueden formar alianzas con los partidos, pero si son capturadas por los partidos, o son hegemonizadas dentro de ellos, desplazan su campo primario de actividad a la sociedad política y pierden mucho de su capacidad para desarrollar ciertas funciones únicas de mediación y construcción de la democracia."[276]

De esta manera, la conformación de una sociedad civil fuerte en Colombia podría generar cambios en el modelo de desarrollo, en la medida en que sea capaz de influir de manera favorable y enérgica en la opinión pública, controlando desde la censura social las prácticas discriminatorias e ilegales de las demás fuerzas políticas, económicas y sociales del país, como el gobierno, los industriales, los grupos al margen de la ley, etc.

Sin embargo, como se dijo anteriormente para que el proyecto de sociedad civil funcione, es necesario que el Estado proteja su libertad y su independencia, pero sobre todo su libertad de expresión que se entiende "como reconocimiento de la posibilidad de manifestar los juicios, conceptos, opiniones e incluso los estados espirituales y psíquicos, de acuerdo con la espontaneidad individual..."[277], por lo cual, se convierte en el principal arma de la sociedad civil para pronunciarse sobre los acontecimientos de la vida diaria sin temor a ser amenazado. La libertad de expresión se convierte en el máximo mecanismo de control de la sociedad civil hacia las prácticas y costumbres de la sociedad en general, pues con su ejercicio se

---

[276] Op. Cit. Pág. 7

[277] CORTE CONSTITUCIONAL. Sentencia T-219/93, Magistrado Ponente Antonio Barrera Carbonell.

cuestiona y se censura todo tipo de prácticas perjudiciales al modelo de desarrollo que tiene la sociedad.

Sin embargo, en Colombia y en general en la época moderna la libertad de expresión "-particularmente la de prensa- no solo es objeto de restricciones arbitrarias por parte de los regímenes despóticos, sino que también se ha visto sometida a otras formas de coacción más sutiles, a través de la manipulación económica por parte de determinados sectores poderosos de la sociedad, que utilizan, por ejemplo, el bloqueo publicitario, a fin de acallar opiniones contrarias a sus intereses y también a formas de coacción violenta como los atentados contra la vida y bienes de los periodistas."[278]

Nuestro conflicto tiene una base estructural en nuestras prácticas culturales que puede ser reorientada a partir de la actuación de la sociedad civil a través de un largo proceso de educación, sin embargo, esta no es tarea posible si el Estado, los grupos al margen de la ley y la delincuencia común siguen atentando contra los intelectuales y cualquier persona que por el solo hecho de pensar diferente o estar en el lugar equivocado sea señalado como objetivo militar, según lo revela un informe de Human Right Watch:

"Los combatientes también persiguen a civiles en función de su ocupación. La profesiones más peligrosas son con frecuencia las más cotidianas, como propietario de un comercio, conductor de autobús, vendedor ambulante o maestro. La clave es que según su profesión el civil tiene más posibilidades de entrar en contacto con un

---

[278] NARANJO MEZA, Vladimiro Teoría constitucional e instituciones políticas. Ed. Temis. Bogotá 1997. Pág. 512

adversario. Por ejemplo, el 3 de febrero de 1996, miembros de las ACCU se llevaron de su casa a Jesús María Barrenechea Zuleta, un maestro de educación básica que trabajaba en las cercanías de Chigorodó, Antioquia, y al parecer le amenazaron por "reclutar a muchachos para la guerrilla. Tras suliberación, no quiso dejar su casa. Tres días después, los residentes hallaron su cadáver mutilado en un potrero en las afueras del pueblo.

La defensa de los derechos humanos también es una profesión peligrosa. En 1997, 15 defensores fueron asesinados, entre ellos algunos personeros, los funcionarios municipales encargados de recibir denuncias de la ciudadanía sobre violaciones de derechos. Antioquia es uno de los departamentos más peligrosos para el trabajo de derechos humanos.

Cuando se imprimió este informe, los asesinatos continuaban. El 27 de febrero de 1998, tres asesinos mataron a tiros al abogado de derechos humanos Jesús María Valle, Presidente del Comité Permanente para los Derechos Humanos "Héctor Abad Gómez" de Antioquia, en su oficina de Medellín. Era el cuarto presidente del comité asesinado desde 1987. Menos de dos meses después, tres asesinos mataron al abogado de derechos humanos Eduardo Umaña en su apartamento de Bogotá. Los investigadores del gobierno consideran que ambos asesinatos pueden ser obra de la Vigésima Brigada de Inteligencia del Ejército Colombiano, recientemente desmantelada a causa de violaciones de derechos humanos.

El lugar en donde viven también puede suponer una condena para los civiles. Un investigador del gobierno lo calificó de "Macartización de pueblos enteros." Por ejemplo, en un informe de inteligencia del gobierno de 1997 revisado por Human Rights Watch se calificaba a todos los residentes del Recetor, Casanare, de guerrilleros o colaboradores, simplemente por que vivían en un área de operación de la guerrilla.

Así entonces, podemos argumentar en principio que la CPI es un instrumento adicional para controlar que las partes en conflicto se abstengan de atacar a la sociedad civil o que continúen con su política de terror, para evitar que esta cumpla con su función reguladora al interior de la sociedad. Sin embargo, el papel de la CPI no se puede convertir en un obstáculo para la negociación de un acuerdo de paz, impidiendo que se concedan indultos y amnistías a las partes en conflicto, puesto que con éstos mecanismos se estaría evitando que el conflicto armado con todas sus manifestaciones de violencia continúen, evitando así que la Sociedad civil ejerza su función de control de las prácticas culturales de la sociedad que son las fuentes del conflicto social.

También se puede argumentar que la función de control que la CPI ejerce sobre las partes en conflicto debe suspenderse, al inicio de un proceso de paz en la medida en que las partes inicien una negociación y se suspendan las hostilidades que son las razones por las cuales el conflicto social colombiano se estanca, puesto que la sociedad civil en un ambiente de paz puede ejercer libremente su función reguladora de las prácticas culturales en la sociedad. Y esta suspensión se debe hacer para llenar de confianza a las partes para llegar a un acuerdo de paz. Pero si se inician las hostilidades, o se inician las negociaciones en medio de la guerra, la función de control que ejerce la CPI, no debe desaparecer pues el fin de protección hacia la sociedad civil sigue vigente.

Ahora bien, la consecución de la paz, que en Colombia es un modelo de desarrollo preestablecido en la Constitución Nacional, que elevo el valor de la paz como derecho e institucionalizó mecanismos como el indulto y la amnistía como mecanismos para conseguirla, es una regla de excepción expresa en la aplicación del poder punitivo del Estado, para alcanzar el fin de la paz en Colombia. Pero el valor de la paz no es regla de excepción únicamente en el orden interno, sino de igual manera es una excepción al orden internacional que se encuentra consagrado en el artículo 16 del Estatuto de Roma, según el cual el Consejo de Seguridad de la ONU, podrá suspender las investigaciones o el enjuiciamiento que realice la CPI, para garantizar la seguridad y la tranquilidad Universal; e igualmente es una regla de excepción en el Protocolo II de los Convenios de Ginebra en el artículo 6.5, que establece la posibilidad de los acuerdos humanitarios.

Así entonces, se debe plantear el principio de la paz como una excepción al poder de punitivo, como se encuentra establecido en el ordenamiento interno y en los diferentes convenios internacionales, lo cual tiene razón de ser, de lo contrario no se hubiese concebido el fin de "la Guerra fría", o el fin de la guerra entre israelíes y palestinos, pues un acuerdo de paz no se trata de una política de sometimiento como ocurrió en Nuremberg o Tokio, o lo ocurrido en la ex Yugoslavia o Ruanda, aquí estamos hablando de un acuerdo entre partes en igualdad de condiciones como ocurrió en la Guerra fría.

9.2.2. La propuesta del estado liberal frente al conflicto armado

En los tiempos críticos y en especial cuando la convivencia pacífica y el orden se ven amenazados surge la razón de ser del Estado Liberal y el derecho penal que según el profesor Rafael Alcácer Guiaro son instrumentos destinados a un propósito específico:

"El derecho penal no es un fin en sí mismo, sino un instrumento al servicio de determinados fines sociales. Más allá de las diferentes posibilidades de concreción, en un plano genérico el derecho penal sirve, al igual que el Estado, al fin de la estabilidad social: mantener inalteradas determinadas normas de convivencia, evitando el bellum omnium contra omnes."[279]

De esta manera se establece un Estado liberal cuyo objeto debe ser el mantener niveles tolerables del conflicto social, evitando la guerra de todos contra todos, facilitando los medios de comunicación y los mecanismos de concertación necesarios. Así entonces el Estado Liberal es el encargado de producir las condiciones necesarias para la convivencia pacífica y la prosperidad general, a partir de dos premisas: a) el respeto, el fomento y la protección de los derechos fundamentales b) y la limitación al poder público.

---

[279] ALCÁCER GUIRAO, Rafael. Prevención y garantías conflicto y síntesis. XXI Jornadas Internacionales de derecho penal. Universidad el Externado de Colombia. Bogotá. 2002. Pág. 63

En cuanto a la primera premisa se ha dicho que "Uno de los pilares fundamentales del estado liberal moderno es la seguridad que el gobierno brinda a sus ciudadanos promulgando y aplicando las leyes orientadas a salvaguardar sus intereses básicos."[280] Así entonces, se pretende que a partir de la legislación se reconozcan derechos y libertades que el Estado no pueda vulnerar, pero de la misma forma se consagra el principio de igualdad ante la ley de todo ser humano, respetando el derecho a ser diferente:

"La democracia liberal moderna considera que toda persona es capaz de ejercer el poder de autogobierno razonado en virtud de su calidad humana y que por ende, debe otorgarse igual oportunidad a todos de ejercerlo. En consecuencia, tolerar una variedad de opiniones y formas de vida constituye la esencia de las naciones democrático-liberales en relación con la libertad."[281]

En cuanto al aspecto de un Estado limitado se habla de límite en las funciones y a la arbitrariedad[282], el Estado Liberal se caracteriza por limitar tanto los poderes como las funciones del Gobierno con leyes que los regulan de manera detallada[283]. Pero el profesor Bobbio se refiere a un aspecto muy interesante en cuanto al límite legal:

"En la doctrina liberal estado de derecho no sólo significa subordinación de los poderes públicos de cualquier grado a las leyes generales del país que es un límite puramente formal, sino también subordinación de las leyes al límite material del reconocimiento de algunos derechos fundamentales considerados constitucionalmente, y por tanto en principio "inviolables. (…)

---

[280] MACLACHLAN, Colin. Op. Cit. Pág 137
[281] Ibíd. Pág 140
[282] Art. 6 Constitución Nacional
[283] Art. 122 Constitución Nacional

Son parte integrante del estado de derecho en sentido profundo, que es el propio de la doctrina liberal, todos los mecanismos constitucionales que impiden u obstaculizan el ejercicio arbitrario e ilegítimo del poder y dificultan o frenan el abuso, o el ejercicio ilegal."[284]

Pero volviendo nuevamente a la temática, cuando el conflicto social se convierte en un conflicto armado, la función del Estado Liberal para alcanzar los niveles tolerables de conflicto se intensifican, pues tiene que defender la vigencia del ordenamiento jurídico sancionando a los infractores, y al mismo tiempo garantizando el derecho de las víctimas a que se le resarzan los perjuicios, previniendo las posibles futuras infracciones. En esta tarea, la labor del Gobierno debe ser limitada de acuerdo a los fines del Estado con el objeto de no menoscabar él mismo el ordenamiento jurídico que debe hacer respetar.

Frente a este duro reto de controlar los conflictos de la sociedad y frente a la circunstancia de ser atacado por fuertes retractores, el Estado enfrenta contra éstos últimos una lucha por la legitimación del poder. Pero tales problemas se engrandecen cuando el Estado –en el caso colombiano- debe enfrentar al fenómeno social del terrorismo, entendido como:

"El terrorismo es, ante nada, una táctica psicológica. Su propósito no es destruir, sino inducir en un estado general de miedo y colapso, teniendo como meta final la erradicación de la solidaridad, la cooperación y la interdependencia, factores de los cuales depende la cohesión y el funcionamiento de la sociedad. La esperanza es que,

---

[284] Ibíd. Pág. 19

con el tiempo, la comunidad sea reducida a pequeños grupos de individuos aterrorizados y preocupados únicamente por su seguridad personal y por ende, aislados de su contexto social. En otras palabras, el terrorismo pretende destruir la estructura que permite la existencia de una forma de vida liberal. Al instar a los individuos a pensar que el gobierno ya no es capaz de cumplir con su función primaria de velar por la seguridad, el terrorismo pretende socavar el orden político que, al liberar a cada individuo de la voluntad arbitraria de los demás, proporciona la condición mínima necesaria que permite a cada individuo determinar la forma en que desea vivir su vida."[285]

Se dice que los sistemas democráticos enfrentan dos posturas peligrosas frente a los actos terroristas y frente a las perturbaciones al orden público. La primera se constituye "cuando las autoridades oficiales son provocadas y se desvían de manera radical e injustificada de los procedimientos judiciales y de la aplicación de la ley convencionales. Esto suele suceder cuando los políticos o autoridades encargadas de aplicar la ley comienzan a sentir que las salvaguardas constitucionales, que forman parte del imperio de esa ley lo que en realidad hacen es socavar su eficacia. Se han hecho llamados a favor de abandonar la moderación legal y el estado se ve arrastrado, progresivamente, hacia una zona gris de ilegalidad semejante a la que sirve de escenario a las acciones terroristas. En esencia, su sistema penal se politiza para convertirse en lo que Kirchheimer denomina un orden de "justicia política", en el cual las reglas y los derechos consagrados en el principio del respeto a las garantías legales son voluntariamente mal interpretados, o bien, se hace caso omiso de ellas. En casos como estos, las órdenes de cateo y de arresto se obtendrían de manera ilegal (o no se conseguirían del todo) los cargos podrían presentarse sin

---

[285] MACLACHLAN, Colin. Op Cit. Pág 144

pruebas suficientes, las confesiones se obtendrían por la fuerza y a los sospechosos se les negaría el acceso a los abogados, serían detenidos indefinidamente sin cargos formales y encarcelados sin necesidad de un juicio."[286]

La otra postura, se daría "cuando el estado rehúsa tomar una acción judicial, o aplicar la ley de forma decisiva, en contra de aquellos que amenazan al sistema legal. En este caso, la política preferida es basarse en procedimientos de conciliación y acomodamiento, esperando que, con el tiempo, los terroristas se vean motivados a adherirse a normas prácticas legales aceptadas. En otras palabras, se intenta "comprar" la ley y el orden internos mediante el apaciguamiento y la negociación, en lugar de imponerlo por medios extrajudiciales. Si bien estas iniciativas no padecen ninguno de los peligros mencionados anteriormente (es decir, represión excesiva), se debate su aceptabilidad, especialmente cuando lo único que se logra es socavar la seguridad pública y alentar futuras acciones terroristas."[287] Como observa Wilkinson: "Si un gobierno democrático se somete ante movimientos extremistas y les permite subvertir y desafiar abiertamente las leyes, y establecerse virtualmente como un gobierno rival dentro del estado la democracia liberal se disolverá en una anarquía de facciones y enclaves competidores"[288]

Según el profesor MACLACHLAN para superar la crisis social que produce el terrorismo, "Debe hacerse patente que el estado está emprendiendo acciones decisivas en contra de aquellos individuos que amenazan el imperio de su ley de manera constante, para que no se debilite la confianza en el compromiso contractual

---

[286] Op. Cit. Pág. 147-148
[287] Op. Cit. Pág. 148
[288] WILKINSON citado por MACLACHLAN, Colin. Op. Cit. Pág. 148

de mantener un orden político estable y pacífico." [289] Para tal efecto, según la misma teoría la respuesta del Estado ante el terrorismo debe ser limitada y debe ser proporcional, para no perder legitimidad, no puede fomentar el terrorismo estatal, para controlar los actos terroristas, so pena de incurrir en los mismos métodos ilegales que sus opositores. De igual manera la respuesta debe ser creíble, en el sentido que debe fomentar la cohesión social en contra de un mismo enemigo, por tanto, debe demostrar que las acciones emprendidas están dando resultado. Y por último, toda acción debe ser supervisada por los organismos de control como son el Congreso, la jurisdicción y los demás que tengan a su cargo el control de las autoridades estatales.[290]

De la anterior discusión, surge el tema de la relación entre la prevención y las garantías al interior de un estado liberal. Así como se dijo anteriormente, para que un Estado pueda conservar su legitimidad debe entonces conservar un equilibrio entre el respeto por las garantías fundamentales y las acciones represivas que debe tomar para la protección de tales garantías, que conllevan a su vez a su debida restricción, como lo afirma el profesor Maclachlan en relación a los límites del poder coercitivo del Estado:

"Si bien los liberales aceptan la necesidad de restringir la libertad como el medio más efectivo para consolidar el nivel general de libertad en una sociedad, también insisten en que es necesario imponer límites claros a la autoridad del estado y a su poder, sobre los individuos. La noción absolutista de "paz por sujeción" que se remonta a los tiempos de la filosofía omnicompetente de Thomas Hobbes, es tajantemente

---

[289] MACLACHLAN, Colin. Op. Cit. Pág. 170
[290] Ver Op. Cit. Págs 169-172

rechazada a favor de la política caracterizada por un gobierno restringido y limitado. Un aspecto fundamental del pensamiento democrático-liberal es que los contrapesos deben ser componentes integrales del sistema político, a fin de limitar el poder del Estado y prevenir los abusos de su autoridad."[291]

De aquí surge un debate muy interesante dentro del Estado liberal, entre la prevención y las garantías, en el cual se presenta una relación de tensión entre la función preventiva de la pena como protección a la libertad y el detrimento de la libertad sufrido por el individuo al cual se le aplica. En esta relación surge una regla entre tal relación consistente en que a mayor prevención mayor detrimento de las garantías y al mismo tiempo, "a mayor maximización de garantías menor funcionalidad preventiva de la pena en su cometido de protección de esferas de libertad, dado que las garantías individuales operan como espacios de libertad limitadores de la intervención penal."[292]

El conflicto sobre la prevención y las garantías también surge a partir de la filosofía liberal entre las corrientes utilitarista y la individualista; según la primera corriente se "aspira a maximizar el bienestar de la colectividad, pudiendo menoscabar, entonces, en aras de dicho objetivo, la libertad del individuo concreto."[293] Y la segunda corriente "que considera prioritaria la libertad individual frente a cualquier aspiración al bien común, proscribiendo toda funcionalización de dicha libertad en aras de fines sociales."[294]

---

[291] Op. Cit. Pág 141
[292] ALCÁCER GUIRAO, Rafael. Op. Cit. Pág. 60
[293] Ibíd. Pág. 60
[294] Op. Cit. Pág. 61

A partir de esas dos posiciones, se plantea que los límites a una máxima prevención y a la aplicación de un comunitarismo radical en la materia penal, se encuentran en la teoría del contrato social, en la cual el Estado reconoce unos derechos que no puede vulnerarle a ningún individuo, definiéndose de esta manera, tanto los derechos individuales inviolables y los límites que tiene el poder del Estado. A partir entonces del Contrato Social representado por la Carta Política, se pueden sentar "principios limitadores que sirvieran como una esfera de protección frente a la inercia preventiva estatal, basada en intereses colectivos, del ius puniendo, sin por ello abandonar la pretensión preventiva de protección de los intereses personales a través de la pena, por cuanto ese cometido también aspira, a la postre a garantizar esferas de libertad individual."[295]

A pesar de la contundencia de aquellos argumentos, la tensión sigue estando allí debido a que los principios Constitucionales que definen tanto a los derechos del individuo, como las prerrogativas del Estado son demasiado generales y abstractos, por lo cual están supeditados a la interpretación que hagan los jueces a cada caso.

La respuesta Liberal a esta tensión entre prevención y garantías, esta dada en la democracia como lo establece Rawls, y es a partir de un acuerdo entre todas las partes contrapuestas (víctimas, autoridades y infractores a la ley) sobre las instituciones que han de regir la convivencia pública, basándose en la cooperación de las partes para ceder "libertades e intereses propios en aras de un orden estable que garantice la libertad de todos." [296] Para tal efecto se debe entender por ""democracia", una de las tantas formas de gobierno, en particular aquella en la cual

---

[295] ALCÁCER GUIRAO, Rafael. Op. Cit. Págs. 67 y 68

[296] Ibíd. Pág. 107

el poder no está en manos de uno o de unos cuantos sino de todos, o mejor dicho de la mayor parte, y como tal se contrapone a las formas autocráticas, como la monarquía y la oligarquía."[297]

La democracia a partir de la historia se ha convertido en un elemento crucial en el pensamiento liberal, pues con él se planteó un cambio en la concepción del hombre frente a la sociedad, en el cual el hombre es anterior al Estado, y el Estado solo es un instrumento de protección del hombre, y a pesar de existir la confianza de que hay derechos que limitan el poder del Estado, la mejor forma de garantizar que esos derechos no van a ser restringidos o eliminados por los gobernantes de manera pacífica es "la participación directa o indirecta de los ciudadanos, del mayor número de ciudadanos, en la formación de las leyes. Bajo este aspecto los derechos políticos son un complemento natural de los derechos de libertad y de los derechos civiles,...". De tal forma, que sin democracia, la única forma de defender los derechos y libertades frente al Estado sería el derecho natural de resistirse a la opresión.

Por tal razón se ha dicho que "la democracia participativa, en materia penal, se concreta en que todos los sectores de la sociedad tienen el derecho de intervenir en la formación de la voluntad estatal mediante la cual se seleccionan las relaciones que van a ser penalmente relevantes, se fijan penas y procedimientos y se señalan los mecanismo de control que han de emplearse para contrarrestar la delincuencia, los cuales no necesariamente se reducen a la pena, pues existen otros alternativos."[298] Y dentro de estos mecanismos se encuentran los indultos y las amnistías, pues éstas hacen parte de las alternativas de la justicia como lo explica el profesor Paul Gilbert:

[297] BOBBIO, Norberto. Liberalismo y democracia. Fondo de cultura económica. México. 2001. Pág. 7
[298] SUAREZ SANCHEZ. El debido proceso penal. Segunda Edición. Universidad Externado de Colombia. 2001. Pág. 53

"El perdón es la antítesis de condenación y depende por tanto a la racionalidad inmanente a la justicia; el perdón limita el juicio condenatorio, le quita la pretensión de ser la única manifestación de la justicia, completa la comprensión verdadera de ésta. Pero el fin de la justicia no es condenar sino equilibrar la relación entre las personas; (…)

…; corresponde entonces a la sociedad civil el proveer positivamente a esa falta estableciendo sus formas de justicia con vistas a restablecer el justo equilibrio de la sociedad."[299]

La democracia es pues la llamada, a hacer en virtud de un acuerdo colectivo y general a través de una institución democrática como el Congreso que representa al pueblo, precisiones sobre las garantías que el Estado no puede vulnerar, y hasta donde puede llegar el ius puniendo del Estado:

"Hay que ver la democracia dentro del derecho penal como una contrapartida de todas las formas de selección de conductas delictivas, de penas y de procedimientos de manera autocrática, pues ha de mirarse tal democracia como la gran limitante que tiene el Estado al establecer quién está autorizado para escoger los bienes jurídicos materia de tutela penal, las sanciones y los ritos que guíen y precedan la solución de un conflicto, así que tal competencia le corresponde ejercerla por exclusividad al pueblo soberano, de manera directa o a través de sus representantes, sin que le sea permitido renunciar a tal potestad, porque hacerlo implicaría abdicar a su esencia."[300]

---

[299] GILBERT SJ, Paul. Justicia e indulto. El Tiempo. Lecturas Fin de Semana. Sábado 16 de Octubre de 2004. Pág. 5
[300] SUAREZ SANCHEZ. Op. cid. Pág. 52

Pero ahora bien, sí la democracia es la encargada de dar respuesta a la discusión entre prevención y garantías, también deberá darle respuesta a la problemática entre pena y perdón como formas de justicia, cuyos efectos en la sociedad se ven teniendo en cuenta que "el fin de la justicia no es condenar sino equilibrar la relación entre personas; la condenación tiene como objeto restablecer el equilibrio social, y esto, sobre todo, mediante la imposición de multas o castigos. En ese contexto, el perdón, consistiría en mantener un desequilibrio o un desorden, de ahí el peligro que hace correr a la sociedad."[301] Así entonces cabría argumentar que la posibilidad de un perdón estaría dada por el argumento de la necesidad de la pena según el cual "la imposición de pena sólo sería necesaria cuando la impunidad del delincuente no pudiera asumirse por la población sin que se quebrantara su fidelidad al ordenamiento."[302]

La importancia del perdón al interior de una sociedad, por encima del castigo contenido al interior de la ley se explica de la siguiente manera:

"El primer papel de la ley es codificar las intenciones elementales nacidas de la conciencia humana razonable, para que esta conciencia, viviendo en sociedad, pueda permanecer recta en su naturaleza originaria. Rechazar la ley es rehusar a la libertad, el vivir según el ser excelente o la rectitud. Pero no la ley sola la que forma la conciencia; muy por el contrario, una conciencia limitada por la sola ley sería inmediatamente pervertida. (...) El perdón debe, por tanto, ser considerado como un acto de restauración de la libertad en su posibilidad de obediencia a la conciencia."[303]

[301] GILBERT SJ, Paul. Op. Cit.
[302] Ibíd. Pág. 78
[303] Op. Cit.

Entonces hay que tomar conciencia que "Tanto perdón como olvido son siempre procesos largos, tormentosos y atormentados, por eso su consecución se llama "duelo", es decir, que duele. Y lo son así no por disposición de la ley sino por constitución de la psiquis humana, y aquella no puede ni acortarlos ni menguarlos por decreto"[304], pero igualmente sigue siendo una posición y una decisión respetable, si se toma ese camino.

Otro de los argumentos para la paz se encuentra en una de las vertientes de la filosofía liberal, que es la doctrina utilitarista según la cual "el único criterio que debe inspirar al buen legislador es el de hacer leyes que tengan por efecto la mayor felicidad del mayor número. Lo que quiere decir que si deben existir límites al poder de los gobernantes, éstos no derivan de la presuposición ilusoria de inexistentes y de algún modo demostrables derechos naturales del hombre, sino de la consideración objetiva de que los hombres desean el placer y huyen del dolor, y por consiguiente la mejor sociedad es la que logra obtener el máximo de felicidad para el mayor número de sus componentes."[305] De esta forma, es aceptable que el pueblo colombiano a través de la democracia en Colombia decida el camino del indulto y la amnistía, como forma de felicidad de la mayoría con el fin de la guerra.

Aquí entonces, se estaría dando una posición democrática sobre el límite entre la prevención y las garantías sobre el asunto del conflicto armado; según lo cual se estaría obedeciendo a la filosofía liberal que inspira a la CPI, y que al mismo tiempo debe ser el sustento que guíe sus actuaciones. Por tanto, no sería coherente que la CPI los desconociera u obligara a un Estado a no observarlos. Igualmente, no le sería

---

[304] MELUK, Emilio. Para que perdón y olvido, importa el motivo. El Tiempo. Lecturas Fin de Semana. Sábado 16 de Octubre de 2004. Pág. 4
[305] BENTHAM citado por BOBBIO, Norberto. Op. Cit Pág. 69

reprochable a una Nación que opte por el perdón y olvido como formas de hacer justicia a través de una decisión democrática para conseguir la paz. En este sentido se presenta una de las mayores críticas al proceso de globalización y tiene que ver con que "La globalización es un proceso principalmente económico que ha ido imponiendo relaciones sistémicas en el mundo entero, al mismo tiempo que ha ido restándole atribuciones políticas a los estados nacionales. En este contexto, resulta cada vez más problemático el principio (o el derecho) de la participación democrática en las decisiones políticas."[306] Es decir que a partir del proceso de globalización, se pretende despojar del derecho a participar de los pueblos y defender sus derechos fundamentales, pues en el mundo se gestan otro tipo de interpretaciones que no tienen en cuenta los intereses de países mal llamados en desarrollo.

Por otra parte, si tenemos en cuenta la razón de ser de los indultos y las amnistías al interior de la filosofía liberal encontramos la institución del delincuente político. Esta figura toma mucha trascendencia en el contexto colombiano toda vez que el delito de rebelión pueda cubrir la situación de las guerrillas colombianas quienes se enfrentan con armas contra el gobierno para cambiar el régimen Constitucional y legal, por un orden más justo. Y por otra parte, también podría plantearse la posibilidad de vincular la actividad paramilitar dentro del delito de sedición, que es buscar por las armas suspender el régimen constitucional y legal vigente, que en el caso de los paramilitares podría configurarse entendiendo que estos grupos no buscan derrocar al gobierno, sino que simplemente buscan suspender el régimen constitucional y legal vigente, implantando el suyo propio a la población, a cambio de protección a los

---

[306] GIUSTI, Miguel. Derechos humanos en un contexto intercultural.
http://www.aulaintercultural.org/IMG/pdf/Miguel_Guisti.pdf

ataques guerrilleros en las zonas donde el Estado no hace presencia. Sin embargo, ni los unos ni los otros en la actualidad pueden considerarse como delitos políticos ante la falta del motivo altruista que hace parte esencial del delito político, pues como lo dice el profesor Eduardo Pizarro al referirse al conflicto armado colombiano "cuyos promotores no gozan de ninguna legitimidad y cuyas prácticas criminales -el uso indiscriminado de minas antipersonales, de asesinatos fuera de combate, la utilización de pipetas de gas contra la población civil, el secuestro como forma de financiamiento y un largo etcétera- los asimila con los grupos terroristas."[307] De esta manera, por la problemática que se presenta con los fines altruistas en los grupos guerrilleros y paramilitares en Colombia, se debe abordar una noción extensiva del delito político como se explicó en el punto 9.4, en la cual no solo se introduzca la noción clásica que se ha venido explicando, sino también la noción del que interviene en combate que se estatuye en el artículo 6.5 del protocolo II de los Convenios de Ginebra, con el objeto de producir en los acuerdos humanitarios las amnistías más amplias posibles, para terminar el conflicto. Así entonces, esta noción extensiva del delito político, reviviría la funcionalidad del concepto de delincuente político que por causa del desarrollo del conflicto armado colombiano se ha alejado en gran parte del concepto clásico según la cual, la filosofía liberal acepta la existencia del delincuente político en virtud de la admiración a los motivos nobles y altruistas que los mueven para lograr la reivindicación de la democracia y la justicia social, pilares esenciales de la filosofía liberal. De esta forma, se crea como una manera de respeto a la libertad de pensamiento, de quienes luchan por liberar a la comunidad de un régimen tirano, o de quienes quieren luchar en contra de un Gobierno para transformar a la sociedad hacia el bien. (el delincuente político es

---

[307] PIZARRO LEONGOMEZ, Eduardo. Op. Cit.

"pregonero de sociedades mejores que las que actualmente ven morir a unos para que otros pocos puedan seguir beneficiándose de holgura y opulencia. Matar por amor a la libertad, pero a la libertad completa. (…) La doctrina que exalta como heroico el brazo encargado de vengar a un pueblo víctima de explotaciones injustas, es, en el fondo, la misma que hoy llena de méritos y condecoraciones el pecho de los delincuentes políticos."[308]). Así pues, en la ideología liberal se hace un balance sobre dos principios bases como son el de proteger los derechos fundamentales a sus asociados de cualquier coerción y la protección de la legalidad institucional, frente al principio de reconocer un pensamiento diferente provisto de humanismo y progreso, con lo cual, se llega a la conclusión de la necesidad de un trato diferente y privilegiado[309] al delincuente político, frente al trato del delincuente común.

Ahora, volviendo a los grupos guerrilleros y paramilitares, no podemos negarles totalmente su carácter de actores políticos en Colombia, "Porque si bien los guerrilleros y los paramilitares son terroristas, no se circunscriben a eso. También es cierto que ambos grupos son narcotraficantes. Y tienen motivaciones políticas. Las Farc, cuyo origen es sin duda político, insisten en que quieren tomarse el poder y enarbolan una agenda de 10 reformas para el país. Los paramilitares cuentan con una sólida base social en ciertas regiones del país, tienen representación indirecta en el Congreso e hicieron una verdadera 'operación avispa armada' para controlar por medio del terror y la intimidación gran parte de los gobiernos locales en regiones

---

[308] PEREZ, Luis Carlos. Los Delitos Políticos. Págs. 22-23. Citado por [308] LUQUE ANGEL, Eduardo. Op. Cit. Pág. 29
[309] En todo caso, la ventana que tiene el delincuente político dentro de la democracia liberal no implica una aceptación absoluta, debido a que en primer lugar, si bien el delincuente político goza de unas ventajas al interior de la democracia, no implica, por sí su exoneración absoluta de su responsabilidad penal en la totalidad del los casos. Y esto se debe, a que en principio el delincuente político capturado por el Estado es sancionado, independientemente de que pueda ser objeto de ciertos
beneficios como son el derecho de asilo, el derecho a no ser extraditado, o el hecho de ser beneficiado por una ley de amnistía o un indulto.

como la Costa y los Llanos Orientales, entre otras."[310] Y precisamente por esa táctica del terror que desvirtúa los fines altruistas, es que la comunidad internacional los considera como delincuentes comunes y no como delincuentes políticos. Para evitar ese tipo de confrontaciones en esta tesis se plantea una definición extensiva del delincuente político como aquel que intervenga en un conflicto armado como lo define el artículo 6.5 del Protocolo II de los Convenios de Ginebra, reconociéndoles su carácter de combatiente y de actor político dentro del conflicto armado interno.

Y en este punto aprovecho para volver al tema del conflicto. Existen por lo general en todo conflicto social dos partes enfrentadas, una busca que las cosas cambien radicalmente y otra que pretenden que las condiciones se mantengan. En medio de esa lucha se produce el desarrollo y el progreso de todo grupo social. Sin embargo, cuando los canales de comunicación se rompen, el enfrentamiento se torna agresivo y cada una de las partes se encajona en su posición, interrumpiendo la comunicación y dejando que la fuerza sea la que defina la confrontación. De esta manera, surgen las luchas sociales que pueden ser pacíficas o pueden ser violentas de acuerdo con el manejo que se le de a cada conflicto.

En este punto se presenta la eterna lucha entre el organicismo y el individualismo. Según la "tradicional concepción orgánica de la sociedad privilegia a la armonía, la concordancia incluso impuesta, la subordinación regulada y controlada de las partes al todo, y condena el conflicto como elemento de desorden y disgregación social."[311] Por el contrario el individualismo aboga porque "el contraste entre el individuos y

---

[310] REVISTA SEMANA. Op. Cit.

[311] BOBBIO, Norberto. Op. Cit. Pág. 28

grupos en competencia (...) sea benéfico y sea una condición necesaria del progreso técnico y moral de la humanidad, el cual solamente emana de la contraposición de posiciones e intereses diferentes. Esta contraposición se puede efectuar en el debate de las ideas para buscar la verdad, en la competencia económica para la persecución del mayor bienestar social, en la lucha política para la selección de los mejores gobernantes."[312]

Al respecto del conflicto social necesario para el desarrollo de la sociedad se pronuncia Kant: "sin la insociabilidad todos los talentos permanecerían cerrados en sus gérmenes en una vida pastoral arcádica...; los hombres como las buenas ovejas llevadas a pastar, no daría algún valor a su existencia."[313]

En principio se debe determinar que las sociedades democráticas y liberales son un centro de tensiones que le son inherentes a su naturaleza. Se puede decir que el origen de las tensiones proviene del mismo pensamiento liberal, dentro del cual se generan una serie de problemas que se pueden clasificar en tres según el profesor Norberto Bobbio:

El primero tiene que ver con "la desproporción creciente entre el número de las demandas que provienen de la sociedad civil y la capacidad de respuesta del sistema político."[314] Este fenómeno lo explica el profesor Bobbio a partir del derecho de asociación, según el cual las personas tienen el derecho a reunirse y conformar grupos de presión para hacer "peticiones a los poderes públicos que pretenden ser

---

[312] Ibíd. Pág. 29
[313] Citado por BOBBIO, Op. Cit. Pág. 30
[314] BOBIO, Norberto. Op. Cit. Pág. 104

satisfechas en el menor tiempo posible"[315]. En el mismo sentido, a pesar de las presiones y demandas que hagan ciertas personas agrupadas, los procedimientos democráticos de los cuales dependen la toma de decisiones frenan y hacen inútiles que las decisiones se tomen a favor de un grupo por desfavorecer a otro. De esta manera, estas situaciones van en detrimento del consenso que favorece a la estabilidad.

El segundo tiene que ver con el deber del estado liberal de preservar la existencia de una sociedad pluralista, en medio de la cual "el conflicto de clase se multiplica por una variedad de conflictos corporativos menores, los intereses contrapuestos son muchos, donde no se pueden satisfacer a uno sin dañar a otro en una cadena sin fin."[316] Así pues, una sociedad más diversa promueve mucho más conflictos, lo que hace más difícil la función de dirimir las controversias entre los particulares, aquí pues, se produce la "fórmula sin contenido preciso que el interés de las partes debe estar subordinado a el interés colectivo. Generalmente, el único interés común al que obedecen las diversas partes en un gobierno democrático, en un gobierno en el que los partidos deben rendir cuentas a sus electores por las acciones realizadas, es el de satisfacer los intereses que procuran más consenso y son intereses parciales;"[317]

Por último, se dice que otro de los problemas que se presentan al interior de las sociedades democráticas trata de la existencia de varios centros de poder, entre los cuales se genera una especie de competencia que muchas veces hace que éstos entren en conflicto. El profesor explica este problema diciendo: "Una de las características de la sociedad democrática es la de tener muchos centros de poder (...) el poder es

---

[315] Ibid. Pág. 104
[316] Op Cid. Pág. 105
[317] Op. Cid. Págs. 105-106

más difuso en cuanto el gobierno de la sociedad está más regulado en todos sus niveles por procedimientos que admiten la participación, el disentimiento, y por tanto la proliferación de espacios en los que se toman decisiones colectivas."[318] Es lo que pasa por ejemplo entre las leyes del Congreso, y las sentencias de la Corte Constitucional.

Ante esta problemática los sistemas demo-liberales han optado por dos decisiones, o fortalecer el poder ejecutivo (régimen presidencial) frente al poder legislativo (regímenes parlamentarios), o limitar las decisiones que pueden ser tomadas por la regla de la mayoría, y esencialmente en lo que tiene que ver con las decisiones que afecten los derechos fundamentales.

Así pues, el promover la libertad e impulsar una cultura de tolerancia hacia las opiniones diversas, hacia las culturas diversas y hacia los seres diversos, hace parte esencial del pensamiento liberal, que promueve el desarrollo, y al mismo tiempo la convivencia pacífica; y esto se diferencia de los Estados autoritarios de porte estrictamente organicista, que promueven la opresión, frenan el desarrollo cultural e ideológico y fomentan los conflictos.

Por esta razón, impedir la evolución del conflicto social y la solución del conflicto armado de manera pacífica, va en contra de los postulados liberales, toda vez que siempre se acepta al conflicto desde la perspectiva liberal como parte estructural del desarrollo y evolución natural de toda sociedad. Y en caso de presentarse alguna discrepancia sobre los límites entre prevención y garantías debe ser definida por la

---

[318] Op. Cid. Pág. 106

democracia, instrumento creado para tomar las decisiones más importantes que incumban a toda la colectividad. Así entonces la CPI, debe ser igualmente coherente con el pensamiento liberal, en criterios de justicia.

9.2.3. El argumento de un derecho a la paz

Un último argumento, surge del hecho que el Estado Colombiano se rige bajo una Constitución en la cual se ha consagrado la protección de los derechos humanos y el respeto por el DIH, así que cualquier propósito de sustraer a los delincuentes de su responsabilidad es ajeno a la Carta. Sin embargo, la comunidad internacional debe igualmente comprender que en la Constitución Nacional esta consagrado un compromiso del Estado y del pueblo colombiano con la paz, por lo cual no puede obligar al Estado colombiano ni al Constituyente primario a no cumplir con su ordenamiento jurídico en lo correspondiente a lograr la paz. Al respecto, el Profesor Luis Alberto Gómez ha definido tal compromiso contenido en la Constitución:

"Desde el preámbulo, al cual nuestra Corte Constitucional le reconoce plena fuerza vinculante[319], se invoca la paz como unos de los propósitos esenciales que se pretenden asegurar a todos los asociados, junto con otros tales como la vida, la

---

[319] Corte Constitucional, sentencia C-479 de agosto 6 de 1992. "...Esta Corte, por el contrario, estima indispensable reivindicar la concepción jurídica según la cual el derecho no se agota en las normas y, por ende, el Constitucional no está circunscrito al limitado campo de los artículos que integran una Carta Política. El preámbulo de la Constitución incorpora, mucho mas allá de un simple mandato específico, los fines hacia los cuales tiende el ordenamiento jurídico; los principios que inspiran al Constituyente para diseñar de una determinada manera la estructura fundamental del Estado; la motivación política de toda la normatividad; los valores que esa Constitución aspira a realizar y que trasciende la pura literalidad de sus artículos..."

convivencia, el trabajo, la justicia, la igualdad, el conocimiento y la libertad. En consonancia con éste, en el artículo 2º se incorpora la convivencia pacífica como un principio esencial a promover por parte del Estado como fin primordial. De esta manera, la paz aparece como valor y como un principio. En el primer aspecto, sumado a otros, integra un catálogo axiológico a partir del cual se deriva el sentido y la finalidad de las demás normas del ordenamiento jurídico; en el segundo aspecto, constituye una prescripción jurídica general "que supone una delimitación política y axiológica reconocida y, en consecuencia, restringen el espacio de interpretación, lo cual hace de ellos normas de aplicación inmediata, tanto por el legislador como por el juez constitucional..."[320]

Pero además y de manera especial, en el artículo 22 de la Constitución se consagró, dentro de los derechos fundamentales o de primera generación[321] , que "La paz es un derecho y un deber de obligatorio cumplimiento".

(...)

La paz como derecho no es simplemente la ausencia de guerra o la conjuración policiva a las situaciones que afectan la seguridad y la tranquilidad nacional sino que se conciben como el respeto efectivo a los derechos humanos, de tal forma que "cuando la dignidad humana es atropellada por la violencia o el terror, se está dentro de una situación de guerra contra lo más sagrado e inviolable del hombre. No puede haber paz mientras a nuestro alrededor quienes asesinan, secuestran o hacen desaparecer..."[322]

---

[320] Corte Constitucional, Sentencia de junio 5 de 1992, T-406.
[321] La comisión codificadora de la Asamblea Constituyente utilizó la clasificación de los derechos por generación, para incorporarlos en el texto constitucional. De esta manera, los tres primero capítulos del título segundo sobre DERECHOS, GARANTIAS Y DEBERES consagran los derechos fundamentales, los económicos, sociales y culturales y los colectivos y del ambiente.
[322] Corte Constitucional, sentencia T-102 de marzo 10 de 1993.

Teniendo en cuenta su carácter de derecho pero al mismo tiempo de principio constitucional, el derecho a la paz adopta múltiples formas de tal manera que oscila entre el estatus positivo y el negativo, pues en ocasiones, permite garantizarse a través de la inacción del Estado y en otras, se esgrime como instrumento para exigir el cumplimiento de una obligación de hacer. Desde el punto de vista individual, permite que cada miembro de la sociedad pueda exigir el derecho de vivir en una sociedad que excluya la violencia como mecanismo de solución de conflictos, el poder denunciar la violación a los derechos humanos y en general, a estar protegido contra los abusos y arbitrariedades de las autoridades o de otros particulares."[323]

Igualmente, argumentó la Corte Constitucional sobre la existencia del derecho a la paz en la Constitución Nacional al momento de analizar la posibilidad de un indulto o una amnistía a la luz de la CPI:

"En primer lugar, la Corte constata que la paz ocupa un lugar principalísimo en el orden de valores protegidos por la Constitución. Dentro del espíritu de que la Carta Política tuviera la vocación de ser un tratado de paz, la Asamblea Constituyente protegió el valor de la paz de diferentes maneras en varias disposiciones. Por ejemplo, en el Preámbulo la paz figura como un fin que orientó al constituyente en la elaboración de toda la Constitución. En el artículo 2 dicho propósito nacional cardinal se concreta en un fin esencial del Estado consistente en "asegurar la convivencia pacífica y la vigencia de un orden justo". Además, el artículo 22 va más lejos al establecer que "la paz es un derecho y un deber de obligatorio cumplimiento". Dentro de los múltiples instrumentos para facilitar el logro de la paz, la Constitución reguló procedimientos de resolución institucional de los conflictos y de protección efectiva de los derechos fundamentales, como la acción de tutela (artículo 86 CP.). Además,

---

[323] GOMEZ ARAUJO, Luis Alberto. Conferencia dictada en la Universidad Johannes Gutenberg de Mainz, Alemania. Junio 5 de 2002

sin circunscribirse a un proceso de paz, la Constitución permite que "por graves motivos de conveniencia pública" se concedan amnistías o indultos por delitos políticos y estableció requisitos claros para que ello se ajuste a la Carta, dentro de los cuales se destacan que (i) el órgano que los concede sea el Congreso de la República donde concurren las diversas fuerzas políticas que representan a la Nación, (ii) que la decisión correspondiente sea adoptada por una mayoría calificada de los dos tercios de los votos de los miembros de una y otra cámara, (iii) que los delitos objeto de estos beneficios pertenezcan a la categoría de "delitos políticos" y (iv) que en caso de que los favorecidos fueren eximidos de la responsabilidad civil respecto de particulares, "el Estado quedará obligado a las indemnizaciones a que hubiere lugar" (artículo 150, numeral 17, CP). Además, corresponde al gobierno en relación con la rama judicial conceder los indultos por delitos políticos, con arreglo a la ley e informar al Congreso sobre el ejercicio de esta facultad (artículo 201, numeral 2, CP)"[324]

En virtud de este compromiso del Estado colombiano con la paz, y dada una decisión democrática a favor de un indulto o una amnistía para personas que hayan cometido los crímenes de competencia de la Corte que según las reglas del derecho internacional no se puedan exonerar al Estado de su deber de penalización sobre estas personas, se puede argumentar la viabilidad de la validez del indulto y la amnistía desde el punto del derecho internacional en una excepción del principio pacta sun servanda por la imposibilidad moral o carga excesiva según el cual se puede suspender el cumplimiento de un tratado "cuando su ejecución puede poner en peligro la existencia misma del Estado"[325], pues el conflicto en sí mismo implica

---

[324] CORTE CONSTITUCIONAL. Sentencia C-578 de Julio 30 de 2002. Op. Cit.
[325] GAVIRIA LIEVANO, Enrique. Derecho internacional público. 5 Edición. Temis Bogotá. 1998. Pág. 35

peligro para la existencia del Estado, porque socava la legitimidad del Estado, la protección de los derechos humanos y el derecho de toda la población de vivir en paz. Lo anterior, debe igualmente estar   apoyado con el contenido del artículo 6.5 del Protocolo II Adicional a los Convenios de Ginebra de 1949 que dispone:

"Artículo 6. Diligencias Penales. (...)

"6.5. A la cesación de hostilidades, las autoridades en el poder procurarán conceder la amnistía más amplia posible a las personas que hayan tomado parte en el conflicto armado o que se encuentren privadas de la libertad, internadas o detenidas por motivos relacionados con el conflicto armado"

9.2.4. Un argumento al interior de la teoría Constitucional

En la teoría Constitucional se ha venido planteando una tesis sobre la posibilidad de analizar la constitucionalidad de fondo de los actos legislativos. La teoría ya ha sido avalada por la Corte Constitucional en uno de sus fallos.

En un artículo publicado por el ex presidente Alfonso López Michelsen, este ilustre personaje de la política nacional se tomó el trabajo de demostrar la aplicación de esta teoría en el campo nacional. El Doctor López lo explica de la siguiente manera:

Según nuestra Corte Constitucional, la constitucionalidad de fondo es "el presupuesto del procedimiento." Lo ratificó en el fallo sobre el Estatuto Antiterrorista (Sentencia C-816, del 2004). Dijo: "La Corte reitera que, conforme a lo señalado en la Sentencia C-551 del 2003, corresponde a esta corporación examinar la constitucionalidad de las reformas constitucionales no solo por vicios de trámite sino también por un eventual desbordamiento de las competencias del poder de reforma." La sentencia del 2003, a que hace referencia, dictaminó, a propósito del referendo, que "los vicios de procedimiento en la formación de la ley no impiden realizar un control de fondo sobre el contenido material de las reformas constitucionales."

Veamos a Loewenstein: El intento de una tipología de las disposiciones articuladas de intangibilidad podría intentarse de las siguiente manera: 1 La protección de la forma republicana de gobierno frente a la restauración monárquica. 2. la prohibición que se encuentra no pocas veces en Iberoamérica de reelegir al Presidente tras uno o también tras dos periodos de mandato en el encargo presidencial. Con ello se debería evitar que el Presidente, disponiendo sobre el aparato del poder estatal, se enraíce en el poder y se convierta en Dictador. 3. La prohibición de modificar la forma democrática de gobierno. 4. En el mismo capítulo caen también las prohibiciones de modificar los derechos fundamentales."

¿Y cuáles son esos derechos fundamentales?

"Aquí hay que distinguir, por lo pronto, dos situaciones de hecho: por una parte, medidas para proteger concretas instituciones constitucionales –intangibilidad articulada- y, por otra parte, aquellas que sirven para garantizar determinados valores fundamentales de la Constitución, que no deben estar necesariamente expresados en disposiciones o en instituciones concretas, sino que rigen como 'implícitos', 'inmanentes' o 'inherentes' en la Constitución.

"Construyendo un caso extremo, ¿sería inconstitucional si el legislador constitucional hiciese una excepción formal del principio de igualdad –insertando en dicho artículo un párrafo- al establecer que dicho principio no regiría para los pelirrojos? Una norma constitucional de este tipo estaría tan en contradicción con el principio de igualdad y contra los sentimientos de la abrumadora mayoría del pueblo –y, por descontado, de los pelirrojos-, que en este caso habría que hablar de una anticonstitucionalidad de prima facie".

Es lo mismo que dice el ex magistrado José Gregorio Hernández, cuando afirma: El poder de reforma esta limitado por elementos que no por tácitos dejan de estar presentes en el alma misma de la Constitución. Así, no se requiere meditar mucho para saber que, aunque el Congreso cumpla a milímetro todos los requisitos procesales de una reforma constitucional, viola la Constitución y excede su competencia si esa reforma implica, por ejemplo, el cambio de la forma democrática del Gobierno, la eliminación del Estado Social de Derecho, la supresión de las garantías básicas o la negación de los derechos humanos, todos ellos componentes esenciales del ordenamiento, que en consecuencia no pueden ser tocados por un Acto Legislativo."[326]

Sin embargo, esta argumentación del ex presidente López no deja de tener críticas. El profesor Eduardo Pizarro Leongómez advierte que la teoría que expone López es contradictoria pues no se puede argumentar la defensa de la Constitución desconociendo su articulado y en este caso el artículo 241 de la Constitución que dispone "A la Corte Constitucional se le confía la guarda de la integridad y supremacía de la Constitución, en los estrictos y precisos términos de este artículo 1. Decidir sobre las demandas de insconstitucionalidad que promuevan los ciudadanos contra los actos reformatorios de la Constitución, cualquiera que sea su origen, sólo por vicios de procedimiento en su formación." A partir, del texto fundamental el profesor Pizarro expone que "en ninguna parte autorizaron a la Corte para invocar vicios de contenido. Hacerlo, constituye un golpe contra la institucionalidad del

---

[326] LOPEZ MICHELSEN, Alfonso. ¿Hay o no conflicto armado en Colombia? Op. Cit.

país."[327] Para el profesor Pizarro el referente que trae López no puede ser aplicado en Colombia, pues al venir de Alemania donde "el pueblo alemán, horrorizado por el holocausto nazi, creo una serie de herramientas jurídicas para evitar un regreso al pasado."[328] Dice al mismo tiempo que el importar esta tesis en el país, lo que se va a ocasionar es un conflicto institucional cuando se le de a la Corte la facultad de definir que es reformable y que no, y que de igual manera, no debería proponerse sustituir el Congreso conformado por miembros que representan diferentes grupos sociales del país y que son elegidos a través del voto, por nueve magistrados.[329]

Sin embargo, para el mismo profesor Pizarro que no es partidario de la teoría del control constitucional material sobre los Actos Legislativos, no deja de ser "atractivo sostener que la Corte –en defensa del espíritu de la Constitución de 1991- se pueda oponer a la pena de muerte o a la instauración de un régimen de apartheid"[330], pero a pesar de ello no deja de interrogar por los límites de esta teoría, que en la doctrina alemana no los dejan al arbitrio del Tribunal constitucional, sino que se encuentran establecidos "lo que no se puede cambiar: la democracia política y la sociedad multirracial."[331]

De esta forma, queda planteada la discusión al interior de la doctrina, que para nada es ajena a las tensiones que ha provocado la Corte Constitucional que después de

---

[327] PIZARRO LEONGÓMEZ, Eduardo. Vicios de fondo. El Tiempo. Lunes 11 de Abril de 2005. pág. 1-17
[328] Ibíd.
[329] Ver Op. Cit.
[330] Op. Cit
[331] Ibíd.

haber mantenido una línea jurisprudencial[332] donde establecía que su competencia en la revisión de actos legislativos solo se restringía a las formalidades exigidas en la Constitución y la Ley orgánica que define el funcionamiento del Congreso (Ley 58 de 1992), según lo ordena el artículo 241 de la Carta política. En estas ocasiones la Corte Constitucional afirmaba lo siguiente:

> "A la Corte se le ha asignado el control de los Actos Legislativos, pero únicamente por vicios de procedimiento en su formación, es decir, por violación del trámite exigido para su aprobación por la Constitución y el Reglamento del Congreso. El control constitucional recae entonces sobre el procedimiento de reforma y no sobre el contenido material del acto reformatorio."[333]

Pero tal línea jurisprudencial de la Corte se vino abajo a partir de un fallo de la misma Corte en la sentencia C-551 de 2003, en la cual la Corte dice que el control constitucional que ella ejerce sobre los Actos Legislativos no sólo se limitan al estudio formal del Acto, sino que también incluye el estudio sobre la competencia del legislador como constituyente derivado en su facultad de reformar la Carta, que no le permite por esto reformarla o sustituirla por otra, lo que se encuentra por fuera de su competencia. En este nuevo análisis que debe realizar la Corte Constitucional sobre los Actos Legislativos consiste según esta corporación en lo siguiente:

> "Para saber si el poder de reforma, incluido el caso del referendo, incurrió en un vicio de competencia, el juez constitucional debe analizar si la carta fue o no sustituida por

---

[332] Sentencias: C-544 de 1992, C-387 de 1997, C-543 de 1998, C-487 de 2002 y C-614 de 2002, Ver CERRA JIMENEZ, Luis Eduardo. La Constitución no es el límite impugnación de actos legislativos los límites del poder constituyente. Revista de derecho 22. Ediciones Uninorte. Quebecor. World Bogotá S.A. Bogotá. 2004. págs. 105-136

[333] Sentencia C-543 de 1998. Citado por CERRA JIMENEZ, Luis Eduardo. Op. Cit. Pág. 114-115

otra, para lo cual es necesario tener en cuenta los principios y valores que la Constitución contiene, y aquellos que surgen del bloque de constitucionalidad."[334]

Pero la Corte hace una aclaración sobre ese análisis, indicando que el mismo no comprende el "revisar el contenido mismo de la reforma comparando un artículo del texto reformatorio con una regla, norma o principio constitucional"[335] pues esto equivale a hacer un control material, lo cual no le es permitido.

Así entonces, la Sentencia C-551 de 2003 estableció tres principios fundamentales: En primera instancia, se aclaró que el control constitucional de un Acto Legislativo que reforma la Constitución "no excluye el estudio de los eventuales vicios de competencia."[336] En segundo lugar, se dejo bien claro "que toda Constitución Democrática, aunque no contenga expresamente cláusulas pétreas, impone límites materiales al poder de reforma del constituyente derivado, por ser éste un poder constituido y no el poder constituyente originario."[337] Y por último dispuso la Corte que "el poder de reforma puede modificar cualquier disposición del texto vigente, pero sin que tales reformas supongan la supresión de la Constitución vigente"[338] pues la única forma de reformar la Constitución según el artículo 374 superior, es a través de una Asamblea Constituyente.

---

[334] CORTE CONSTITUCIONAL, Sentencia C551-2003. Citado por CERRA JIMENEZ, Luis Eduardo. Op. Cit. Pág. 112-113
[335] Ibíd.
[336] Op. Cit. Pág. 117
[337] Op. Cit. Pág. 117
[338] Op. Cit. Pág. 119

Pero estando claro el nuevo concepto de la Corte, surge una nueva contradicción a través de una sentencia posterior de la misma corporación, la sentencia C-1200 de 2003 en la cual se analizó el acto legislativo 03 de 2002 en el cual se le dieron las facultades extraordinarias al Presidente de la República para proferir las normas legales necesarias para la implementación del sistema penal acusatorio. En esa ocasión se debatió sobre el quebrantamiento del principio de separación de poderes, a lo cual la Corte respondió diciendo que "Los principios fundamentales o definitorios de una Constitución son relevantes para establecer el perfil básico de dicha Constitución, pero no son intocables en sí mismos aisladamente considerados"[339] además, la Corte definió el término sustitución como el cambio material que conlleva a que la Constitución (…) deje de ser idéntica a la que era antes del cambio y a condición de que éste (…) sea de tal magnitud y trascendencia material que transforme a la Constitución modificada en una Constitución completamente distinta."[340] De igual forma, argumentó la Corte "En la sustitución no hay contradicción entre una norma otra sino transformación de una forma de organización política en otra opuesta."[341] Pero al mismo tiempo que la Corte dijo esto, en la misma sentencia estableció que para que un ciudadano pudiese demandar un Acto Legislativo le queda "[342]la carga argumental de demostrar que realmente se trata de una sustitución."

Esta nueva sentencia provocó reacciones en el ámbito jurídico y entre ellas la del Profesor José Gregorio Hernández Galindo, ex magistrado de la Corte quien dijo "…

---

[339] Op. Cit. Pág. 120
[340] Op. Cit. Pág. 120
[341] Op. Cit. Pág. 120
[342] Op. Cit. Pág. 121

a nuestro juicio, so pretexto de hacer precisiones respecto al alcance de su propia competencia, retrocedió en el trascendental punto, como si, tras el fallo anterior, que "mataba el tigre", hubiese 'asustado con el cuero'"[343]

En gala de esta discusión quiero resaltar la posición del profesor Luis Eduardo Cierra a quien vengo citando, según el cual sí es necesario el control constitucional sobre los Actos Legislativos que reformen la Constitución, pues si bien es cierto que no existen artículos irreformables en la Carta Política hay tres razones según el autor – las cuales comparto- por las cuales se debe realizar el Control constitucional sobre los Actos Legislativos: La primera tiene que ver con que "hay valores, o cuando menos un valor alcanzado por la sociedad, así sea implícito o tácito, que de acuerdo con su experiencia histórica, su cultura e ideología toma como paradigma y garantía de no retroceso."[344] La segunda razón es que los Actos Legislativos que reformen la Constitución pueden afectar derechos fundamentales establecidos en la Carta y en los Convenios Internacionales ratificados por Colombia, y no existe otro organismo competente ni nacional o internacional que la Corte Constitucional para velar por la intangibilidad de estos derechos, frente a los Actos Reformatorios de Carta Superior.[345] Y por último, según el artículo 93 de la Constitución existen derechos humanos que no se encuentran reconocidos por la Carta ni por los Convenios Internacionales, pero que se le dan igual protección que los que sí se encuentran consagrados puesto los derechos humanos no son taxativos, que de igual manera, el único órgano nacional o internacional que podría defender la

---

[343] Columna en el periódico El Heraldo, 5 de julio de 2004, citado por CERRA JIMENEZ, Luis Eduardo. Op. Cit. Pág. 122
[344] CERRA JIMENEZ, Luis Eduardo. Op. Cit. Pág. 112
[345] Ver Op. Cit. Páginas 122-126

intangibilidad de tales derechos frente a los Actos de reforma de la Carta es la Corte Constitucional. Y aquí es donde llega nuevamente el argumento de la Paz como derecho colectivo necesario para alcanzar el proyecto de un Estado Social de Derecho, lo cual permite al mismo tiempo ubicar en el campo de la ponderación de principios constitucionales la adopción de una política criminal, que es un asunto interno de cada Estado, que puede mirarse desde una perspectiva punitiva –basada en la imposición de una pena-, o desde una perspectiva fundamentada en el perdón, una vez claro esta se respeten los derechos de las víctimas de verdad, justicia y reparación, como se explicó en los puntos 9.4, 10.2.2, 10.2.3 y lo que se explicará al final del punto que se esta tratando de este trabajo.

Dentro de todo este debate cabe aclarar dos aspectos muy importantes en lo que tiene que ver con la estructura de nuestra Constitución. El primero hace referencia a que nuestra Constitución es del tipo Programático, es decir que el aspecto ideológico y filosófico prevalecen sobre las normas que tratan sobre la organización del Estado, partiendo del concepto de Estado social de derecho, en el cual todas las instituciones del Estado están obligadas a hacer prevalecer la justicia social. El profesor Vladimiro Naranjo Meza explica esta característica de una Constitución de la siguiente manera:

"Teniendo en cuenta su contenido ideológico, las constituciones pueden clasificarse también en programáticas y utilitaristas o neutrales. Las primeras son aquellas en las que el aspecto ideológico es preponderante en su estructura; contienen un programa ideológico muy definido y de vasta proyección. Las segundas son aquellas que se pueden considerar ideológicamente neutrales o meramente utilitarias, por cuanto en ellas el énfasis recae en la organización mecánica del funcionamiento del poder en el Estado."[346]

Y en segundo aspecto sobre la teoría Constitucional hace referencia a que nuestra Constitución es del tipo Nominal, es decir que su contenido no guarda una concordancia entre el derecho y la realidad, y su fin primordial es educar, a diferencia de una Constitución normativa en la cual sus normas dominan el proceso político, es decir que se cumple casi en su totalidad y no es letra muerta, porque gran parte de la realidad se adapta al derecho. Así lo señal el Profesor Vladimiro Naranjo:

"La Constitución nominal implica que los presupuestos sociales y económicos existentes –por ejemplo la carencia de educación en general y de educación política en particular, la inexistencia de una clase media independiente, los problemas derivados de la condición de subdesarrollo de un país y otros factores-, operan en el momento actual contra una concordancia absoluta entre las normas constitucionales y la práctica del ejercicio del poder. Pero existe, supuestamente, un deseo, una buena voluntad de parte tanto de los detentadores del poder como de sus destinatarios, de que tarde o temprano la realidad del proceso del poder habrá que corresponder al modelo establecido en la Constitución. Así, la función primaria de la Constitución nominal es, como dice el autor citado, educativa...."[347]

---

[346] NARANJO MEZA, Vladimiro. Op. Cit. Pág. 326-327
[347] Ibíd. Pág 329

A partir de estas dos aclaraciones de la teoría constitucional, y con el argumento de López, es posible exponer que nuestra Constitución Nacional busca educar a la sociedad colombiana a través de principios del deber ser hacia una sociedad mejor, fundamentada en los principios básicos del Estado Social de Derecho, de la Democracia Participativa, del respeto a la Dignidad humana, del pluralismo y dentro de todos los principios se establece el principio de la necesidad de la paz, como uno de los presupuestos fundamentales para alcanzar los otros anteriores, puesto que la guerra amenaza la consecución del establecimiento de un Estado Social de Derecho, de alcanzar el respeto por la dignidad humana, de establecer una Democracia Participativa y Pluralista.

De esta forma, muy a pesar de la CPI y sus fines que no son otra cosa que un instrumento para afianzar los Estados Constitucionales y la democracia liberal[348], no puede suprimir los principios fundamentales que rigen los Estados Constitucionales ni las consecuencias que originan las democracias liberales, pues la CPI no es un fin en sí misma, sino un instrumento para defender tales instituciones, de lo contrario estaría interfiriendo en los asuntos internos de un Estado, al agredir la independencia política de un Estado de alcanzar su proyecto político –alcanzar la paz en su territorio-, algo para lo cual no esta instituida la CPI y así quedó contemplado en el preámbulo del Estatuto de Roma.[349] Lo anterior tiene base en el hecho que de

---

[348] ver VILLANUEVA MESA, Javier Antonio; ZULETA CANO, José Abad. Jurisdicción Penal Internacional. Librería jurídica Sánchez R. Ltda. Medellín. 2001. pág. 70

[349] Reafirmando los propósitos y principios de la Carta de Naciones Unidas y, en particular, que los Estados se abstendrán de recurrir a la amenaza o al uso de la fuerza contra la integridad territorial o la independencia política de cualquier Estado o en cualquier otra forma incompatible con los propósitos de las Naciones Unidas.

garantizarse los derechos fundamentales de las víctimas, el deber de penalización del Estado sobre las conductas estaría a cargo de la política criminal del Estado definida por una decisión democrática que estableciera la posición política del Estado frente a la prevención y las garantías en el contexto de un acuerdo de paz, cosa que quedaría como un asunto interno del Estado.

Así entonces, el derecho a la Paz como se dijo en el punto 9.2.3., es un principio que orienta la consecución de los fines del Estado, y que según el argumento de López en el cual cito al ex magistrado José Gregorio Hernández, quien manifestó que hay límites en la facultad de reforma de la Constitución por principios que por ser tácitos no dejan de existir. Así entonces, la reforma Constitucional que incluyó al Estatuto de Roma como parte del ordenamiento jurídico colombiano, no pudo haber suprimido el derecho colectivo a la paz, porque es un clamor de toda la sociedad Colombiana, y porque es la expresión de un interés general de un pueblo –el colombiano-, por tal motivo, cualquier aplicación del Estatuto de Roma que conduzca a obstruir un acuerdo de paz, es rechazado por el mismo espíritu de la constitución Nacional, y lo cual configura una excepción del principio pacta sun servanda por la imposibilidad moral o carga excesiva según el cual se puede suspender el cumplimiento de un tratado "cuando su ejecución puede poner en peligro la existencia misma del Estado"[350], desde esta perspectiva, no le es dado a la comunidad internacional imponerle una carga moral a la sociedad colombiana de no encontrar acuerdos humanitarios que terminen la guerra.

Destacando, en este contexto, que nada de lo dispuesto en el presente Estatuto deberá entenderse en el sentido de que autorice a un Estado Parte a intervenir en una situación de conflicto armado en los asuntos internos de otro Estado,

[350] GAVIRIA LIEVANO, Enrique. Op. Cit. Pág. 35

Igualmente desde esta perspectiva, se puede citar como inválida cualquier interpretación o disposición del Estatuto de Roma que obstaculice un proceso de paz con los grupos insurgentes colombianos por violación de una norma de importancia fundamental en el derecho interno, teniendo como fundamento el artículo 46 de la Convención de Viena, que dispone:

Disposiciones de derecho interno concernientes a la competencia para celebrar tratados

1. El hecho de que el consentimiento de un Estado en obligarse por un tratado haya sido manifestado en violación de una disposición de su derecho interno concerniente a la competencia para celebrar tratados, no podrá ser alegado por dicho Estado como vicio de consentimiento, a menos que esa violación sea manifiesta y afecte a una norma de importancia fundamental de su derecho interno.

2. Una violación es manifiesta si resulta objetivamente evidente para cualquier Estado que proceda en la materia conforme a la práctica usual y de buena fe.

Lo anterior aunado con los contenidos del artículo 6.5 del Protocolo II Adicional a los Convenios de Ginebra de 1949[351], del artículo 16 del Estatuto de Roma[352], y del

---

[351] "6.5. A la cesación de hostilidades, las autoridades en el poder procurarán conceder la amnistía más amplia posible a las personas que hayan tomado parte en el conflicto armado o que se encuentren privadas de la libertad, internadas o detenidas por motivos relacionados con el conflicto armado"

[352] En caso de que el Consejo de Seguridad, de conformidad con una resolución aprobada con arreglo a lo dispuesto en el Capítulo VII de la Carta de las Naciones Unidas, pide a la Corte que suspenda por un plazo que no podrá exceder de doce meses la investigación o el enjuiciamiento que haya iniciado, la Corte procederá a esa suspensión; la petición podrá ser renovada por el Consejo de Seguridad en las mismas condiciones.

artículo 53.1. Literal c del mismo estatuto[353], que dan más fuerza al argumento de la necesidad del derecho a la paz en Colombia.

Por otra parte, se debe argumentar que el proyecto de establecer una sociedad democrática, incluye todos los instrumentos necesarios para logra las condiciones que la hagan sostenible y perdurable, por ser esta forma de organización la más equitativa e incluyente; por tanto, lograr la paz se constituye sin lugar a dudas en una de esas condiciones para hacer sostenible y perdurable la sociedad democrática, que se caracteriza precisamente por sustituir los medios de presión a base de fuerza, afianzando en su lugar los acuerdos basados en el consenso y la libertad de los individuos que la componen. Siendo esto así, si las partes inicialmente enfrentadas conciben un acuerdo para establecer las condiciones necesarias para hacer sostenible una sociedad democrática de acuerdo con las circunstancias concretas de un Estado, y si dentro de esas condiciones se encuentra una justicia del perdón, este proyecto, antes que anteponerse a los fines de la CPI, va acorde con los fines que la fundamentan, que es evitar la comisión de crímenes aberrantes hacia un futuro, evitando más sufrimiento hacia un futuro, y garantizando la Paz y la Seguridad de la humanidad.

---

[353] El Fiscal, después de evaluar la información de que disponga, iniciará una investigación a menos que determine que no existe fundamento razonable para proceder a ella con arreglo al presente Estatuto. Al decidir si ha de iniciar una investigación, el Fiscal tendrá en cuenta si:
c) Existen razones sustanciales para creer que, aun teniendo en cuenta la gravedad del crimen y los intereses de las víctimas, una investigación no redundaría en interés de la justicia.

10. CONCLUSIÓN

Concluida esta investigación es menester manifestar que el camino para que Colombia alcance una paz seria y duradera es difícil y tortuoso. En primera instancia las condiciones de vida que se presentan en la sociedad colombiana generan por sí una violencia estructural que se transforma en un conflicto inducido, pues las diferencias socioculturales (en trabajo, en acceso a la educación, en calidad de vida, en nivel de ingresos) siguen creciendo. La economía colombiana y el Estado Colombiano hacen muy poco para aminorar las diferencias, y en muchas circunstancias las fomentan a través de culturas excluyentes como la corrupción.

Mientras estas condiciones sociales se mantengan no habrá forma de aminorar la violencia que se encuentra arraigada en el pueblo colombiano, que se transforma y se manifiesta ya sea a través de la subversión, a través del paramilitarismo, de la delincuencia común e incluso a través de la arbitrariedad del Estado. Todos los grupos tienen un ideal de lucha diferente que constituyen las causas subjetivas del conflicto, pero lo que realmente existe es un resentimiento social por las condiciones de vida en que se encuentra la sociedad colombiana y que los impulsa a luchar para tener mejores condiciones de vida (causas objetivas del conflicto).

En este orden de ideas, sufrimos desde hace tantos años un conflicto armado cuyos rigores los sufren combatientes y no combatientes, los diferentes estratos sociales ya sea directa (cuando somos agredidos en nuestros derechos) o indirectamente (cuando nuestros ingresos se reducen, porque se necesitan más recursos para la guerra), así entonces, sufren familiares, conocidos, amigos y enemigos, todos y no se escapa nadie. Nos hemos pasado la historia luchando, sin entender que nuestro principal enemigo es el hambre y una cultura del mal trato que nos destruye el sentimiento humano de reconocer a nuestro prójimo como ser humano, que siente y piensa al igual que yo. Decían los profesores rusos J. Arch Getty; y Oleg Naumov, en su libro La Lógica del Terror citando a H. R. Trevor-Roper:

"Los tiranos pueden ordenar grandes masacres, pero son los pueblos quienes las llevan a cabo… Más adelante, cuando cambia el estado de ánimo, o cuando la presión social, tras la sangría, se aplaca, el pueblo anónimo se escabulle, dejando la responsabilidad a los predicadores, los teóricos y los gobernantes que exigieron, impusieron y ordenaron la comisión de los actos."[354]

El conflicto lo genera el pueblo, y en el pueblo en general es donde se encuentra el conflicto, así que podrán pasar muchos gobernantes y muchas leyes y constituciones, pero si el pueblo no cambia su forma de pensar y de sentir, el conflicto sigue estando ahí.

Este trabajo ha demostrado que sí existen mecanismos y argumentos para la paz, pero que al mismo tiempo hay grandes argumentos y obstáculos para conseguirla. Lo que se requiere es la actitud del pueblo colombiano para escoger cuál de los dos caminos se quiere coger.

---

[354] GETTY, J. Arch; NAUMOV, Oleg. V. OP. Cit. Pág. 28

En primera instancia se mostró como nuestro ordenamiento jurídico esta dotado de muchos mecanismos para la protección de los derechos humanos. Incluso antes de creación de la Corte Penal Internacional, la Constitución representa una Carta Magna para la protección de derechos fundamentales, sin embargo, nos ha costado mucho a la población colombiana asimilar el cambio de un Estado de derecho a un Estado Social de Derecho, donde la dignidad humana representa el fin de la estructura gubernamental.

La cantidad de instrumentos internacionales ratificados por Colombia para la protección de los derechos humanos han ampliado aún más el margen de interpretación y de aplicación de los derechos humanos, pero por si fuera poco, la ratificación que hace el Estado colombiano de otros tratados internacionales en donde se acepta la competencia de tribunales internacionales ya sea de carácter suplementaria como es la Corte Interamericana de Derechos Humanos o de carácter complementaria como la Corte Penal Internacional, han afianzado aún más la protección de los derechos humanos de los individuos y han puesto aún más en relieve las obligaciones del Estado frente al mismo.

En medio de estas circunstancias benéficas para el individuo se levanta un problema frente a la solución de conflictos internos de los Estados. Los deberes a que se han hecho cargo los Estados a través de los convenios internacionales, y los derechos recubiertos de las personas, han llegado a plantear una teoría que se opone totalmente al deseo de una nación de recuperar su estado de paz.

El deber que le ha impuesto la comunidad internacional al Estado de sancionar las graves violaciones a los Derechos Humanos y al DIH, y el deber de respetar los derechos de las víctimas se contraponen con el deseo de los grupos enfrentados ilegales de reinsertarse a la vida civil y permitir que la sociedad en general viva en paz. Sin embargo, en este aspecto se vio como a través del mecanismo del indulto, se lograba respetar el derecho de las víctimas de saber la verdad –después de un juicio justo-, de acceder a la justicia –no negándosele el derecho acceder a la justicia-, y la reparación –a partir de su participación en el juicio y la tasación de sus perjuicios-, pero lo que seguía impidiendo la viabilidad del indulto o la amnistía seguía siendo el deber del Estado de sancionar las graves violaciones a los Derechos Humanos y al DIH, y ahora aún más acentuado por la presencia de la CPI.

Pero en medio de estos dilemas, vimos como sí existen consagraciones jurídicas[355] que permiten crear unos argumentos que viabilizan una solución política a un conflicto armado, pues dentro de toda la teoría de no a la impunidad, existen unas grietas que permiten pensar que los planteamientos que formulan el deber del Estado de sancionar las graves violaciones contra los Derechos Humanos, no son absolutos, y que el deber de conseguir la paz y la seguridad del mundo también se encuentran en instrumentos internacionales y que representan una expresa excepción al deber de sancionar del Estado, pues de hacerlo pondría en riesgo su estructura como Estado Liberal legítimo y sus fines como es el conseguir la prosperidad general y

---

[355] El artículo 16 y el artículo 53.1 c) del Estatuto de Roma, el artículo 6.5 del protocolo II adicional a los Convenios de Ginebra

protegiendo la dignidad humana al alcanzar la paz, lo cual es una carga excesiva que la comunidad internacional no debe imponerle a un Estado.

Es sin duda la Sentencia de la Corte Constitucional que definió el análisis de fondo de las reformas constitucionales realizadas por el constituyente derivado, en la que se definió que no le era dado al Constituyente derivado en su facultad de reforma de la Carta, violentar los principios fundamentales recogidos del espíritu de la Constitución, pues de esta forma estaría reformando la Constitución en su totalidad, con lo cual se extralimitaría en sus funciones.

A partir de esa sentencia se puede llegar a la conclusión de que la reforma por medio de la cual se incorporó al Estatuto de Roma en el ordenamiento jurídico interno, no puede violentar el modelo de desarrollo que planteó el Constituyente primario de 1991, un modelo de desarrollo fundamentado en la consecución de la paz, y que elevó a la paz como derecho e instituyó las figuras del indulto y las amnistías como mecanismos para alcanzar ese modelo de desarrollo. Por tanto, no se puede entender la aplicación del Estatuto de Roma con la finalidad de obstruir una posible negociación de paz, por que precisamente la paz es un modelo de desarrollo planteado en la Constitución que no puede ser derogado por una reforma.

A partir de este hecho, se puede plantear la inaplicación del Estatuto de Roma en los eventos en que se convierta en un obstáculo para la consecución de una negociación de paz avalada por el artículo 6.5 del protocolo II de los Convenios de Ginebra, que establecen los acuerdos humanitarios, y toda vez que una interpretación contraria a la consecución del propósito de la paz en el territorio nacional sería imponer una carga excesiva a la Nación colombiana de soportar un Conflicto armado eterno ante la imposibilidad de la solución pacífica del mismo, violándose así el principio de pacta sun servanda por imposibilidad moral. En el mismo sentido, se podría plantear la inaplicación del Estatuto de Roma, toda vez que afecta de manera grave una norma de importancia fundamental en el orden interno, como lo sería la consecución del derecho a la paz de toda la Nación colombiana que se encuentra vigente mientras prevalezca el Conflicto Armado, y que no ha perdido vigencia como modelo de desarrollo ni por la incorporación del Estatuto de Roma al ordenamiento jurídico colombiano.

De igual manera en esta tesis debe quedar bien claro el deseo, según el cual la situación Colombiana, no se debe enmarcar ni internamente, ni desde el extranjero como un tablero de ajedrez, en el cual cada individuo debe cumplir una función específica dentro de él, y donde no existe otra posibilidad sino el enfrentamiento y la destrucción de una parte por la otra. La idea de que si soy negro debo ir en contra de los blancos, y de que si soy blanco debo ir en contra de los negros, solamente puede ser aceptada dentro de una perspectiva irreal e irracional que solo ve la vida en "blanco y negro"; esa ya ha sido una idea muy replanteada, pues la realidad como dicen es gris. Solo que tiene sus matices, o si lo quieren ver de otra perspectiva, desde una perspectiva oriental, es un Yin Yan –símbolo circular de la filosofía oriental-, donde se parte de un todo dividido en dos, una parte blanca que tiene un punto negro, y otra parte negra que tiene un punto blanco, con lo cual se llega a la conclusión de que ni la parte negra es totalmente negra, ni la parte blanca es totalmente blanca. Así entonces se replantea que el mundo no es más que una combinación que incluye unos con otros, y no excluye a unos por otros. En el mismo orden de ideas no se podría llegar tampoco a concebir al mundo como un mundo de funciones, y que cada quien debe cumplir la suya de acuerdo con las normas del tablero de ajedrez. De un lado este esquema de funciones lo que crea es otro esquema de jerarquía según las funciones como en el tablero de ajedrez, según el cual cada pieza no tiene sentido sin la existencia del "Rey"; de tal manera que vale cualquier sacrificio a favor del "Rey" que mantiene vivo el partido; esta concepción sin duda se encuentra replanteada, y esto se debe a que el hombre no puede concebirse como un medio, pues el hombre es fin en sí mismo, por lo tanto no es válido un sistema que se fundamenta en el sacrificio de soldados y de gente inocente como "peones" en pro de la protección del "Rey", concebido éste como una persona, como un Estado, o como una idea de no impunidad, que sin lugar a dudas no se encuentra -en una concepción de un Estado Social de Derecho- por encima de ningún ser humano, ni de la dignidad de éste. De otra manera, el esquema de funciones también le negaría la naturaleza al hombre de ser un ser libre, de ser un "ser libre de optar", de inventar y de salirse de los esquemas, y así lo expresa el filósofo Fernando Savater al decir: "Por mucha programación biológica o cultural que tengamos, los hombres siempre podemos optar finalmente por algo que no este en el programa."[356] Y termina diciendo este gran filósofo "a diferencia de otros seres, vivos o inanimados, los hombres podemos inventar y elegir en parte nuestra forma de vida. Podemos optar por lo que nos parece bueno, es decir, conveniente para nosotros, frente a lo que nos

---

[356] SAVATER, Fernando. Etica para amador. Editorial Ariel. S.A. Barcelona. 2000. Pág. 27

parece malo e inconveniente. Y como podemos inventar y elegir, podemos equivocarnos, que es algo que a los castores, las abejas y las termitas no suele pasarles. De modo que parece prudente fijarnos bien en lo que hacemos y procurar adquirir un cierto saber vivir que nos permita acertar. A ese saber vivir, o arte de vivir si prefieres, es a lo que llaman ética."[357] Con ello quiero significar, que al hombre no solo se determina a través de reglas, pues su naturaleza de hombre libre lo conduce a inventar, a salirse de los roles preestablecidos para buscar su bienestar; de tal manera, que por más que se le de a un hombre la función de un caballo, de un alfil o de un peón dentro del tablero de ajedrez, este por su naturaleza y dignidad humana, hará el rol que considere más conveniente para ese momento. Con esta idea, concluyo y digo, la vida no es un tablero de ajedrez, y yo no quiero ser un peón de un tablero de ajedrez por culpa de reglas que no anteceden de ninguna manera al hombre. La única razón para que estas reglas existan debe mantenerse y aplicarse en todo momento, y es lograr la convivencia pacífica entre seres iguales, que es el fin para el cual todas esas reglas van dirigidas.

---

[357] Op. cit. pág. 31

11. RECOMENDACIONES

En primer lugar cabe decir que para poder iniciar un proceso de paz en donde se pretenda tratar lo correspondiente a un posible indulto sobre crímenes graves contra los derechos humanos y contra el DIH, no basta con las potestades de Estado soberano para lograr este propósito, pues con el desarrollo de la teoría de los Derechos Humanos se han creado Tribunales internacionales como la CPI, para controlar las potestades soberanas del Estado en lo que respecta a Derechos Humanos.

A partir de esta realidad es necesario ceñirse a los mecanismos o instrumentos que se encuentran consagrados en los diferentes instrumentos internacionales, y en este caso particular del artículo 16 del Estatuto de Roma, a partir del cual, el Gobierno Colombiano tiene la posibilidad de enviarle una solicitud fundamentada al Consejo de Seguridad de la ONU, para que con el propósito de lograr la paz y la seguridad del mundo entero, ejerza la facultad para suspender la competencia de la CPI en el caso colombiano para que se pueda llevar a feliz término y con mayor libertad un proceso de paz.

Otro mecanismo con que cuenta el Estado para defender un proceso de paz con los grupos armados al margen de la ley, es enviarle un documento al fiscal de la CPI para que valore si la competencia en el caso colombiano no redundaría en interés de la justicia, y este emita concepto al respecto, para su posterior valoración por parte de la Sala de cuestiones preliminares (artículo 53.1 c.).

De otra manera, en dado caso que sea admitido el caso por la CPI, el Gobierno Colombiano deberá interponer un litigio contra la CPI, ante la Corte Internacional de Justicia dada cuenta que la aplicación del Estatuto va en contra del propósito del Estado de conseguir la paz, y que por tanto, se le impone a la Nación colombiana una carga excesiva, que colocaría al Estado colombiano en la imposibilidad moral de cumplir el acuerdo de paz, y además porque el cumplimiento del acuerdo va en contra de una norma de importancia fundamental al interior del orden interno (artículo 46 de la Convención de Viena).

Por otra parte, haber planteado una posible solución a la salida pacífica al conflicto fundamentada en una justicia basada en el perdón, no es menos cierto que el encontrar ese posible camino en medio de un centenar de documentos que fundamentan el presente estudio, soy consiente al igual que mi director que la paz que quiero proponer, o la paz que he buscado construir por medio de este escrito, no se consigue con el solo hecho de viabilizar un instrumento jurídico basado en el perdón, pues para conseguir el perdón real del cual he hablado en toda la tesis, no es suficiente un simple perdón formal en el cual unos y otros se abracen en un instante en el que parezca que el tiempo se detiene, y luego de años, meses o días vuelvan a agredirse muy a pesar de ese abrazo aparentemente sincero. Para alcanzar realmente la paz falta mucho más que desmovilizar a miles de hombres, que durante años han estado en la selva con un fusil peleando, pues esos hombres no son por sí solo las causas del conflicto. Las reales causas son otras, y que si subsisten impulsarán a otros hombres a combatir a las selvas de igual manera como impulsaron a los que hoy se reinsertan. No puede existir en el territorio colombiano dos Estados, como lo sostuvo la revista Semana[358], el Estado legítimo en los centros urbanos, y el Estado miserable en las zonas rurales[359]. El Estado legítimo sí debe llegar a todos los rincones del país, pero no solo los soldados con fusiles, ni con glisfosato, sino el Estado Social de Derecho que consagra nuestra Constitución. ¿Qué significa esto? Que a todos los rincones debe llegar unos mínimos, y aquí vuelvo y cito la revista Semana quien opina que esos mínimos deben ser "jueces, fiscales, colegios y alternativas económicas a las zonas donde los soldados están peleando con tanto esfuerzo y sacrificio el Plan Patriota. Detrás del fusil tiene que venir la legitimidad."[360] Me parecen en principio válidos esos mínimos, pero el fundamento sigue en deuda, pues en mi concepto los mínimos como dice Rawls se deben establecer a partir de un acuerdo entre todas las partes contrapuestas (víctimas, autoridades e infractores a la ley) sobre las instituciones que han de regir la convivencia pública, basándose en la cooperación de las partes para ceder "libertades e intereses propios en aras de un orden estable que garantice la libertad de todos."[361] De no ser así vuelven los conflictos, y en este punto cito a un planteamiento que es de Dworking[362], para argumentar que creando leyes con este fin no alcanzaremos la meta

---

[358] REVISTA SEMANA, Op. Cit

[359] "a medida que se alejan de ese país urbano se entra a otro país. Un país marginal, rural, abandonado, anclado en el siglo XVII y controlado por los señores de la guerra." REVISTA SEMANA. Op. Cit.

[360] REVISTA SEMANA. Op. Cit.

[361] ALCÁCER GUIRAO, Rafael. Prevención y garantías conflicto y síntesis. XXI Jornadas Internacionales de derecho penal. Universidad el Externado de Colombia. Bogotá. 2002.. Pág. 107

[362] ver CALSAMIGLIA, Albert. El derecho como integridad: Dworkin. Universitat Pompeu Fabra. Working Paper n.25. Barcelona 1990 www.diba.es/icps/working_papers/docs/Wp_i_25.pdf

propuesta de llevar la institucionalidad a todos los rincones de Colombia como en parte lo prevé la Ley de Justicia y Paz[363]. La idea según Dworking es que el derecho se mire no como la aplicación de una regla, sino que se mire como un precepto que tiene un significado dinámico (es decir se rechaza la noción del derecho en la norma, o del derecho acabado) y que va orientada por principios, entre los cuales se debe tener siempre en cuenta a la equidad (como igualdad de oportunidades entre las partes), a la legalidad (como rechazo al poder no reglado por lo jurídico) a la justicia (como la obtención de resultados conformes a un modelo ideal) y la integralidad (como coherencia de una posición frente al modelo ideal). Así Dworking arma un esquema en el que la justicia se fundamenta en la coherencia que una decisión fundamentada en los principios derivados de un modelo ideal tenga, es decir la integralidad que es la base sobre la cual construye su esquema.

De esta manera, debemos abogar por un modelo ideal o mínimo establecido a través de un acuerdo entre todos según Rawls que sería como un contrato social, y a partir de ese modelo ideal aplicar una justicia basada –según Dworking- en la coherencia o integralidad de los principios derivados de ese orden ideal, en el cual no se miren unos separados de otros sino todos en conjunto para evitar exclusiones, de lo contrario es muy difícil construir la paz real, que todos queremos.

---

[363] Artículo 50. Programas de Reparación Colectiva. El Gobierno, siguiendo las recomendaciones la Comisión Nacional de Reconciliación y Reparaciones, deberá implementar un programa institucional de reparación colectiva que comprenda acciones directamente orientadas a recuperar la institucionalidad propia del Estado Social de Derecho particularmente en las zonas más afectadas por la violencia; a recuperar y promover los derechos de los ciudadanos afectados por hechos de violencia, y a reconocer
y dignificar a las víctimas de la violencia.

13. BIBLIOGRAFÍA Y FUENTES

ALCÁCER GUIRAO, Rafael. Prevención y garantías conflicto y síntesis. XXI Jornadas Internacionales de derecho penal. Universidad el Externado de Colombia. Bogotá. 2002.

ALVAREZ ECHEVERRIA, Felipe, ANGULO GARRIDO, Miguel. "Paz, sociedad Cirvil y Estado, una visión jurídico política del conflicto armado en Colombia. Pontificia Universidad Javeriana. Bogotá. 1998. Tesis de Grado.

AMBOS, Kai. Impunidad y derecho penal internacional. Konrad Ad naver stiftung. 1997.

AMBOS, Kai. Los crímenes del Nuevo derecho penal internacional. Editorial Ediciones jurídicas Gustavo Ibañez. Colección autores extranjeros. Bogotá. 2004.

AMBOS, Kai. Sobre el fundamento jurídico de la Corte Penal Internacional. Un análisis del Estatuto de Roma. AMBOS, Kai; GUERRERO, Oscar Julián. El Estatuto de Roma de la Corte Penal Internacional. Universidad el Externado de Colombia. 1999. Reimpresión 2003. Bogotá.

AMNISTIA INTERNACIONAL. Ilegalidad de la resolución 1422. "http://icc.igc.org/espanol/articulos/COL_decl.pdf

AMNISTIA INTERNACIONAL. Informe Anual de Amnistía Internacional 2000. Soldados en nombre de los derechos humanos. http://amnistiainternacional.org/infoanu/2000/info00prologo.htm

ALVAREZ LONDOÑO, Luis Fernando. Derecho Internacional Público. Pontificia Universidad Javeriana. Bogotá. 1998

ARBOLEDA VALLEJO, Mario; RUIZ SALAZAR, José Manuel. Manual de derecho penal. Cuarta edición. Leyer.Bogotá. 2002.

BASSIOUNI, M. Cherif; BROOMHAL, Bruce y CAMARGO, Pedro Pablo. La corte penal internacional. 2ª Edición. Leyer. Bogotá. 2002

BOBIO, Norberto. Liberalismo y democracia. Fondo de cultura económica. México. 2001.

BOTERO, Reinaldo. Derecho penal internacional: sobre la penalización de las infracciones al derecho humanitario y la Corte Penal Internacional. Edición Plaza y Janes. Universidad Javeriana. 2000.

CALSAMIGLIA, Albert. El derecho como integridad: Dworkin. Universitat Pompeu Fabra. Working Paper n. 25. Barcelona 1990 www.diba.es/icps/working_papers/docs/Wp_i_25.pdf

CARRETERO, Mario. Desarrollo cognitivo y aprendizaje" Constructivismo y educación. Progreso. México, 1997. pp. 39-71 www.ulsa.edu.mx/~estrategias/constructivismo_educacion.doc

CERRA JIMENEZ, Luis Eduardo. La Constitución no es el límite impugnación de actos legislativos los límites del poder constituyente. Revista de derecho 22. Ediciones Uninorte. Quebecor. World Bogotá S.A. Bogotá. 2004. págs. 105-136

COBO DEL ROSAL, Manuel; VIVES ANTON, Tomás S. Derecho penal parte general. Quinta edición. Tirant lo blanch. Valencia. 1999

COMISION INTERNACIONAL DE DERECHOS HUMANOS. Los derechos Humanos y el Conflicto Interno Colombiano. Página Web www.cidh.org.

COMITÉ INTERNACIONAL DE LA CRUZ ROJA. Comentario del Protocolo del 8 de Junio de 1977 adicional a los convenios de Ginebra del 12 de Agosto de 1949. P y J editores. Colombia.1998.

CORTE CONSTITUCIONAL. Sentencia C-127-93. M.P. Alejandro Martínez Caballero.

CORTE CONSTITUCIONAL. Sentencia C-578 de Julio 30 de 2002. Magistrado ponente José Cepeda Espinosa.

CORTE CONSTITUCIONAL. Sentencia T-219/93, Magistrado Ponente Antonio Barrera Carbonell.

DE LOS REYES ARAGON, Wilson; BOTERO NAVARRO, Alvaro. El caso de las Palmeras. Análisis de la sentencia de excepciones preliminares y su incidencia en el sistema interamericano de protección a los derechos humanos. Revista de Derecho No.20. Quebecor World Bogotá. S.A. Bogotá. 2003.

DE SOUSA SANTOS, Boaventura y GARCIA VILLEGAS, Mauricio. El Caleidoscopio de las Justicias en Colombia. Tomo I. Bogotá. Colciencias, ediciones Uniandes y otros. 2001.

DEUTSCHER, Isaac. Rusia después de Stalin. Edit. Martínez Roca S.A. Barcelona. 1972.

DIAMOND, Larry. Reflexión sobre la Sociedad Civil Hacia la Consolidación Democrática. Las Incertidumbres de la democracia. Ed. Foro por Colombia (tomado del artículo publicado en el Journal o Democracy vol. 3 July 1994. Texto traducido del Inglés por: Fabienne Warrington.

DOSTOIEVSKI, Fedor. Crimen y castigo. Tomo I. Editorial Oveja Negra Ltda. Y R.B.A., proyectos editoriales, S.A. Traducción cedida por Editorial Argos Vergara, S.A. Traducción de Augusto Vidal. Bogotá. 1982.

HERRERA LLANOS, Wilson. Titulo II de la Constitución (De los principios protectores de los derechos). Revista de derecho No. 12. Ediciones Uninorte. Gráficas Lourdes Ltda. Colombia. 1999.

HUMAN RIGHT WATCH. Guerra sin Cuartel Colombia y el derecho internacional humanitario. New York: Human Rights Watch, 1998. www.hrw.org/spanish/justicia2.html

FERNANDEZ CARRASQUILLA, Juan. Derecho penal fundamental. Vol. 1. Tercera reimpresión de la segunda edición. Editorial. Temis. Bogotá. 1998.

GAVIRIA LIEVANO, Enrique. Derecho internacional público. 5 edición. Temis Bogotá. 1998.

GETTY, J. Arch; NAUMOV, Oleg. V. Edit Crítica Barcelona. Barcelona. 2001

GOMEZ ARAUJO, Luis Alberto. Conferencia dictada en la Universidad Johannes Gutenberg de Mainz, Alemania. Junio 5 de 2002

GOMEZ ARAUJO, Luis Alberto. La rama judicial frente al conflicto armado. Revista de derecho No. 19. Ediciones Uninorte. Quebecor World Bogotá S.A. 2003

GONZÁLEZ CUEVA, Eduardo. El principio de complementariedad en el Estatuto de Roma y algunas de sus consecuencias en el ámbito interno. www.iccnow.org/espanol/

GUERRERO, Oscar Julian. Justicia Penal y Paz Hacia el derecho penal Internacional. AMBOS, Kai; GUERRERO, Oscar Julián. El Estatuto de Roma de la Corte Penal Internacional. Universidad el Externado de Colombia. 1999. Reimpresión 2003. Bogotá.

GIUSTI, Miguel. Derechos humanos en un contexto intercultural. http://www.aulaintercultural.org/IMG/pdf/Miguel_Guisti.pdf

JAIME CONTRERAS, Miguel Humberto. El conflicto armado en Colombia. Revista de derecho No. 19. Ediciones Uninorte. Quebecor World Bogotá S.A. 2003.

LUQUE ANGEL, Eduardo. Los delitos políticos y militares rebeldes. Separata de universitas No. 16. Bogotá. 1959.

MACLACHLAN, Colin. Terrorismo internacional en el cono sur. Revista occidental. Instituto de investigaciones culturales latinoamericanas. 1999.

MINISTERIO DE RELACIONES EXTERIORES. Declaraciones realizadas por el Estado Colombiano al momento del depósito de instrumentos de ratificación del Estatuto de Roma. 2 de Agosto de 2002.

NARANJO MEZA, Vladimiro Teoría constitucional e instituciones políticas. Ed. Temis. Bogotá 1997.

NARVAEZ DUCAN, Luis Carlos. La pobreza en América Latina. www.eumed.net/cursecon/ecolat/co/lcnt-pobreza.pdf

OCHOA, Victoria. Delitos contra las personas y bienes protegidos por el derecho internacional humanitario. Leyer. 2001.Bogotá.

PABON PARRA, Pedro Alfonso. Manual de derecho penal. Quinta edición. Leyer. Bogotá. 1999.

PEÑA, Hilda Maria et al. Derecho internacional humanitario recopilación y comentarios. Pontificia Universidad Javeriana. Bogotá. 1991.

PEREZ ESCOBAR, Jacobo. Derecho Constitucional Colombiano. Quinta Edición. Editorial Temis S.A. Bogotá. 1997.

RABAT PATIÑO, Maria Mercedes. Derechos humanos, su protección y eficacia, Revista de derecho 16. Ediciones Uninorte. Quebecor. World Bogotá S.A. Bogotá. 2001.

RAMELLI, Alejandro. Derecho internacional humanitario y estado de beligerancia. Universidad Externado de Colombia. 2001.

RAMELLI ARTEAGA, Alejandro. El derecho Internacional Público como fuente del Derecho Penal colombiano. XXI Jornadas Internacionales de derecho penal. Universidad el Externado de Colombia. Bogotá. 2002.

RAMELLI, Alejandro. La Constitución colombiana y el derecho internacional humanitario. Segunda Edición. Universidad Externado de Colombia. Bogotá. 2003.

RAMELLI ARTEAGA, Alejandro. La función de la pena en el estatuto de roma de la Corte Penal Internacional. XXV Jornadas Internacionales de derecho penal: homenaje a Fernando Hinestrosa. Universidad. Externado de Colombia. 2003.

RIOS MUÑOZ, José Noé. Cómo negociar a partir de la importancia del otro. EDITORIAL PLANETA. Bogotá 1997

ROXIN, Claus. Derecho penal Parte general. Tomo I. Segunda edición. Traducción Diego Mnuel Luzón Peña. Civitas S.A.. Reimpresión Madrid. 2001.

SANDOVAL MESA, Jaime. La incorporación de la Corte Penal Internacional en la legislación interna de Colombia. Seminario nuevo orden penal internacional. Lima. 14-15 Octubre 2003. www.iccnow.org/espanol/

SASSÒLI, Marco LL.D; OLSON, Laura M LL.M New horizons for international humanitarian and criminal law? Received for publication: January 2000. ww.icrc.org.

SOLERA, Oscar. Jurisdicción complementaria y justicia penal internacional. Revista de la cruz roja internacional. 31 de Marzo. 2002. www.icrc.org/icrc/spa.

SUAREZ SANCHEZ. El debido proceso penal. Segunda Edición. Universidad Externado de Colombia. 2001.

URBANO MARTINEZ, José Joaquín. El derecho penal del Estado Constitucional de Derecho. Comentarios a los códigos penal y procedimiento penal. Universidad Externado de Colombia. 2003.

VALENZUELA PEDRO. E. La estructura del conflicto y su resolución. Memorias Conferencia en auditorio Universidad del Norte. 1997

VELASQUEZ RISO, Ana Maria. Revista de derecho Universidad del Norte No. 15. Los derechos humanos en el contexto político colombiano. Quebecor World. Bogotá. 2001.

VELÁSQUEZ VELÁSQUEZ, Fernando. Manual de derecho penal. Editorial Temis S. A. Bogotá. 2002.

VELÁSQUEZ RIAL, Horacio. La guerra civil española una historia diferente. Edit Plaza y Janes. Barcelona. 1996.

VICEPRESIDENCIA DE LA REPÚBLICA PROGRAMA PRESIDENCIAL DE DERECHOS HUMANOS Y DIH OBSERVATORIA. Colombia Conflicto armado, regiones, derechos humanos y derecho internacional humanitario 1998-2002. La Imprenta Ltda.. Bogotá. 2002.

VILLANUEVA MESA, Javier Antonio; ZULETA CANO, José Abad. Jurisdicción Penal Internacional. Librería jurídica Sánchez R. Ltda. Medellín. 2001

PERIODICOS Y REVISTAS

AMAT, Yamid. EL TIEMPO. Confesión sin efectos penales propone Francisco Santos. Domingo 13 de Febrero de 2005

AMNISTIA INTERNACIONAL. Colombia: La Ley de Justicia y Paz garantizará la impunidad para los autores de abusos contra los derechos humanos. 26 de Abril de 2005. http://web.amnesty.org/library/Index/ESLAMR230122005

CAMARGO GANTIVA, Adriana. Corrupción en Colombia mueve $3 billones. Diario LA REPUBLICA. Mayo 5 de 2004.

CAMARGO GANTIVA, Adriana. Empresarios y funcionarios públicos sacan a la luz los principales focos de corrupción. Diario LA REPUBLICA. Mayo 5 de 2004.

CARRERO GOMEZ, Luis Manuel PROYECTO DE JUSTICIA Y PAZ...SERVIRA PARA ALGO?. Saturday, Jun. 25, 2005 at 11:13 PM http://colombia.indymedia.org/news/2005/06/27519.php

DUZAN, María Jimena. La metamorfosis de don Francisco. El tiempo. 14 de febrero de 2005

EL INFORMADOR. ONU pidió que ley de justicia y paz tenga más de verdad y repación. 29 de Junio de 2005. pág. 7 A

EL TIEMPO. Sección Nación. Diferencias Clave de los proyectos. Domingo 13 de febrero de 2005

EL TIEMPO. El contenido de la carta. 31 de Marzo de 2005. Pág.1-4

ELTIEMPO. Editorial. Miércoles 5 de Mayo de 2004.

EL TIEMPO. Entrevista otorgada por el Congresista Rafael Pardo. Esto es una farsa de justicia, Pardo. Domingo 10 de Abril de 2005. Pág 1-6

EL TIEMPO. Guerrilla no es insurgente, sino terrorista. Marzo 14 de 2002. Pág. 1.7

EL TIEMPO. ONU califica de 'desaconsejables' cambios introducidos a proyecto de ley de justicia y paz. 9 de Abril de 2005

EL TIEMPO. Paras presionan al Congreso. Lunes 11 de Abril de 2005

EL TIEMPO. Promoverán el hundimiento del proyecto de justicia y paz en las plenarias del Congreso. Miércoles 13 de Abril de 2005

EL TIEMPO. Sección La Nación. Reconciliación más importante que castigo. Dice Tute, el Nobel. Viernes 11 de Febrero de 2005. Pág. 1-4

EL TIEMPO. Sección Nación. Un nuevo proyecto de ley de paras se gesta esta semana en Palacio. Martes 22 de Febrero de 2005.

EL TIEMPO. Sección Nación. Voces de las víctimas de los paramilitares. Domingo 13 de Febrero de 2005.

ENCICLOPEDIA LIBRE UNIVERSAL EN ESPAÑOL. Guerra en Irak 2003. http://enciclopedia.us.es/index.php/Invasi%F3n_de_Irak_de_2003

LACEY Marc. El Tiempo. Victimas de Uganda eligen el perdón. Domingo 24 de abril de 2005.

GALAN, Carlos; PEÑA Edulfo. EL TIEMPO. Extras: Gobierno, con as bajo la manga. ¿Justicia o Paz?. Domingo 13 de febrero de 2005

GILBERT SJ, Paul. Justicia e indulto. El Tiempo. Lecturas Fin de Semana. Sábado 16 de Octubre de 2004.

LATORRE, Hector. Colombia debate "ley de justicia y paz". Martes 29 de Marzo de 2005. www.BBC.mundo.com

LOPEZ CABALLERO, Juan Manuel. El Heraldo. ¿Qué pasa con el acuerdo humanitario? Viernes 2 de Mayo de 2003. Barranquilla

LOPEZ CABALLERO, Juan Manuel. El Heraldo. Manificsto por la humanización del conflicto armado. Viernes 26 de Septiembre de 2003. Barranquilla

LOPEZ MICHELSEN, Alfonso. El Tiempo. El Estatus del retenido. Domingo 23 de Noviembre de 2003.

LOPEZ MICHELSEN, Alfonso. El Tiempo. ¿Hay o no conflicto armado en Colombia? Domingo 13 de Febrero de 2005.

MELUK, Emilio. Para que perdón y olvido, importa el motivo. El Tiempo. Lecturas Fin de Semana. Sábado 16 de Octubre de 2004.

MERCADO RIBERA, Bibiana. EL TIEMPO. Tira y afloje por la ley de paras. Viernes 4 de Febrero de 2005

MERCADO RIVERA, Bibiana. 'En Colombia sí hay un conflicto armado interno': Comité Internacional de la Cruz Roja. Mayo 4 de 2005. http://eltiempo.terra.com.co/coar/DER_HUMANOS/derechoshumanos/ARTICULO-WEB-_NOTA_INTERIOR-2058965.html.

MERCADO, Bibiana; ALEY, Patricia.. Vicepresidente Santos propone crear un tribunal de reconciliación. EL TIEMPO Viernes 11 de Febrero de 2005

MONTERO, Abel. Estados Unidos contra el Mundo. 23 de Marzo de 2003.
http://www.fmmeducacion.com.ar/Historia/Irak2003/irakeeuucontramontero.htm

PIZARRO LEONGOMEZ, Eduardo. El Tiempo. ¿Conflicto armado o amenaza
terrorista? Abril 25 de 2005. Pág. 1-17

PIZARRO LEONGÓMEZ, Eduardo. Vicios de fondo. El Tiempo. Lunes 11 de Abril
de 2005. pág. 1-17

RED VOLTAIRE. Invasión de Irak: la Coalición del deshonor, La sucia guerra
contra los iraquíes. http://www.redvoltaire.net/article5580.html

REVISTA SEMANA, Sí hay guerra, señor presidente. Febrero 6 de 2005.
http://www.mediosparalapaz.org/?idcategoria=1981

SANTOS PIZANO, Daniel. El Tiempo. Guantánamo el GULAG de Bush. 9 de
diciembre de 2003.

www.moipourtoit.ch/espagnole/colombia.htm

TEMPEST, Matthew; CHOMSKY Noam. CHOMSKY, SOBRE EL MOVIMIENTO
CONTRA LA GUERRA. 4 de febrero de 2003.
http://www.fmmeducacion.com.ar/Historia/Irak2003/irakmovimientochomsky.h
tm

www.ingramcontent.com/pod-product-compliance
Lightning Source LLC
Chambersburg PA
CBHW070526220526
45467CB00003B/873